编委会

高等职业教育"十四五"规划旅游大类精品教材
福建省职业教育旅游大类示范专业精品教材

总主编

郑耀星　全国旅游职业教育教学指导委员会委员，福建师范大学旅游学院原院长

顾问

刘松林　福建省旅游行业职业教育指导委员会秘书长，福州职业技术学院原副院长

编委（排名不分先后）

林　东	福州职业技术学院文化创意学院院长，教授，省级精品在线开放课程主持人
曾　咪	漳州职业技术学院文化旅游学院院长，教授，省级精品在线开放课程主持人
崔筱力	厦门南洋职业学院外国语与旅游学院执行院长，教授，省级精品在线开放课程主持人
李晓雯	黎明职业大学外语与旅游学院副院长，副教授
黄宇方	闽西职业技术学院文旅创意学院旅游管理专业主任，省级精品在线开放课程主持人
李　心	福建信息职业技术学院文化创意与旅游学院副院长，副教授
周富广	漳州职业技术学院文化旅游学院副院长，副教授，省级精品在线开放课程主持人
叶城锋	泉州职业技术大学文化旅游与体育学院副院长，省级精品在线开放课程主持人
黄朝铭	厦门东海职业技术学院航空旅游学院院长，省级精品在线开放课程主持人
刘少艾	闽江师范高等专科学校人文社科系副主任，省级精品在线开放课程主持人
陈月珍	泉州幼儿师范高等专科学校外语旅游学院导游专业副主任，省级精品在线开放课程主持人
张清影	漳州职业技术学院文化旅游学院副院长，副教授
黄冬群	漳州职业技术学院文化旅游学院副教授
薛秀云	漳州职业技术学院文化旅游学院副教授
李　青	福建信息职业技术学院文化创意与旅游学院副教授，中国职业教育新媒体专业联盟常务理事
严亦雄	福州职业技术学院旅游管理专业副教授，福州市先进教育工作者
佘艺玲	黎明职业大学外语与旅游学院副教授，旅游管理专业带头人
毛爱云	漳州科技学院教育与航空旅游学院副教授
黄丽卿	漳州职业技术学院食品工程学院副教授，省级精品在线开放课程主持人
包晓莉	闽西职业技术学院文旅创意学院副教授
许爱云	厦门南洋职业学院外国语与旅游学院教授
黄斐霞	黎明职业大学外语与旅游学院副教授，省级精品在线开放课程主持人
朱赛洁	厦门南洋职业学院外国语与旅游学院副教授
邢宁宁	漳州职业技术学院文化旅游学院副教授
吴艺梅	漳州职业技术学院文化旅游学院办公室主任
廉晓利	漳州职业技术学院文化旅游学院空中乘务专业主任

高等职业教育"十四五"规划旅游大类精品教材

福建省职业教育旅游大类示范专业精品教材（总主编 郑耀星）

福建省职业教育精品在线开放课程配套教材

模拟导游

MONI DAOYOU

曾 咪 主编

华中科技大学出版社

中国·武汉

内 容 提 要

本教材全面而系统地介绍了导游职业的相关知识,既适合初学者入门学习,也适合有一定经验的导游进一步提升自己的专业素养。通过学习本教材,读者可以更好地了解导游职业的特点和要求,掌握导游工作的基本技能和方法,为成为一名优秀的导游打下坚实的基础。

图书在版编目(CIP)数据

模拟导游 / 曾咪主编. -- 武汉:华中科技大学出版社,2024.11. -- (高等职业教育"十四五"规划旅游大类精品教材). -- ISBN 978-7-5772-1283-8

Ⅰ. F590.63

中国国家版本馆CIP数据核字第2024QQ0116号

模拟导游
Moni Daoyou

曾 咪 主编

总 策 划:李 欢
策划编辑:李家乐
责任编辑:鲁梦璇
封面设计:原色设计
责任校对:刘 竣
责任监印:周治超
出版发行:华中科技大学出版社(中国•武汉)　　电话:(027)81321913
　　　　　武汉市东湖新技术开发区华工科技园　　邮编:430223
录　　排:孙雅丽
印　　刷:武汉科源印刷设计有限公司
开　　本:787mm×1092mm　1/16
印　　张:13.25
字　　数:277千字
版　　次:2024年11月第1版第1次印刷
定　　价:49.90元

本书若有印装质量问题,请向出版社营销中心调换
全国免费服务热线:400-6679-118　竭诚为您服务
版权所有　侵权必究

出版说明

伴随着我国的社会和经济在"十四五"期间步入新的发展阶段,中国的旅游业迎来了转型升级与高质量发展的新局面,并将在推动并形成以国内大循环为主体、国内国际双循环相互促进的新发展格局中发挥独特的作用。

《中国教育现代化2035》及《加快推进教育现代化实施方案(2018—2022年)》明确了应推动高等教育内涵发展、形成高水平人才培养体系。"职教二十条"和"双高计划"的相继发布,也对中国旅游高等职业教育的发展提出了新要求。

中国旅游业面临的这些新局面,客观上对我国旅游高等职业教育和专业人才培养提出了更高的要求。基于此,出版一套把握新形势、反映新趋势、面向未来的高质量旅游高等职业教育教材成为迫切需要。

基于此,教育部直属的全国"双一流"大学出版社华中科技大学出版社汇聚了国内一大批高水平旅游职业院校的资深教授、学科带头人、双师型教师、旅游行业专家以及1+X职业技能等级证书评价机构联合编撰了高等职业教育"十四五"规划旅游大类精品教材。本套教材从选题策划到成稿出版,从编写团队到出版团队,从内容组建到内容创新,均做出了积极的突破,具有以下特点。

一、名师团队担任编委

本套教材编写者主要来自高水平旅游职业院校的资深教授、学科带头人、双师型教师、旅游行业专家以及1+X职业技能等级证书评价机构。他们有着丰富的执教或从业经验,紧跟教育部、文化和旅游部的权威指导意见,充分整合旅游领域的最新知识点,确保本套系教材的权威性、准确性、先进性。

二、课程思政贯穿全书

本套教材引进"课程思政"元素,落实立德树人的根本任务,在每个学习单元除设置"知识目标""能力目标"以外,还注重"素质目标",通过案例分析、课后训练等形式,将社会主义先进文化与中华优秀传统文化,以及忠诚担当的政治品格、严谨科学的专业精神等内容贯穿于教材内容,旨在培养学生相关岗位技能操作中必备的思政素养,践行社会主义核心价值观。

三、依托省级精品在线开放课程建设

本套教材大多数有全国各省份的省级精品在线开放课程以及国家精品在线开放课程的支撑,能够支持适合新学情的O2O混合式教学模式。依托各省级精品在线开放课程的在线教学平台,结合导学、在线讨论、在线答疑、在线测试等环节,可实现线上线下教学相融合,可实现以学习者为主体的"教、学、做一体化"。教材与在线开放课程结合能够让教师的教学更便捷,让学生的学习更主动和可控。

四、校企融合编写贴近岗位实际

本套教材建设伊始即实施了产教融合、校企共同设计与开发的路径,课程和教材建设均注重与企业实际工作过程相对接,与旅游行业代表性企业合作,邀请行业知名经理人以及1+X职业技能等级证书评价机构联合编写,从教材顶层设计到分步实施,每一个学习单元都与企业实际典型工作任务对接,既关注旅游基础理论,也重点突出了企业应用的实际。此外,教材还融通了1+X职业技能等级证书的知识、案例、真题等。

五、配套丰富教学资源形成立体化教材

华中科技大学出版社为本套教材建设了线上资源服务平台,在横向资源配套上,提供教学计划书、教学课件、习题库、案例库、参考答案、教学视频等系列配套教学资源;在纵向资源开发上,构建了覆盖课程开发、习题管理、学生评价、班级管理等集开发、使用、管理、评价于一体的教学生态链,打造了线上线下、课堂课外的新形态立体化互动教材。

中国旅游业发展前景广阔,中国旅游高等职业教育任重道远,为中国旅游业的发展培养高质量的人才是社会各界的共识与责任,相信这套凝聚来自全国骨干教师和行业一线专家们的智慧与心血的教材,能够为我国旅游人才队伍建设、旅游职业教育体系优化起到一定的推动作用。

本套教材在编写过程中难免存在疏漏、不足之处,恳请各位专家、学者以及广大师生在使用过程中批评指正,以利于教材水平进一步提高,也希望并诚挚邀请全国旅游院校及行业的专家学者加入我们这套教材的编写队伍,共同促进我国旅游高等职业教育事业向前发展。

华中科技大学出版社

前言
Preface

《模拟导游》一书,旨在为旅游专业的学生及从业者提供一本系统、实用的教材,帮助他们全面了解和掌握导游工作的各个方面。本教材从导游的实际工作出发,结合旅游行业的最新动态和发展趋势,力求为读者提供最新、最全面的知识和技能。

在编写过程中,我们充分考虑到导游工作的特点和要求,对全书进行了系统化的设计和编排。本教材共分为六个项目,涵盖了导游工作的各个方面,包括认知导游工作、撰写导游词、导游服务技能、导游服务方式、游客生活服务及突发应急事故处理、导游工作中的心理服务。每个项目都紧密结合导游工作的实际需求,通过生动的案例和实用的技巧,帮助读者深入理解并掌握相关知识。

同时,本教材也注重理论与实践的结合,通过大量的模拟导游实践环节,让读者能够在学习过程中亲身体验导游工作的实际流程,提高实际操作能力。这些实践环节不仅有助于读者巩固所学知识,更能培养他们的应变能力和解决问题的能力。

此外,本教材还特别强调了导游职业道德和职业素养的重要性。导游作为旅游行业的窗口和形象代表,他们的职业道德和素养直接影响到游客的旅游体验和行业的整体形象。因此,本教材在传授知识和技能的同时,也注重培养读者的职业道德和职业素养,使他们在未来的工作中能够更好地服务游客,提升行业的整体形象。

总之,《模拟导游》是一本系统、实用、生动的导游教材,它既适合旅游专业的学生作为教材使用,也适合旅游从业者作为自我提升和进修的参考书。我们相信,通过对本教材的学习,读者能够全面提升自己的导游知识和技能,为未来的导游工作打下坚实的基础。

曾 咪

2024年10月

目录
Contents

项目一 认知导游工作 /001

任务一　导游工作的概念和分类　　/005
任务二　导游的素质要求与训练　　/008
任务三　导游服务礼仪　　/018

项目二 撰写导游词 /034

任务一　如何创作一篇导游词　　/035
任务二　欢迎词创作　　/042
任务三　沿途导游词创作　　/045
任务四　景点导游词创作　　/052
任务五　欢送词创作与讲解　　/097
任务六　不同旅游团团型导游词创作　　/101

项目三 导游服务技能 /107

任务一　导游服务语言技能　　/108
任务二　导游服务讲解技能　　/115

项目四 导游服务方式 /126

任务一　接待准备工作　　/127

任务二	迎接工作	/130
任务三	游客入住服务	/134
任务四	景点讲解服务	/137
任务五	餐饮、购物、娱乐方面的服务	/140
任务六	送站服务	/143
任务七	善后服务	/147

项目五 游客生活服务及突发应急事故处理 /149

任务一	旅游生活服务方面要求的处理	/150
任务二	突发应急事故处理	/159
任务三	旅游安全事故的处理	/176

项目六 导游工作中的心理服务 /183

任务一	认知旅游服务中的心理服务	/184
任务二	导游工作中自我心理调节与服务技巧	/186
任务三	不同类型游客的心理特点及接待技巧	/188
任务四	在特殊情境中自我放松	/193

本课程推荐阅读 /197

主要参考文献 /198

项目一
认知导游工作

项目目标

知识目标

熟悉导游的内涵及类型。

熟悉导游的从业素质要求。

熟悉导游应该具备的素养和工作中的行为规范。

了解导游的职责及礼仪规范。

能力目标

能够确定导游就业渠道。

具有一定的职业道德素养。

具有挑战自我的能力。

能够明确导游服务行为规范。

能够规范引导游客文明旅游。

素质目标

具有良好的礼仪。

具有协作、互助的团队精神。

具有"爱岗、敬业、安全、周到"的专业意识和职业道德。

具有服务意识,热爱导游职业。

知识框架

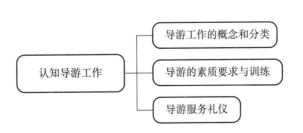

走上《百家讲坛》的女导游

赵英健,现任河北遵化市清东陵文物管理处副主任、高级导游,中国紫禁城学会、中国清宫史学会、河北省博物馆学会会员。她是导游出身,却走上了央视名牌栏目《百家讲坛》。她终日囿于清东陵方圆百里之地,却让联合国世界遗产委员会专家回国后念念不忘,专门写信表示赞赏。她只有36岁,却让曾任全国人大常委会副委员长、全国政协副主席的雷洁琼女士发出"你是咱妇女的骄傲"的赞誉。

"要给游客一碗水,导游自己必须有一桶水。"赵英健回忆,刚上班时,一般的导游每人每天带两到三个团,而她的最高纪录却是半天就带四个团。她以"特有成就感"来形容自己的工作热情。正是凭着对本职工作和清东陵深厚历史文化的热爱,赵英健多年来学习和研究了大量旅游专业知识,探索不同城市的游客心理,写下了几万字的读书笔记和心得体会,为做好导游服务工作打下了坚实的基础。为了将正史和野史巧妙地结合起来,使自己的讲解更有知识性和趣味性,她在学习大量清史资料的同时,还遍访守陵人的后裔,丰富自己的知识积累。1995年,赵英健凭着深厚的知识功底和灵活的处理问题能力,跻身"全国20佳优秀导游员"行列。

2000年1月,清东陵申报世界文化遗产项目进入关键时刻,负责古代建筑介绍的工程师突遇车祸住院,领导临时决定把古建筑介绍和清史介绍这两项任务一并交给赵英健。当时离专家组来清东陵仅剩下20天,这让临危受命的赵英健感到空前的压力。但她没有退缩,而是勇敢地挑起了这副重担。20天的时间里,她夜以继日地工作。当时她患重感冒,白天她和领导们研究接待工作,晚上回家找个小诊所输液,边输液边翻书,有时累得不想睁开眼睛,就让人念给她听。艰辛的努力总有回报,联合国世界遗产委员会专家对赵英健的讲解汇报给予高度评价,回国后专门写信称赞她是"在清东陵给我留下了深刻印象的儒雅导游赵女士"。2000年11月30日,经联合国世界遗产委员会批准,清东陵等被正式列入了世界文化遗产名录。2006年9月,赵英健被评选为"全国模范导游员"。

思考:
(1) 赵英健的故事带给我们哪些启示?
(2) 一名合格的导游应具备哪些知识?

全国特级导游吴巧凌:初心不改　旅游业"值得"

"我一踏入社会就是一名旅游从业者,初心如此,从未变更。"2022年5

月,文化和旅游部市场管理司公布了新评定的16位全国特级导游名单,来自中旅旅行所属的福建省旅游有限公司的吴巧凌,靠着自己的努力成功入选。

吴巧凌持有导游资格证书,并获得香港执业导游牌照,是一名拥有香港导游牌照的全国特级导游。采访中,这位深耕旅游行业30多年的旅游人这样表达自己成为全国特级导游后的心情:"时隔20年,全国特级导游考评重启,像一盏明灯,为导游这个饱受争议的职业注入了新的力量,让社会看到了我们的价值。我也愿意为自己热爱的行业穷尽毕生之精力。"

守心明性　文化是职业底色

19岁拿到双语导游证书,29岁免试通过高级导游评定,47岁取得香港理工大学博士学位,49岁获评全国特级导游,职业生涯中多次获得省市级行业荣誉,3次获得部委表彰。这样一份优秀的履历,吴巧凌得来并不容易,背后支撑她的是对旅游行业的热爱及几十年如一日的自我要求。

"你的青春会被岁月拿走,但知识是带不走的。"受从事文物工作的父亲以及入行之初前辈们的影响,吴巧凌一直觉得导游应该是个靠知识和文化吃饭的职业,成为学者型导游是她一直追求的目标。

"我的导游之路始于酒店。"吴巧凌笑着告诉记者,1990年刚入社会的她就职于一家酒店。"酒店不像旅行社,很少有机会接触大规模的入境团队,有出游需求的客人也比较分散,但我依然会认真对待每一次带团讲解的机会。"

"从1990年到1996年的6年时间里,我经常带领外国游客穿梭于福州的大街小巷,看文化讲技艺。带他们去寿山石雕总厂,了解福州的脱胎漆器;带英国客人去台江的弄子里找纸伞,去榕树下看闽剧,在山坡上的亭子里看大爷大妈敲锣打鼓。"吴巧凌说,正是那一段时光为她后来的文旅产品高级定制之路打下了基础。

1996年,吴巧凌调入福建省旅游有限公司。"从那时起,我开始接触大规模的入境游、出境游一线业务,像一棵小树一样努力地吸收养分,探索着新的能力边界。我所在的企业给予了我极大的信任和成长空间。BBS刚兴起的时候,我尝试在福建省旅游局的BBS上做导游培训,在线上为导游交流搭建平台。那个时候,我还是天涯社区导游论坛的版主。"

肯付出、能沉下去,且对自己的职业抱有敬畏之心,吴巧凌迅速从一线导游成长为会议、奖励、高级定制细分市场广受认可的目的地管理专家。"国家对我的培养就是学者型导游,我更要坚定地把这条路走下去。"

在同事们的眼中,吴巧凌是文化和旅游融合的早期实践者。她在福建省旅游有限公司工作期间,主导设计开发的"唐诗之路"主题线路、福建茶文化之路、朱熹理学旅游路线、福建海上陶瓷之路、闽海观剧之旅等至今仍是福建省内经典的文化和旅游线路。

借调到中旅旅行所属的香港中国旅行社工作之后,她带领团队设计了香港第一条文化城市漫步线路"漫步读中环"、香港独家文学主题旅游精品线路"看香港"。她创造的"维港书香""悠游北角""香江霓裳"等"人文香港"系列产品,为香港文化和旅游发展做出了贡献。

身体力行　做行业的正能量

2022年5月25日,全国特级导游名单公布的当晚,吴巧凌回复大家祝贺的微信一直到凌晨2时。"收到的最多的祝福是'实至名归''深受鼓舞',最雀跃的是福建的同行们。"吴巧凌告诉记者,这一次全国特级导游评审的重启,聚焦了行业内关注的目光,名单公布之后,最让大家振奋的是国家对这个职业价值的肯定。

在同事的评价中,吴巧凌像是一位身体力行的园丁,她总是热情地分享对行业的热爱,用专业的知识、态度与热情感染了一代又一代新人。因此,全国特级导游评审重启的消息公布之后,吴巧凌收到了很多同行鼓励她参评的微信,甚至有同行专程打电话给她说:"吴姐,你一定要代表我们这个行业发声,你能告诉更多人我们真的很棒。"

"我入行之初正是导游这一职业的高光时期,但后来在市场化的发展中,这个职业也受到了很多质疑。现在,既然国家给予了我们机会,我们就有责任让更多人看见我们的价值,也给予后辈们更多坚持下去的精神力量。我的经历,如果能为后辈们做出些许表率,让他们觉得这个行业值得去投入,我由衷地高兴。"吴巧凌说。

参评全国特级导游,吴巧凌寄送的研究成果、课件、证明材料重量超过3公斤,她以深度讲解《香港活化古迹1881》与福建泉州《开元寺》两篇原创导游词参加评审,以11万字的论文《传统戏曲类非遗的旅游活化——以昆曲为例》通过评审答辩,她对文旅融合的思考得到了众多学者与行业专家的肯定,也让更多人看到了旅游人的职业素养。

孜孜不倦　为旅游奋斗终身

2022年,经中国旅游集团推荐,吴巧凌成为第22批中组部、团中央博士服务团的一员,目前在湖南省湘西土家族苗族自治州凤凰县挂职。

"旅游报国,是我们央企的责任,而这一责任已经内化于每一名员工的内心。"吴巧凌说:"能够用自己所学,服务少数民族地区的发展,让我觉得自己的工作更加有意义,而且当地非常重视我的专业知识,这也让我很感动。"

出于对文旅融合探索的执着,吴巧凌的博士毕业论文选择了非物质文化遗产活化方向。"我们的研究课题是传统戏曲类非遗的旅游活化,以昆曲为主要案例。"她说,为了获得第一手研究资料,她多次往返苏州,拜访了这一领域的数位专家。"我希望未来能为非遗导游这个细分领域开拓新的思路。我可以成为连接文化和旅游的桥梁,所有非遗导游都可以成为那座桥梁。"

"由于具备福建和香港两地的旅游行业经验,我希望将来能继续发挥所长,为大湾区的文旅融合贡献自己的力量。"吴巧凌说,她会继续做好旅游行业的螺丝钉,为自己所热爱的事业贡献毕生,"因为旅游业'值得'"。

思考:

参考上述案例,通过各种途径了解导游的具体工作,谈谈你对导游工作的认识。

任务一　导游工作的概念和分类

一、导游的概念及其内涵

对导游的定义,不同的国家有不同的标准,目前世界上没有统一的标准。例如:加拿大用"旅游团领队"指代导游,还明确要求"他是受过高等教育和培训的人,有能力进行研究,为一次旅游做准备,带领团队旅行,做旅游讲解,因而能使一次旅游成为一次异乎寻常、难以忘却的经历"。美国对导游的描述是:"他是首要的代理人和各种服务的供应商,直接与旅行者打交道,保证提供承包的服务项目、实现承诺,使游客满意,此人就是陪同或旅游团领队,通常称为导游。"

随着我国旅游业的蓬勃发展,对导游的描述也在不断变化。1994年,国家旅游局颁布的《导游职业等级标准(试行)》中明确将导游定义为"运用专门知识和技能为旅游者组织、安排旅行和游览事项、提供向导、讲解和旅途服务的人员"。1996年,《导游服务质量》(GB/T 15971—1995)国家标准中将导游定义为"持有中华人民共和国导游证书,受旅行社委派,按照接待计划,从事陪同旅行团(者)参观、游览等工作的人员"。1999年,国家旅游局颁布的《导游管理条例》将导游定义为"按照《导游管理条例》的规定取得导游证,接受旅行社委派,为游客提供向导、讲解及其他服务的人员"。但根据《导游服务规范》(GB/T 15971—2022)的前言,该标准代替了《导游服务规范》(GB/T 15971—2010)。该标准与GB/T 15971—2010相比,更改了"术语与定义"中关于导游员的名称和定义,将"导游员"更改为"导游"。

根据《中华人民共和国职业分类大典》,导游是指从事旅游向导、讲解及旅途服务工作的人员。《中华人民共和国旅游法》也将这类人员称为"导游"。由于"法"大于标准和条例,且称"导游"更朗朗上口。因此,从事旅游向导、讲解及旅途服务工作的导游服务主体应称为"导游"。

结合以上内容,本教材认为:导游是指为旅游者提供向导、讲解及相关旅游服务的人员,包括全陪导游、地陪导游和领队。

导游的内涵可从以下几个方面来理解。

第一,在现代旅游活动中,人们远离常住地来到异国他乡,追求物质和精神生活的满足。其活动空间极其广阔,活动内容十分复杂。但如果没有导游的参与,这些都会黯然失色。因此,在国际旅游界形成了这样的共识:没有导游的旅行,是不完美的旅行,甚至是没有灵魂的旅行。

第二,导游的工作范围很广。既要指导参观游览,提供导游讲解服务;又要安排游客的吃、住、行、游、购、娱等活动,提供生活服务;还要与游客沟通思想、交流感情、建立友谊。因此,导游为游客提供的服务是智力与操作兼而有之的综合性劳动服务。

第三,旅游是当今世界最大规模的民间交往活动。在旅游活动中,导游通过自己的辛勤劳动,增进了各国人民和各民族之间的相互了解与友谊,客观上也带动了旅游目的地经济和社会发展,为贫困地区的脱贫攻坚工作提供了支持,促进了民族文化的传承和自然生态环境的保护,为旅游业快速、健康和可持续发展做出了贡献。

第四,导游服务的性质和任务决定了从事这项工作的人必须具备一定的素养,且需要在工作中不断提高自己的业务水平,方可成为一名合格的导游。

二、我国导游的分类

(一)按业务范围划分

按照业务范围,我国导游可分为全陪导游和地陪导游。

1. 全陪导游

全陪导游是指监督并协助地接社、地陪导游及相关接待者的服务,以使组团旅行社的旅游接待计划得以按约实施,为旅游者提供境内全程陪同导游服务的人员。

由于旅游者的性质不同,全陪导游通常被分为两种。

一是国际入境旅游者在中国旅游时,由中方地接社派出的导游称为全陪导游,主要负责安排外国团队在华的全部行程。中方地接社实际上是旅游产品的总经销商,当游客需要到中国各地旅行时,他们再把行程的一部分分销给各地的地接社,由各地派遣地陪导游负责安排在当地的行程。例如:来自非洲的中小学校长40人到中国北京、上海、成都三地进行为期半个月的学习考察,受教育部委托,北京中国青年旅行社负责中国境内全程考察的安排与陪同,那么北京中国青年旅行社就是地接社,他们派出的导游就叫全陪导游,负责从游客入境到出境的全程导游服务陪同。

二是中国人在国内旅游时,由组团旅行社派出的全程陪同导游服务的人员称为全陪导游。例如:四川康辉国际旅行社组织的华东五市双飞五日游旅游团,由该旅行社派出的导游就是全陪导游。

2. 地陪导游

地陪导游是指实施旅游接待计划,在旅游目的地为旅游者提供导游服务的人员。

（二）按职业性质划分

按照职业性质，我国导游可分为旅行社专职导游和社会导游。

1. 旅行社专职导游

旅行社专职导游是指在一定时期内被旅行社固定聘用，以导游工作为其主要职业的导游。这类导游大多数受过中、高等教育，或受过专门训练，为旅行社正式员工，专职为旅行社带团，并由旅行社支付劳动报酬、缴纳社会保险费用。

2. 社会导游

社会导游主体是在相关旅游行业组织（导游协会）注册的导游，也包括旅行社临时特聘的导游。社会导游有自由执业导游和兼职导游两类。

（1）自由执业导游。

自由执业导游是以导游工作为主要职业，但并不受雇于固定的旅行社，而是通过签订临时劳动合同为多家旅行社服务，或者通过导游自由执业平台为散客提供导游服务的人员。自由执业导游是西方大部分国家导游队伍的主体，近年来在我国导游队伍中也占据了主体地位，其主要收入来源是旅行社（或游客）支付的导游服务费。

（2）兼职导游。

兼职导游亦称业余导游，是指不以导游工作为主要职业，而是利用业余时间从事导游工作的人员。兼职导游是我国导游队伍中一支不可缺少的生力军。

（三）按使用语言划分

按照使用语言，我国导游可分为中文导游和外语导游。

1. 中文导游

中文导游是指使用普通话、地方话或者少数民族语言从事导游业务的导游。目前，这类导游的服务对象主要是国内旅游中的中国公民和入境旅游中的我国港澳台地区同胞。

2. 外语导游

外语导游是指运用外语从事导游业务的导游。目前，这类导游的服务对象主要是入境旅游的外国游客和出境旅游的中国公民。

（四）按技术等级划分

国家旅游局（现文化和旅游部）于1994年颁布《导游员职业等级标准（试行）》，将我国导游按技术等级划分为初级导游、中级导游、高级导游和特级导游。

1. 初级导游

《中华人民共和国旅游法》中明确规定，参加导游资格考试成绩合格，与旅行社订立劳动合同或者在相关旅游行业组织注册的人员，可以申请取得导游证。也就是说，具有高中、中专及以上学历,通过文化和旅游部组织的统一考试,获得导游资格证书并进行岗前培训,与旅行社订立劳动合同或在相关旅游行业组织注册后,自动成为初级导游。

2. 中级导游

取得导游资格证书满3年,或具有大专以上学历的取得导游资格证书满2年,且在报考前3年内实际带团不少于90天,带团工作期间表现出良好的职业道德,经笔试《导游知识专题》《汉语言文学知识》或《外语》,合格者晋升为中级导游。

3. 高级导游

取得中级导游证书满3年,且在报考前3年内实际带团不少于90天,带团工作期间表现出良好的职业道德,经笔试《导游能力测试》和《导游综合知识》(包括对旅游政策法规的掌握和运用能力,对旅游业发展趋势的深入了解,对国内外重大事件的及时掌握和分析,以及对旅游相关知识的综合运用能力),合格者晋升为高级导游。

4. 特级导游

取得高级导游资格3年以上,带团不少于90天,业绩优异,无旅游服务质量投诉,游客和社会反映良好,有突出贡献,有高水平的科研成果,在国内外同行和旅行商中有较大影响,经论文答辩通过后晋升为特级导游。

任务二　导游的素质要求与训练

一个国家、一个民族的兴与衰、倒退与发展在一定程度上取决于其国民素质,一个企业的成功与失败取决于其核心决策层与员工的素质。同样,一个人的命运沉浮取决于其自身的素质。对于任何一个组织中的群体或个体,素质是第一要求。"祖国的一面镜子""民间大使""旅客之友""游人之师""旅行社代表"等称呼是对导游的美誉、称颂,更是国家、地区、企业以及社会公众或游客对导游的形象与行为的要求与期望。这是一种角色要求,正是这种要求对"导游"这一角色做了行为与形象的定位。要达到这种个人形象定位,关键在于个人的综合素质。因此,合格的导游或优秀的导游的综合素质应主要表现在政治素质、思想素质、技能素质、知识素质、身心素质、形象素质等方面。

一、政治素质

(一)热爱祖国,践行社会主义核心价值观

党的十八大报告明确提出"三个倡导",即"倡导富强、民主、文明、和谐,倡导自由、

平等、公正、法治,倡导爱国、敬业、诚信、友善,积极培育社会主义核心价值观",这是对社会主义核心价值观基本内容的精辟概括,即概括了国家的价值目标、社会的价值取向和公民的价值准则。

"富强、民主、文明、和谐",是我国社会主义现代化国家的建设目标,也是从价值目标层面对社会主义核心价值观基本理念的凝练,在社会主义核心价值观中居于最高层次,对其他层次的价值理念具有统领作用。

"自由、平等、公正、法治",是对美好社会的生动表述,也是从社会层面对社会主义核心价值观基本理念的凝练。它反映了中国特色社会主义的基本属性,是我们党矢志不渝、长期实践的核心价值理念。

"爱国、敬业、诚信、友善",是公民基本道德规范,是从个人行为层面对社会主义核心价值观基本理念的凝练。它覆盖社会道德生活的各个领域,是公民必须恪守的基本道德准则,也是评价公民道德行为选择的基本价值标准。

(二)遵纪守法,自觉抵制旅游过程中的违法行为

导游应具备良好的政治素质和高尚的情操,不断提升判断是非、识别善恶、分清荣辱的能力,抵制形形色色的物质诱惑和"精神污染"。遵纪守法是每个公民的义务,导游作为旅游行业的形象代表更应该树立纪律意识,自觉地遵守国家的法律、法规、行业规章制度,严格执行导游服务质量标准,严守国家机密和商业机密,维护国家和旅行社的利益。在导游服务工作中,导游应牢记"内外有别"的原则,能够利用法律武器,维护游客和自身的权利。

(三)责任担当,自觉维护国家利益和安全、民族尊严、社会稳定

国家安全是确保国家政权稳定、主权完整、领土不受侵犯以及保障人民生活幸福和经济社会可持续发展的基本前提。我国公民应该树立民族自豪感与自信心,以自己的行为为祖国增光添彩,增强民族自信心,同损害国家尊严的行为做斗争。导游在与外国游客交往的过程中,要自觉维护民族尊严和国家的利益。对待外国游客,应自尊自重、不卑不亢,既要热情友好,又不能低三下四。

(四)提高政治站位,传承中华优秀传统文化,讲好中国故事

导游必须具有高度的政治站位,要以国家政策和法律、法规指导自己的工作和言行;要积极主动地宣传社会主义中国,传承中华优秀传统文化,讲解我国现行的方针政策,介绍我国人民的伟大创造和社会主义建设的伟大成就;回答游客的种种询问,帮助他们尽可能全面、正确地认识我国。

二、思想素质

(一)遵守社会公德,文明礼貌,爱护生态,保护环境

文明礼貌、保护环境是社会公德的重要内容,也是导游职业道德不可或缺的组成部分,更是服务行业的一项极为重要的道德准则和行为规范。文明服务是优质服务的前提和保证,保护环境更是每位公民都必须做的事情。遵守社会公德,对维系社会公共生活与维护人与人之间的关系起着重要的调节作用。社会公德是维系良好人际关系的重要条件,也是衡量一个民族的进步标志。

(二)恪守职业道德,爱岗敬业,游客为本,服务至诚

导游要将全心全意为人民服务的思想与"游客至上""服务至上"的旅游服务宗旨紧密结合起来,真心实意地为游客服务。导游工作是一种服务性劳动,是一项脑力劳动和体力劳动高度结合的工作,工作强度大,要求导游要有尽职尽责的服务意识和无私的奉献精神。导游只有热爱自己的工作,努力学习,刻苦钻研,不断提高自己,尽职尽责地完成工作,才能为游客提供令人满意的服务。

(三)树立合同意识,诚实守信,按合同的约定提供导游服务,维护游客和旅行社的合法权益

"诚者不伪,信者不欺。"真诚公道、信誉第一是导游职业道德的主要内容和基本原则。诚实守信既是优良的商业传统,也是一个人、一个企业立于社会的基本准则。诚实守信是衡量旅游企业经营管理水平的重要尺度,是显示导游道德水平高低的重要标志,是树立企业良好形象的有效途径。导游应做到重合同,守信誉,严格履行承诺。依法订立的合同受法律保护,必须严格履行。旅游企业与旅游企业之间、旅游企业与游客之间、旅游企业与相关企业之间经常要签订一些合同,为了维护企业信誉,旅游从业人员必须严格遵守合同规定,全面履行所承担的义务;否则,就会影响到企业的形象和声誉。

三、技能素质

(一)语言能力

1. 应具备过硬的语言表达能力,熟练运用相应语种提供导游服务

语言能力是导游最重要的基本功,是导游服务的工具。古人云:"工欲善其事,必先利其器。"导游若没有过硬的语言功底,做好服务工作就无从谈起。语言能力包括外语能力和汉语能力,外语导游既要熟练掌握外语,又要不断提高运用汉语的能力。导游只有具有过硬的语言功底和较强的语言表达能力,才能和游客进行良好的交流和沟通。导游的口头语言要求语音清晰、语意清楚、语速适中、语言流畅。

2. 应有意识地使用礼貌语言，合理使用态势语言

礼貌是文明的体现，在待人处世的过程中，每个人都有被以礼相待的需要，礼貌在满足人的这种需要的同时，更满足了人的自尊。礼貌主要表现在语言和体态等方面。导游作为服务人员更应该具有礼貌语言意识，做到语言文明、态度亲和、举止端庄是与人友好交往必备的素养。用语要文雅谦逊，态度要诚恳亲切，语音要清楚自然；同时合理使用态势语言，以表情、目光、姿态和动作等进行信息传递。态势语言能有效地配合有声语言传递信息，能起到补充和强化有声语言的作用，运用得好不仅可以显著提升有声语言的表达效果，有时甚至能达到口头语言无法实现的效果。美国心理学家艾伯特·梅拉比安提出过一个公式：信息交流的效果＝7％的有声语言＋38％的语音＋55％的态势语言，这充分表明态势语言对于人与人交流的重要性。

3. 应掌握娴熟的导游讲解语言技巧，做到正确、清楚、生动、灵活

导游讲解能力是指将旅游目的地景区、景点内容通过语言传递给游客的能力。导游讲解能力以良好的语言表达能力为基础，与导游对景区、景点的熟悉程度密切相关。导游讲解是导游服务的核心内容，导游讲解能力是导游应具备的各项能力的核心。导游要学会针对不同的游客从不同角度进行讲解，语言规范精确，清楚达意，生动形象，幽默风趣，娴熟流畅，使讲解呈现不同风格，以满足不同层次和不同审美情趣游客的需要。

4. 宜掌握简单的手语

导游的服务对象是形形色色的游客，掌握简单的手语能够在遇到听障人士时为其更好地服务。

（二）接待操作能力

1. 应具备独立工作能力，代表旅行社履行合同义务，完成旅游接待任务

导游服务工作的独立性很强。带团外出旅游，导游一般是独当一面，独立地组织旅游活动，独立地处理各种各样的问题。培养导游独立分析和解决问题的能力和创新精神，既是导游服务工作的需要，也关系到导游个人的发展。导游的工作对象是形形色色的游客，每天所遇到的问题各不相同，工作中也不应墨守成规，导游只有具备较强的独立工作能力及创新精神，充分发挥主观能动性和创造性，才能更好地为游客服务。

2. 应具备组织协调能力，善于协调、处理与相关接待者、游客之间的关系

导游接受任务后要根据旅游合同安排旅游活动并严格执行旅游接待计划，带领全团游客游览好、生活好。这就要求导游具有较强的组织、协调能力，要求导游在安排旅游活动时有较强的针对性并留有余地，协调、处理与相关接待者、游客之间的关系，在组织各项活动时讲究方式方法并及时掌握变化的客观情况，灵活地采取相应的有效措施。

3. 应具备按照《导游领队引导文明旅游规范》(LB/T 039—2015)的要求引导游客文明旅游的能力

抓好文明旅游工作,是一个复杂而长期的工作,导游作为旅游最前线的引导员,在文明旅游中起着非常关键的作用。导游在工作期间应以身作则,并按照《导游领队引导文明旅游规范》(LB/T 039—2015)的要求做文明旅游的示范者,引导游客文明旅游。

节约是一种美德,是一种品质,更是一种责任。导游要采取实际行动积极参与到节能降耗的行动中来,倡导每一位游客牢固树立保护生态环境的理念,切实履行好保护环境的责任,自觉从我做起,从小事做起,尊重自然,顺应自然,增强节约意识、环保意识、生态意识。

4. 应具备人际交往能力,与游客相处融洽

导游的工作对象广泛,善于和各种人打交道是导游最重要的素质之一。与层次不同、性格各异的中外人士打交道,要求导游必须掌握一定的公共关系学知识并能熟练运用公共关系能力,具有灵活性、理解能力和适应不断变化的氛围的能力,能够随机应变地处理问题,搞好各方面的关系。导游具有一定的公共关系能力,就能在待人接物时更自然、得体,有更强的能动性和自主性会,有利于提高导游服务质量。

5. 应具备旅游突发事件防范和应急处理能力,按照《旅行社安全规范》(LB/T 028—2013)中的要求进行安全提示和监督

冷静分析、果断决定、正确处理旅游突发事件是导游最重要的能力之一。旅游活动中可能会出现意外事故,能否妥善地处理事故是对导游的一种严峻考验。临危不惧、头脑清醒、遇事不乱、处理果断、办事利索、积极主动、随机应变是导游处理意外事故时应具备的能力特质。

6. 应具备社会适应能力,紧跟产业发展步伐,顺应旅游新业态,创新导游服务

旅游是综合性产业,是拉动经济发展的重要动力,是传播文明、交流文化、增进友谊的桥梁,是衡量人民生活水平的重要指标。当前,我国正在从旅游大国向旅游强国迈进,应全面贯彻新发展理念,深化旅游结构性改革,深入推进"旅游革命",加快产业转型升级步伐,推动我国旅游业有大提升、上新台阶,实现高质量发展。在此形势下,导游应具备社会适应能力,紧跟产业发展步伐,顺应旅游新业态,创新旅游服务,推动旅游业高质量发展。

(三)信息技术应用能力

1. 应熟练掌握移动端与导游服务相关应用软件的使用方法,包括社交、通信、移动办公等软件

导游还应熟练掌握一些常用的社交、通信、移动办公等软件的使用方法,在服务过程中更灵活地处理相关工作。导游要成为一名"多面手",才能更好地为游客服务。

2.应协助游客通过移动互联网进行产品预订、定位导航、信息咨询、服务评价等活动

进入智慧旅游时代,通过智慧旅游App可进行产品预订、定位导航、信息咨询、服务评价等活动。导游应熟练掌握该方法,在旅游过程中协助旅游者使用各类智慧旅游App,提升旅游服务质量。

四、知识素质

(一)应掌握旅游客源地和旅游目的地相关的法律法规常识、时事政治、经济、社会状况

政策法规知识是导游必备的知识,是导游工作的指针,指导导游的讲解、问题回答以及与游客讨论的有关问题。政策法规是处理问题的原则,导游要根据相关的法律法规正确处理旅游活动中出现的问题和事故。导游必须遵纪守法,同时让游客尤其是外国游客了解中国的法律法规,遵守中国的法律法规。导游必须掌握相关的法律法规知识,以便正确地处理问题,做到有理、有礼、有节,同时自己也可防范错误的发生。

导游应掌握和熟悉的政策法规主要有《中华人民共和国旅游法》《旅行社管理条例》《导游管理条例》《旅游安全管理办法》《中华人民共和国民法典》《中华人民共和国消费者权益保护法》《中华人民共和国出境入境管理法》《导游管理办法》等。

由于游客来自不同国家(地区)的不同社会阶层,其中一些人会对旅游目的地的某些政治、经济和社会问题比较关注,喜欢询问一些相关的问题;有的人还常常把本国本地的社会问题同旅游目的地的社会问题进行比较。另外,在旅游过程中,游客随时可能见到或听到旅游目的地的某些社会现象,引发他们对某些社会问题的思考,要求导游给予相应的解释。因此,导游应掌握相关的政治、经济、社会知识,了解旅游目的地的风土人情、婚丧嫁娶习俗、宗教信仰和禁忌习俗等,以便更好地做好导游服务工作。

(二)应掌握相关的历史、地理、文学和民族民俗知识,以及旅游心理学、美学知识等

导游应掌握历史、地理、宗教、民族、风俗民情、风物特产、文学艺术、古典建筑和园林等各方面的知识。这些知识是导游讲解的素材,是导游服务的"原料",是导游的看家本领。导游要对本地及邻近省、市、地区的旅游景点、风土人情、历史故事、民间传说等了如指掌,对国内外的主要名胜景区、景点有所了解,还要善于将本地的风景名胜与历史典故、文学名著、名人逸事等有机地联系在一起。

导游的服务对象是形形色色的游客,而且都是短暂相处,因而掌握心理学知识具有特殊的重要性。导游要学会运用旅游心理学、消费心理学和行为心理学知识了解游客,有的放矢地做好导游讲解和旅行生活服务,有针对性地提供心理服务,从而使游客在心理上得到满足,在精神上获得享受。导游也要运用心理学知识协调与各种各样的旅游接待部门工作人员的关系。导游还要运用心理学知识随时调整自己的心理状态,使自己始终精神饱满、热情周到地为游客服务。

旅游活动是一项综合性的审美活动。游客外出旅游的一个重要目的就是到异地,从大自然、历史文化遗迹和民俗风情中领略美、感受美,满足其审美需求。导游只有懂得什么是美,知道美在何处,并且善于运用生动形象的语言向不同审美情趣的游客传递审美信息,才能帮助他们最大限度地获得美的享受。因为导游本身就是游客的审美对象,所以导游也要运用美学知识指导自己的衣着打扮和言谈举止。

(三)应掌握旅行常识,包括旅行证件知识、领事保护知识、客货运知识、机票政策、海关及移民管理机关规定等相关知识

导游在提供导游服务的同时,还应随时随地帮助游客解决旅行中的种种问题。因此,导游应掌握必要的旅行知识,从而保障旅游活动的顺利进行。旅行知识主要包括出境知识、交通知识、通信知识、货币保险知识、卫生知识、旅游业知识等,必要的旅行知识往往能起到事半功倍的作用。

五、身心素质

(一)身心健康,能胜任导游工作

首先,身体健康。导游从事的工作要求他们能长时间走路,会爬山,能连续不间断地工作。全陪导游、地陪导游和领队要陪同旅游团周游各地,不断变化的气候和各地的水土、饮食对其都是一个严峻的考验。

其次,心态平和。导游的情绪要始终愉悦、饱满,在游客面前应显示出良好的精神状态,进入"导游"角色要快,并且能保持心态平和,不受任何外来因素的影响。面对游客,导游应笑口常开,决不能把丝毫不悦的情绪带到导游工作中。当前,游客的自我保护意识越来越强,有时对导游的工作理解不够,导游要能受得起委屈,要学会调整自己的心态。

再次,头脑冷静。在旅游过程中,导游应始终保持头脑清醒,处事沉着、冷静、有条不紊;处理各方面关系时要机智、灵活、友好协作;处理突发事件以及游客的挑剔、投诉时要干脆利索,要合情、合理、合法。

最后,思想健康。导游应具有高尚的情操和超强的自控能力,能够抵制形形色色的诱惑,清除各种腐朽思想的污染。

（二）心胸开阔，善解人意，耐心细致，热情向上

心胸开阔、善解人意、耐心细致、热情向上是导游重要的业务要求，是衡量导游工作态度的一项重要标准。心胸开阔、善解人意、热情友好是赢得游客信赖与支持的基础，是旅游企业在激烈的市场竞争中获胜的法宝，是旅游企业取得良好声誉和经济效益的重要保证。导游对待游客要像对待自己的家人一样耐心、细心、热心，尽自己最大的努力帮助游客解决遇到的问题。导游还要尊重每一位游客的不同生活习惯、宗教信仰、民族风俗等，对待每一位游客要举止文雅、态度友善。

（三）应具有良好的观察力和感知力、广泛的兴趣爱好、乐观的性格和临危不乱的意志品质

在导游活动中，时常会出现许多临时状况，如遗失物品、变更计划、发生突发性事故等。导游服务的难度就在于工作的灵活性和问题出现的随机性、突发性。因此，导游应具备良好的观察力、感知力、广泛的兴趣爱好、乐观的性格、处理错综复杂问题的应变能力和临危不乱的判断力，具有凭借智慧和服务取胜的能力、获取信息和处理信息的能力、解决问题和化解矛盾的能力、掌握知识和技能并善于应用的能力等。

六、形象素质

（一）仪容整洁，装饰自然

仪容是个人礼仪的重要组成部分。导游在完善自身的仪容时要注意整洁，装饰自然，切忌邋遢、装饰夸张。

（二）仪表端庄，着装得体

仪表可以表现人的精神状态和文明程度，也体现着对他人的尊重。仪表端庄、着装得体可以给人留下朝气蓬勃、值得信赖、热情好客的印象。得体的仪表是导游给游客留下良好"第一印象"的关键因素之一。

（三）仪态大方，举止有度

仪态是指一个人举止的姿态与风度，是身体显现出来的样子，如站立、行走、屈身、眼神、手势和面部表情等。优雅的举止、潇洒的风度，能给人留下较深的印象。导游良好的仪态有利于赢得游客的信任和尊重。

 同步案例

与诗做伴　远方更美

"沈园春尽草木深，旧地重游追诗魂。""伤心一曲钗头凤，绝唱千声吟到

今。""庐山锦绣百千峰，步步看山各不同。"……

这一句句诗并非来自古人，而是出自全国特级导游李明江。李明江是改革开放初期我国第一批导游员之一。1998年，时任上海松江旅行社中文导游员的李明江被评为全国特级导游，其深厚的文学历史功底，信手拈来的古代诗词，即兴创作的美妙诗句，让国内外游客在踏访山川古迹之中收获各类文化知识，体会到中华文化的源远流长，开阔视野，陶冶情操。

李明江回忆道："我的第一职业是教师，在中学任教，但因酷爱旅游，所以从1986年开始从事兼职导游工作，至今依然奔走一线，疫情发生的这几年我还在偶尔带团。30多年大约带了1000多个团，服务过各行各业的游客。对于这些游客来说，我帮助他们完成了人生中难忘的旅行，于我而言，他们帮助我实现了精彩的人生之旅。在与这1000多个旅游团相伴的日子里，有优美旅途的喜悦、有突发情况的焦灼、有穿越古今的惊喜、也有沧海桑田的感伤……"

李明江熟悉历史，能背诵千余首诗词。在带团中，李明江凭借文学历史功底，引导游客发现景点的独特之美。如，他带团游西湖，不仅讲述西湖是如何形成的、西湖老十景有哪些，还会介绍苏轼、王安石、林升、杨万里、白居易等人写西湖的诗词，讲述梁祝、白蛇传的故事背景，聊一聊林和靖、李慧娘、济公的传说。

"优秀的导游员，每到一处景点，不仅自己会审美，还要引导客人审美。即使已来过数十次，仍应保持第一次来时的激动心情，和游客一起参与审美活动。"李明江说，"有一次带团去绍兴沈园，团队成员是中学语文教师，他们约定每人至少写一首诗并相互交流。我作为导游也主动参与，在会上朗读了几首诗。老师们看到我参与，热情更加高涨了，这次旅途充满了浓厚的文化气息。"

"还有一次，我带一个学生团到镇江北固山，给同学们讲，山不在高，有仙则名，此地有两个故事很出名，一是三国刘备招亲发生在此，二是南宋辛弃疾在这里写下了《永遇乐·京口北固亭怀古》：千古江山，英雄无觅孙仲谋处。舞榭歌台，风流总被雨打风吹去……学生们刚刚学过这首词，所以情不自禁地跟我背诵起来。我的讲解与游客产生了共鸣，可谓'心有灵犀一点通'。听着孩子们的背诵声、看到他们认真的表情，我心里感到很自豪、很振奋。"李明江说。

1992年，李明江带一个日本代表团访问上海松江佘山国家度假区。这次讲解中，李明江充分考虑文化差异，通过一些巧妙的讲解让客人迅速了解度假区的历史。李明江回忆说，这一次他的讲解很简洁："这里是上海的发源地，有五千年的文明历史。""天马山的斜塔是世界上最斜的塔，比意大利比萨斜塔还斜。""前面的小昆山出了中国文学史上著名的大文豪陆机和陆云，王安石把他们比作'玉出昆冈'。""中国历史上第一位赫赫有名的皇帝秦始皇也到过此地,留下'秦皇驰道'。"最后他还创作了一首诗:"佘山远眺富士山,黄浦连着东京湾。桃花樱花一起开,中日友谊传万代。"日本客人听后连连称赞,有一位客人还要把李明江这首诗写在记事本上。

李明江十分注重导游词的研究和创作。1998年参评全国特级导游时,他提交了论文《论世纪之交导游员在美学修养上的新要求》。文中写道:"提高导游员队伍的素质已成为提高产业竞争能力的关键,导游员的美学修养在导游员素质结构中占有重要地位,因此,提高导游员美学修养水平已成为十分紧迫的任务。"

李明江认为,随着我国旅游业的国际化发展,导游已成为文化交流的使者,因此,必须熟悉中西方文化的基本内涵和基本特征,具有中西文化的比较研究能力。只有这样才能正确对待自己民族文化和外来民族文化的相互关系,才能正确对待弘扬中华文化和汲取外来进步文化的相互关系。

对于导游职业的发展趋势,李明江说:"疫情暴发后导游流失情况十分严重,这是疫情冲击、行业转型升级等多种因素造成的。从行业的总体发展趋势来看,导游并不缺乏,缺乏的是优秀导游,是独当一面、能力强、讲解服务好、客人和旅行社都满意的导游。一个优秀导游员应该读万卷书、行万里路。导游、领队真的很辛苦,能坚持下来,离不开两个字——热爱。"

"虽然已经退休了,但是我还在坚持带团,也带年轻导游,在一些大学兼职讲课,参与旅游教材编写工作等。我觉得生活很丰富、很多彩、很充足。"说起退休生活,李明江轻松地说:"退休后,我常到国内外旅游观光,饱览大千世界的美景,从珠峰到北极,从万里长城到金字塔,从长江、黄河到亚马孙河……旅游使自己的生活更丰富、更多彩,真是踏遍青山人未老,风景独好!"

文花枝:"我是导游,后面是我的游客,请你们先救游客"

文花枝,女,汉族,湖南省韶山市人,中共党员。1982年出生,2003年在湘潭新天地旅行社(现更名为湘潭花枝新天地国际旅行社)当导游。

2005年8月28日,文花枝在带旅游团途中遭遇车祸,车上人员6人死亡,14人重伤,8人轻伤。当营救人员几次想把坐在车门口第一排的文花枝先抢救出去时,她没有忘记自己作为一名导游的工作职责,大声说:"我是导游,后面是我的游客,请你们先救游客!"并不停地为大家鼓劲、加油。在这起重大交通事故中,文花枝是伤得最重的一个,左腿9处骨折,右腿大腿骨折,髋骨3处骨折,右胸第四、五、六、七根肋骨骨折。她在危险到来的时候,将生死置之度外,把生的希望让给别人,自己最后一个被解救。因为延误了宝贵的救治时间,医生不得不为文花枝做了左腿高位截肢手术。工作中的文花枝一直是一名用真诚和微笑对待游客的阳光女孩,她把游客当成朋友和亲人。每带一个团,她都按事先的承诺服务,每到吃饭时,她都先安排好游客,自己才最后吃。游客称赞她是人品上的"导游",是职业道德的"导游"。她是第十一届全国人大代表,被评为全国道德模范、中国十大杰出青年,荣获全国五一劳动奖章、全国三八红旗手等多项荣誉称号。

思考:

(1)请问导游应该具备什么样的知识素质?

(2)根据所学知识,谈谈如何提高导游的能力素质。

任务三 导游服务礼仪

导游服务礼仪体现导游职业形象,是在导游服务中所呈现出来的与其从事职业相匹配的显性特征,即导游的仪容、仪表、仪态和礼节、礼貌。

一、导游的仪容仪表礼仪

仪容仪表是人的外在表现。仪容即人的容貌,是个人礼仪的重要组成部分;仪表是人的综合外表,包括人的形体、容貌、健康状况、姿态、举止、服饰、风度等方面,是人举止风度的外在体现。仪容在个人礼仪中占有举足轻重的地位。导游在完善自身的仪容礼仪时,应注意以下几点要求:首先,仪容的修饰要考虑时间和场合。其次,在公众场合不能当众进行仪容修饰。众目睽睽之下修饰仪容,既不尊重自己,也有碍他人,是极为失礼的。最后,完善自身的仪容需要内外兼修。

(一)导游的仪容礼仪

导游的仪容礼仪主要包括面部化妆礼仪、头发护养礼仪、香水使用礼仪以及卫生礼仪等方面。

1. 面部化妆礼仪

化妆是一门艺术,又是一种技巧,它不是简单的涂脂抹粉,更不是把自己打扮得花枝招展,而是塑造一种健康自然、鲜明和谐、富有个性的形象。对于导游来讲,化妆要少而精,要强调和突出自身所具有的自然美部分,一般以浅妆、淡妆为佳,不能浓妆艳抹,还要避免使用气味浓烈的化妆品。具体应注意以下几方面。

(1)正确认识自己。大多数人的长相都不是十全十美的,都有这样或那样不尽如人意的地方,化妆的目的是在扬长避短的原则下,寻找并突出自己面容最富魅力的部位,掩盖或削弱有缺陷的地方,这样才能起到化妆的作用。

(2)以自然修饰为准。生活中的美容化妆以统一、和谐、自然为准则。恰到好处的化妆,给人以整洁、雅致的印象。浓妆艳抹、矫揉造作、过分的修饰、夸张都是不可取的。

(3)妆容与环境相适应。妆容的浓淡要视时间、场合而定。在日光下,工作时间和工作场合只适合化淡妆;晚上参加宴会、舞会等社交活动时,可穿着艳丽或典雅的服装,在灯光照耀下妆色可浓些,可使用带珠光的化妆品。导游带团时,不要浓妆艳抹,在秀丽的湖光山色中,自然才是最美的。

(4)化妆禁忌:①不要当众化妆;②不要非议他人的妆容;③不要借用别人的化妆品;④男士化妆要体现男子汉的气概。

2.头发的护养礼仪

头发也是构成仪容礼仪的要素之一,直接影响对方的第一印象。拥有整洁干净的头发是社交礼仪中最基本的要求。当今社会,头发甚至能表现一个人的道德修养、审美情趣、知识结构及行为规范,人们可以通过他人的发型判断出其职业、身份、受教育程度及卫生习惯,并感受到其身心是否健康以及对待生活和事业的态度。女士的发型要符合美观、大方、整洁、实用的原则,要与脸型、体形、年龄相协调。女性导游的发型应体现活泼开朗、朝气蓬勃、干净利落,切忌把头发染成红色或多色,也不宜佩戴色泽过于鲜艳的发饰。男性导游的鬓发不能盖过耳部,头发不能触及后衣领,切忌烫发和染发。

3.香水的使用礼仪

适当使用香水,其芬芳的香味能提神醒脑、去除异味,会使自己魅力倍增。正确使用香水须注意以下几点。

(1)忌用量过多。香水在使用时应注意适量,一般情况下,以1米范围内能够闻到淡淡的幽香为宜。

(2)忌使用部位不当。香水中的香精和酒精在紫外线的作用下会刺激皮肤,易出现色素沉淀,所以涂抹香水的部位最好是光线照射不到的地方,如耳后、手臂内侧等。不要抹在手背、额头等暴露部位,比较妥当的办法是在衣领、衣角、手帕上抹一点,任其自然挥发。

(3)忌不洁使用。要使香水发挥应有的作用,务必先洗澡,去除不洁气味。

(4)忌不同香水混合使用。不同品牌、不同系列、不同香型的香水不能混合使用,以免掩盖不同香水的香味特点。

(5)忌吃辛辣刺激的食物。使用香水时,忌吃葱、蒜、辣椒等,因为食用这类食物后容易产生体臭,影响香水的使用效果。

4.卫生礼仪

(1)口腔卫生。个人保持口腔清洁是礼仪的基本要求。导游在上班前不要喝酒,不要吃有刺激性的异味食物,以免引起游客的反感。一旦吃了有异味的东西,一定要清理口腔,可以通过咀嚼口香糖、喝茶、漱口等方式清除口腔异味。此外,不能当着游客的面剔牙齿。

(2)鼻腔卫生。男性导游要经常清理鼻腔,修剪鼻毛,防止鼻毛过长。

(3)手指甲。导游要随时清理双手,要经常修剪指甲。不应留有长指甲,也不能涂色彩鲜艳的指甲油。

(二)导游的仪表服饰礼仪

1. 着装的基本原则

(1)整洁原则。

整洁原则是指仪表要整齐干净,这是服饰打扮的一个最基本的原则。一个穿着整洁的人总能给人以积极向上的感觉,并且也表示出对交往对方的尊重和对社交活动的重视。整洁原则并不意味着时髦和高档,只要保持服饰的干净合体、全身整齐有致即可。

(2)个性原则。

个性原则是指要在社交场合树立个人形象。不同的人由于年龄、性格、职业、文化素养等方面的不同,自然就会形成各自不同的气质。我们在选择服装进行服饰打扮时,不仅要符合个人的气质,还要表现出自己的美好气质,为此必须深入了解自我,正确认识自我,选择适合自己的服饰,树立自己的个人形象。

(3)TPO原则。

TPO原则是服饰礼仪的基本原则之一。其中的T、P、O三个字母,分别是"Time" "Place" "Occasion"三个单词的缩写。TPO原则要求人们在选择服装、考虑具体款式时,首先应当兼顾时间、地点、场合,并力求使自己的着装及具体款式与之协调一致。

① 与时间相适应。无论是每天早、中、晚的时间段,还是春、夏、秋、冬的四季更替,乃至时代的变迁,都应相应地选择合适的服饰。

② 与地点相适应。不同的环境需要与之相适应的服饰打扮。例如,在气候炎热的地方,服装要以浅色或冷色调为主;在寒冷的地方,以深色或暖色调为主。

③ 与场合相适应。场合主要是指工作、社交、休闲三大场合,着装应与当时当地的气氛融洽协调。如导游在带团时应以休闲运动服为主,博物馆的讲解员应以职业装为主。

(4)配色原则。

服饰的美是款式美、质料美和色彩美三者完美统一的体现,形、质、色三者相互衬托、相互依存,构成了服饰美的统一整体。在生活中,色彩美是最先引人注目的,因为色彩对人的视觉刺激最直接、最快速,会给他人留下很深的印象。服装色彩搭配有以下三种方法可供参考。

① 同色搭配。即由色彩相近或相同、明度有层次变化的色彩相互搭配形成一种统一和谐的效果,如墨绿配浅绿、深蓝配浅蓝等。在同色搭配时,宜遵循上浅下深、上明下暗的原则,这样整体上就有一种稳重踏实之感。

② 相似色搭配。色彩学把色环上大约90°以内的邻近色称为相似色,如蓝与绿、红与橙。相似色搭配时,两个色的明度、纯度要错开,如深一点的蓝色和浅一点的绿色搭配在一起比较合适。

③ 主色搭配。即选一种起主导作用的基调和主色,相配于各种颜色,形成一种互相陪衬、相映成趣的效果。采用这种配色方法,首先应确定整体服饰的基调,其次选择与基调一致的主色,最后再选出多种辅色。若选色不当,容易造成混乱的情况,有损整体形象,因此使用该搭配方法时要慎重。

2. 着装的要求

(1) 要与年龄相协调。

不论是年轻人还是年长者都有权打扮自己。但是在打扮时要注意,不同年龄的人有不同的着装要求:年轻人的穿着可鲜艳、活泼和随意些,这样可以充分体现年轻人朝气蓬勃的青春美;而中老年人的着装则要注意庄重、雅致、含蓄,体现其成熟和端庄,充分表现出成熟美。无论何种年龄段,只要着装与年龄相协调,都可以显示出独特的韵味。

(2) 要与体形、肤色相协调。

服饰要因人而异、扬长避短。瘦者穿浅色、横条纹、大花图案的衣服可以显得圆润丰满些;胖者穿深色、竖条纹的衣服则可显得苗条清秀些。肤色较深的人穿浅色服装会显得时尚健美;肤色较白的人穿深色服装更能显出皮肤的细腻白嫩。

(3) 要与职业相协调。

导游是旅游目的地的形象大使,不宜染头发、穿奇装异服,应该选择适合户外工作特点、大方得体的服饰。例如,在夏天,男性导游不宜穿背心、短裤;女性导游不能暴露过多,不能穿吊带装、露脐装,不能穿超短裙,不能袒胸露背,不能穿拖鞋。

(4) 要与环境相协调。

在喜庆场合不能穿得太古板,在悲伤场合不能穿得太花哨,在庄重场合不能穿得太随意,在休闲场合不能穿得太隆重。高跟鞋和西服套裙相配显得高雅大方,适合宴会,但不适合登高探险、郊外野营。

3. 正装的着装规范

(1) 男士西服的着装原则如下。

① 三色原则。男士在出席正式的商务活动时,西服套装全身上下的颜色不能超过三种或三个色系。这样的穿着能使人觉得庄重、正式。

② 三一定律。男士穿西服套装时,身上的三个重要配件(腰带、皮鞋与公文包)应

该是一种颜色或者同一色系。最理想的搭配是皆为黑色。

③ 三大禁忌。一忌穿西装时不拆袖子上的商标。二忌穿西装时里面加穿毛衣。由于色彩与图案繁杂,扣式的开领羊毛衫或羊绒衫与西装搭配往往会给人一种过于休闲、随意的感觉,所以原则上在正式的社交场合,西装内不能穿毛衣。三忌穿西装时穿不协调的袜子。在重要的商务场合,有两种袜子不能穿:一是尼龙袜,二是浅色袜子(穿白皮鞋时除外)。

(2) 女士套裙的着装原则如下。

① 大小适度。上衣最短可以齐腰,裙子最长可以到小腿中部,上衣的袖长要盖住手腕。

② 穿着端正。上衣的领子要完全翻好,衣袋的盖子要拉出来盖住衣袋或披、搭在身上;衣扣一律全部系上,不允许部分或全部解开,更不允许当着别人的面随便脱下上衣。

③ 注意场合。女士在各种正式活动中,一般宜穿着套裙。当出席宴会、舞会、音乐会时,可以选择和这类场合相协调的礼服或时装。

④ 协调妆饰。通常穿着打扮,讲究的是着装、化妆和配饰风格统一、相辅相成。穿套裙时,必须维护好个人形象,所以不能不化妆,但也不能化浓妆。配饰也要较少,要合乎身份。

⑤ 兼顾举止。套裙最能够体现女性的柔美曲线,这就要求女性要举止优雅,注意个人的仪态。穿上套裙后,站立稳重;就座以后,应双膝并拢,不能跷二郎腿和摇晃脚尖,更不能当众脱鞋;走路时不能大步奔跑;拿自己够不着的东西,可以请他人帮忙,千万不要逞强,尤其是不要踮起脚尖、伸直胳膊费力地去够,或是俯身、探头去拿。

⑥ 要穿衬裙。穿套裙的时候一定要穿衬裙,特别是穿丝、棉、麻等薄型面料或浅色面料的套裙时,假如不穿衬裙,就很有可能使内衣透出。可以选择透气、单薄、柔软面料的衬裙,而且应为单色,如白色、肉色等;衬裙必须和外面套裙的色彩相协调,不要出现任何图案;衬裙应该大小合适,不要过于肥大;穿衬裙的时候裙腰不能高于套裙的裙腰,不然就暴露在外了。

二、导游的言谈举止礼仪

(一) 导游的言谈礼仪

1. 交谈礼仪

(1) 基本原则。

准确优美的语言,诚恳、彬彬有礼的态度,潇洒的风度,都能给游客留下美好的印象。因此,导游在与人聚谈时,必须讲究语言艺术,力求表达得体,善于运用礼貌用语,并注意表情、目光、手势等表情语、体态语的适当配合。经常与游客交往的导游更应该懂得社交聚谈时的礼节礼貌,应善于辞令。

① 交谈时的态度:真诚、庄重。导游在与游客交谈时或在社交场合与人聚谈时,态度要真诚,不能傲慢,傲慢会伤害对方的自尊心;不能冷漠,冷漠会让对方觉得不亲切,感到被冷落;不能太随便,太随便会给对方一种消极的感觉;不要慌乱,慌乱会给对方留下不诚实、不成熟的印象,从而使对方产生不信任感;不能唯唯诺诺、卑躬屈膝,否则会让对方瞧不起。

② 交谈时的表情:大方、自然。导游在与人交谈时,神情要自信、大方、自然,不能扭捏腼腆,不要惊慌失措,不能心不在焉,不要时时看表,避免出现打哈欠、伸懒腰及其他不雅观的小动作。

③ 交谈时的目光:坦率、诚实。导游与人交谈时,要坦诚地注视对方的眼睛,忌左顾右盼、躲躲闪闪,不要惶惑不安,切忌居高临下。

④ 与人交谈时的体态:适当配合。导游与人交谈时,要注意体态的适当配合,要避免手舞足蹈,不要用手指指人,双手不能交叉于胸前或背后,不要手插裤袋,更不要攥紧拳头,不要疯笑,切忌对人动手动脚。

⑤ 交谈时的语言:文雅、得体。导游与游客聊天、讨论问题时,或在社交场合与人聚谈时,讲话要有内容、有中心,要简洁明了;语言表达要得体,要掌握分寸;谦虚要适当,赞语不宜过分,不乱用俚语。

(2)忌谈话题。

导游在与人交谈时,忌谈以下话题。

① 疾病、死亡等不愉快的话题。

② 对方的隐私。对女士一般不询问年龄和婚姻情况;对任何游客不直接询问其履历、工资收入、家庭财产、衣饰价格等私人问题。

③ 对方不愿意回答的问题。对对方不愿回答的问题不要刨根问底,若提出了让对方反感的问题,应表示歉意或立即转移话题。

④ 宗教民族问题。对宗教民族问题应持慎重态度。

⑤ 涉及国家机密的话题。

(3)控制音量。

在与人交谈时,应注意控制音量。音量适宜,声音清晰可辨,则能吸引人们的注意力并博得信任和尊敬。导游带团时应根据团队人数控制好音量。

2.礼貌用语

礼貌用语要做到"十字""七声"。"十字"即"您好""请""谢谢""对不起""再见";"七声"即"问候声""征询声""感谢声""道歉声""应答声""祝福声""送别声"。例如,在涉外场合需要请人帮忙时,说句"对不起,能帮我一下吗",则能体现一个人的谦和及修养。频繁使用"请"字,会使话语变得委婉而有礼貌,是比较自然地把自己的位置降低而将对方的位置抬高的最好办法。

3.交谈的最佳距离和角度

在社交场合,要注意保持交谈的最佳距离和角度,不同国家有不同的习惯。北欧人认为两人之间的谈话距离保持在1.2米左右比较合适;中欧人及英国人则通常认为人们交谈时保持1米左右的距离较好;而在南欧的意大利,人们交谈时几乎靠在一起。从卫生角度考虑,交谈的最佳距离为1.3米左右,这样就不至于因交谈而感染上由飞沫传染的疾病。此外,两个人坐着交谈时最好有一定的角度,可斜站对方侧面,形成30°角为最佳,尽量避免面对面。另外,在交谈中,若偶然咳嗽,如果来得及去洗手间最好说声"对不起,离开一下";如果来不及,一定要将头转过去,用手遮住口鼻。

(二)导游的举止礼仪

1.站、坐、走姿礼仪

(1)站姿礼仪。

导游的站姿要给游客一种谦恭有礼的感觉,其基本要领:头正目平,面带微笑,肩平挺胸,立腰收腹,两臂自然下垂,双膝并拢或分开与肩同宽。站立时不要两手叉腰或把手插在裤兜里,更不要有怪异的动作,如抽肩、缩胸、乱摇头、抠鼻子、掐胡子、舔嘴唇、拧领带等。站着与人交谈时,两臂可随谈话的内容做些适度的手势,但动作幅度不可过大。在正式场合,不宜将手插在裤袋里或交叉在胸前,更不要下意识地做些小动作,那样不但显得拘谨,给人缺乏自信和经验之感,而且也有失仪态的庄重。向人问候或做介绍时,不论握手或鞠躬,重心应在中间,膝盖要挺直。总之,站姿应该自然、轻松、优美,不论呈何种姿势,改变的只是脚的位置和角度,而身体要保持绝对的端正挺拔,也就是古人所说的"立如松"。

(2)坐姿礼仪。

导游的坐姿要给游客温文尔雅的感觉。其基本要领:上身自然挺直,两腿自然弯曲,双脚平落地上,臀部坐在椅子中央。男性导游一般可自然张开双腿,以显其自信、豁达;女性导游一般双膝并拢,以显示其庄重、矜持。

(3)走姿礼仪。

导游的走姿要给游客一种轻盈稳健的感觉。其基本要领:行走时,上身自然挺直,立腰收腹,肩部放松,两臂自然前后摆动,身体的重心随着步伐前移,脚步要从容轻快、干净利落,目光要平稳,可用眼睛的余光观察游客是否跟上。行走时,不要把手插在裤袋里。在一些场合中,导游的行姿也有不少特殊之处。如与人告辞时,不宜扭头便走,示人以后背。为了表示对在场的其他人的敬意,在离去时,可采用后退法。其标准的做法是目视他人,双脚轻擦地面,向后小步幅地退三四步,然后先转身、后扭头,轻轻地离去。又如,在楼道、走廊等道路狭窄之处需要为他人让行时,应采用侧行步,即面向对方,双肩一前一后,侧身慢行。这样做,是为了对人表示"礼让三先",避免与人争抢道路、发生身体碰撞或将自己的背部正对着对方。

2.蹲姿礼仪

蹲姿是人的身体在低处取物、拾物时所呈现的姿势。对蹲姿的要求是"蹲要雅"。导游在工作中,当从低处取物或捡拾落在地上的物品,或整理自己的鞋袜时,动作要美观,姿势要优雅。

(1)蹲姿基本要求:下蹲拾物时,应自然、得体、大方,不遮遮掩掩;下蹲时,两腿合力支撑身体,避免滑倒;头、胸、膝关节应在同一个方向上,以确保蹲姿优美;女士无论采用哪种蹲姿,都要将腿靠紧,臀部向下。

(2)蹲姿的种类:①交叉式蹲姿。下蹲时右脚在前,左脚在后,右小腿垂直于地面,全脚着地。左膝由后面伸向右侧,左脚跟抬起,脚掌着地。两腿靠紧,合力支撑身体。臀部向下,上身稍前倾。②高低式蹲姿。下蹲时右脚在前,左脚稍后,两腿靠紧向下蹲。右脚全脚着地,小腿基本垂直于地面,左脚脚跟提起,脚掌着地。左膝低于右膝,左膝内侧靠于右小腿内侧,形成右膝高左膝低的姿态,臀部向下,主要以左腿支撑身体。

(3)蹲姿禁忌:弯腰捡拾物品时,两腿叉开,臀部向后翘起,是不雅观的姿态;两腿展开平衡下蹲,其姿态也不优雅;下蹲时注意内衣"不可外露,不可透视"。

三、导游的人际交往礼仪

(一)日常接待礼节

1.介绍礼

(1)自我介绍和介绍他人。人际交往中,不相识的人若有相识的愿望,可自我介绍或由第三者介绍。自我介绍和介绍他人时,态度要诚恳;自我介绍时切忌羞怯或自吹自擂;介绍他人时要热情,但应掌握分寸。介绍有先后之别,一般是将主人介绍给游客,将身份低、年轻者介绍给身份高者和长者,将男子介绍给女子。介绍时,双方应起立,长者和身份较高的女士可例外。

(2)交换名片。递名片是社交场合一种重要的自我介绍方式。在交际场合,可按尊卑或由近及远的顺序依次递送名片,不可只给尊长和领导,以免给人厚此薄彼的感觉。递名片时应用双手(至少用右手)递上,目视对方,微笑致意。接名片时也要用双手,以示尊重;接过名片应认真地看一遍,不要马上装入口袋,也不要在手中玩弄。不能心不在焉地递、接名片,也不可漫不经心地滥发名片。

2.见面礼

(1)握手礼。握手是交际双方互伸右手彼此相握并传递信息的手势语,它包含了初次见面时表示欢迎、告别时表示欢送、对成功者表示祝贺、对失败者表示理解、对信心不足者表示鼓励、对支持者表示感谢等多种语义。

① 握手要领。与人握手时,上身应稍微前倾,立正,面带微笑,目视对方。

② 握手顺序。男女之间,男方要等女方先伸手,如女方不伸手且无握手之意,男士可点头或鞠躬致意;宾主之间,主人应先向游客伸手,以示欢迎;长辈与晚辈之间,晚辈要等长辈先伸手;上下级之间,下级要等上级先伸手,以示尊重。

③ 握手时间。握手时间的长短可根据握手双方的关系密切程度灵活掌握。初次见面一般握手不应超过3秒钟,老朋友或关系亲近的人则可以边握手边问候。

④ 握手力度。握手力度应以不握疼对方的手为原则。在一般情况下,握手不必用力,握一下即可。男士与女士握手不能握得太紧,西方人往往只握一下女性的手指部分,但老朋友可例外。导游在与游客初次见面时,可以握手表示欢迎,但只握一下即可,不必用力。对年龄较大或身份较特殊的游客,导游应身体稍微前倾或向前跨出一小步,双手握住对方的手,以示尊重和欢迎。在机场或车站送行,与游客告别时,导游和游客之间已建立起较深厚的友谊,握手时可适当紧握对方的手并微笑着说些祝愿的话语。对给予过导游大力支持和充分理解的海外游客及友好人士等更可加大些力度,延长握手时间,或双手紧握并说些祝福感谢的话语,以表达相互之间的深厚情谊。

⑤ 握手禁忌。忌多人同时握手,忌同时与两人握手;忌精力不集中,握手时看着第三者或者环视四周;男士握手忌戴手套;忌将左手放在裤袋里;忌紧握对方的手摇来摇去,长时间不放;边握手边拍对方肩头,或握手时低头哈腰地与他人打招呼,也是社交场合较为忌讳的。

(2) 鞠躬礼。鞠躬礼源自中国,现作为日常礼节已不多见,但在日本、朝鲜和韩国却是常礼。行鞠躬礼时应立正、脱帽、面带微笑、目光正视、上身前倾,保持身体端正,面对受礼者,距离约两三步远,以腰部为轴,整个腰及肩部向前倾15°—30°(赔礼、请罪时例外)。平辈应还礼,长辈和上级欠身或点头即算还礼。

(3) 合掌礼(合十礼)。合掌礼是佛教礼节,盛行于印度和东南亚佛教国家,泰国尤盛。行礼时,双手略合拢并齐胸前,手掌稍向外向下倾斜,掌尖与鼻尖基本持平,微微低头。对长者,双手略举高,以示有礼,但指尖不能超过自己的额头。接待游客时,对方行合掌礼,导游应以同样形式还礼,但不主动向游客行合掌礼。

(4) 拥抱接吻礼。拥抱接吻礼是盛行于西方和阿拉伯国家的礼节。在一般情况下,父母子女间亲脸和额头;平辈亲友间贴面颊;亲人、熟人之间拥抱、亲脸、贴面颊。在公共场合,人们见面时会拥抱亲吻以示亲热,但有时也只是一种礼节;关系亲近的女子之间亲脸,男子之间拥抱,男女之间贴脸颊,晚辈亲长辈额头,长辈亲晚辈的脸或额头。对身份尊贵的女士,男子可吻其手背以示尊敬。

此外,见面时的礼节还有招手礼、拱手礼、抱胸礼、脱帽礼、注目礼、点头礼、鼓掌礼等。

3. 称谓

在交际场合,称谓很重要,它反映了人与人之间的相互关系,显示出一个人的修养,在某种程度上反映了社会风尚。称谓一般可分为以下类型。

(1) 职务性称呼。

职务性称呼是指以交往对象的职务相称,以示身份有别,这是一种最常见的称呼。具体有三种情况:称职务、在职务前加上姓氏、在职务前加上姓名(适用于十分正式的场合)。

(2) 按职称称呼。

对于具有职称者,尤其是具有高级、中级职称者,在工作中可直接以职称相称。称职称时可以只称职称、在职称前加上姓氏、在职称前加上姓名(适用于十分正式的场合)。

(3) 按行业称呼。

在工作中,有时可按行业进行称呼。对于从事某些特定行业的人,可直接称呼对方的职业,如老师、医生、会计、律师等,也可以在职业前加上姓氏、姓名。

(4) 按性别称呼。

对于从事商界、服务性行业的人,一般约定俗成地按性别不同分别称呼"小姐""女士"或"先生",未婚女性可称"小姐",已婚女性可称"女士"。

(5) 按姓名称呼。

在工作岗位上,人们一般相互称呼姓名。主要有三种情况:①直呼其名;②只呼其姓,这时要在姓前加上"老、大、小"等前缀;③只称其名,不呼其姓,通常限于上司称呼下级、长辈称呼晚辈时使用。

4. 礼貌用语

(1) 问候语。

同所有人见面时都不应该省略问候,可以说"您好""早上好""晚上好""认识您很高兴"等。

(2) 感谢语。

当别人帮了你,哪怕是一点小忙,都应说"谢谢""麻烦你了""非常感谢"等感谢语。接受别人的赠物或款待时,应说"谢谢"。拒绝时应说"不,谢谢",而不应直接说"我不要"或"我不爱吃"。在感谢时应说明原因,如"谢谢你送给我花,我非常喜欢""谢谢你借给我书,我到处都买不到"。

(3) 道歉语。

做了不当的事,应及时道歉,如"对不起,实在抱歉""真过意不去""对不起,打断一下""对不起,让您久等了"。

(4)征询语。

在提出疑问或征询他人意见时,可以说"您有什么事情吗?""我能为您做什么?""您介意吗?""您看,这样可以吗?"

(5)应答语。

在应答时,可以说"好,是的""我知道了""马上就来"。

(6)赞美语。

常见的赞美语有"很好""太棒了""真不错""你真行"。赞美时要真诚,切忌言不由衷,要适时、适度赞美他人。

(7)慰问语。

常见的慰问语有"您辛苦了""给您添麻烦了",这些话虽然可说可不说,但是如果说了,对方会认为你是一个关心别人、善解人意的人。

5. 电话用语

在接打电话时,主要问题有:①不知道自己打去的单位是否正确;②缺乏基本的礼貌;③表现得不够热情,去电者难以留下对该单位的良好印象。

那么,如何正确地使用电话,树立公司的良好形象呢?

(1)注意礼貌用语,并准确说出对方单位的名称。

(2)要遵循"响铃不过三"的原则。

在打电话时,如果铃声响了很久,对方仍然迟迟不接,谁都会沮丧、不耐烦,往往会对该单位产生不满。电话铃声响一次大约时间为三秒,响十次就是三十秒,即使是时间很短暂,可对打电话的人来说往往感觉很漫长。因此,为了避免给打电话的人留下不良印象,接听电话时铃响两声就应该马上接听。

(3)一定要用敬语,要真诚、彬彬有礼和乐于助人。如果来电者要找的人不在,这时候接电话者应当间接地转告理由,如"很抱歉,马局长正在开会,大约11点可以结束。到时您再来电话好吗?"对方这时候如果有留言,应当认真倾听,仔细记录并告知对方:"请放心,我一定转告。"最好再把自己的姓名、职务告诉对方,以示负责。无论多忙,无论心境如何,接电话时一定要真诚,彬彬有礼,让对方感到舒适、愉悦。

(4)专心致志地接听电话。有很多时候,因为我们认为打电话互相看不到对方,所以接听电话时,不是把话筒夹在脖子下面来回走动,就是趴着、仰着、坐在桌角上,或者跷二郎腿,嘴里含着铅笔或叼着香烟。实际上,这些动作是在接听电话时最忌讳的。电话联系虽然不能直接见面,但是通过声音的语调、语速和语气,可以了解对方的意图、性格、情绪,甚至能在一定程度上感知对方的风度等。因此,与对方通话时,对方很容易就能在脑子里形成对你的印象。

(5)养成做电话记录的习惯。业务电话常常谈的是重要的通知、信息,如果没有记录或记录有误,就可能会对企业或个人造成损失,因此应养成做电话记录的习惯。电话记录内容大致包括:来电人的单位、姓名、职务、电话号码、来电时间、电话内容等。

有很多单位设计有专门的电话记录单,用起来很方便。在一般情况下,记录完毕后,要将电话内容向对方复述一遍,以免出错。

(6)如何礼貌地挂断电话。向对方说"谢谢",并用愉悦的声音向对方说"再见",然后轻轻地放下电话听筒。要让对方先挂电话,以示尊重。

(7)打电话时间:早上9点至晚上9点,为避免打扰他人,一般通话不宜超过3分钟(应做到简明扼要)。

常见的电话禁忌语包括:"这不关我的事!""我不清楚!""你有完没完?""这都不明白?""不可能,我不能告诉你!""我就这样!""不用问了。""没有这种事。""你自己查清楚再说。"

(二)与异性交往时的礼节

在西方,尤其在社交场合,处处显示出"女士优先"的原则,男性导游在与女性游客,特别是在与西方女性游客交往时应尊重这一习俗,注意必要的礼节。

(1)在与女性交往时,男性导游应显示出绅士风度,要充满自信、彬彬有礼、落落大方。尊重女性,是男性导游应有的风度,应表现在日常生活的方方面面。例如,在过道相遇,男性应为女性让路;男女同行,男性一般应落后女性半步;男性要为女性开门,让她们先进(出)门;上楼、上车时,应女先男后;下楼、下车时,应男先女后,以便必要时男性帮女性一把。与女性交谈时,男性应注意不过分亲昵,也不能太冷淡;不过分殷勤,也不过分拘谨;不轻浮,但也不可太严肃;不与女性开过分的玩笑,不说冒犯或挑逗性的话;不与其无休止地攀谈,避免谈及隐私。赞美女性时要诚恳,赞美的言辞要适度,过多的高级形容词有时会让女性产生被讽刺的感觉,因此应更多地赞赏女性的内在美。此外,男性不能随便送女性红玫瑰;男性要抽烟时应征得在场女性的同意。

(2)在与男性交往时,女性导游要大方、自然、言行有分寸。在男性游客面前,女性导游服务要热情,礼节要到位,行为要进退有序;要沉着冷静、落落大方,不要太任性,行为举止不能太随便,更不能轻浮;不参与有伤风化的活动和聚谈,不单独去男性游客的房间,不单独与男性游客去偏僻的地方。

(三)与游客交往过程中的礼节

1. 导游服务时的礼节

(1)每天首次见到游客,应主动问好,问好时要面带微笑、语气热情。

(2)一般不主动与游客握手,但若游客先伸手,应友好握手,不得拒绝。

(3)尊老爱幼,并主动给予照顾。未经游客同意,不要随意抱游客的小孩,不能摸小孩的头部。

(4)在旅游车上讲解时,要面对游客,不宜背对游客。

(5)讲解时,音调要高低适中,语气要亲切自然,表情要自然大方;若使用扩音器,音量、距离要适当,话筒不宜挡住嘴部。

(6)讲解时,不得抽烟,不得咀嚼食物,不宜指手画脚;可适当运用手势,但动作不宜过大,更不要手舞足蹈,不得使用不恰当、礼貌的手势动作;清点人数时,不得用手指点。总之,运用手势等形体动作时应考虑游客的不同文化背景,避免冒犯游客。

(7)游客提问时,要耐心听取,及时解答,不能置之不理,如果自己正在说话或讲解,可示意其稍等,待讲解完再为其解答。

(8)不背后批评、议论旅游团内的任何人;不询问游客的收入、婚姻状况、年龄、家庭、个人履历等私人问题。

2.进出游客房间的礼节

导游不能随便进入游客的房间,但在特殊情况下需要去游客房间时,应注意必要的礼节。

(1)如果要进入游客的房间,需要提前在电话中与游客预先约定并准时抵达,进门前先敲门,得到允许后方可入内。

(2)尊重游客的休息习惯,尽量避免在休息时间或深夜打扰游客,因急事必须打扰时,要表示歉意并说明原因,事后尽快离开,以免影响游客休息。

(3)一般不在房门口与游客讨论日程或其他问题。

(4)如必须单独去异性游客房间,进入房间后,房门要保持半开状态。

(5)未经游客同意不要随意触摸、翻看游客的私人物品。

3.餐桌上的礼节

导游可能会陪同游客参加宴会,但更多时候是与游客一起品尝风味。进餐时,导游要注意相关的礼节。

(1)按主人安排入席就座,若旁边有女士或年长者,应主动协助其入座。

(2)餐巾放在膝上,不能挂在胸前;餐巾可用来擦嘴,但不能用来擦汗或擦鼻涕。

(3)席间不得大声喧哗,不得抽烟。

(4)口中有食物时不宜说话,吃食物时不咂嘴,不伸舌舔嘴唇,不狼吞虎咽。

(5)喝汤时不要端起碗来喝,以免发出声响,而要用匙;但喝咖啡时可以端起杯子直接喝,无需使用匙。

(6)西餐桌上用刀叉进食时注意不要敲击盘子;不得挥舞餐具对着他人指指点点;一般不直接用手取食。中餐桌上,筷子不要交叉放在桌上,也不要插在饭中;不颠倒使用筷子,不将筷子一端含在嘴里发出声音。

(7)正式宴会由侍者布菜,不要拒绝送来的菜,不爱吃的可以留在盘中;冷餐会上和吃自助餐时,自取食物不宜过多,可吃完后再取;自助餐取食时,不得用公匙公筷品尝食物。

(8)西餐桌上,不劝酒,更不向别人灌酒。

(9)用中餐时,不得乱挑、乱翻菜肴或其他食物,不能用自己使用过的餐具为别人夹菜、舀汤或选取食物。

（10）席间饭后不要当众剔牙，不要边走边剔牙，更不要用手指剔牙；不得已需要剔牙时，要用手或餐巾遮口。

（11）在用餐时，不得整理自己的衣饰，不在餐桌上化妆、补妆。

（12）导游若以翻译身份出席宴会，应注意：①不喧宾夺主，不参与敬酒、祝酒，不随意为他人布菜；②不得边翻译边吸烟，嘴中有食物时不翻译；③嘴里不宜放过大、过多、带刺的食物，应时刻准备翻译；④吃有骨、刺的食物时，不应将骨、刺随意吐在桌上，应放在碟中。

（四）人际交往中的待人接物常识

人际关系是复杂的，正确处理人际关系大有学问，在处理人际关系时每个人都有自己的方式、方法。下面介绍的是处理人际关系的一些常识，如果导游按此行事，导游服务质量将得到提高，不仅能改善游客与导游之间的关系，还能促使导游服务集体成员之间和睦相处、互相帮助。

1. 自尊，但不贬低他人

一个人必须自尊、自爱，要尊重自己的人格，尊重自己的独立性和自主权。不过，自尊不是虚荣，不是清高自负，更不能以贬低他人为手段来抬高自己。"相互尊重"是人际关系中必须遵循的基本原则之一。在人际交往中，要尊重他人的人格、意见、劳动和权益（包括自主权和隐私权）；要尊重老弱病残者，尊重妇女。人人都想得到他人的尊重，但要想获得他人的尊重，首先要自尊，同时更要尊重他人。不尊重他人，自己就不可能得到他人的尊重，人与人之间就无法和睦相处。例如，从事国际旅游接待的导游必须尊重自己的同胞。

2. 信任，但不盲从

人际交往，应以诚信待人，要"言必信，行必果"，对人不信口开河，待人不口是心非，处事不敷衍草率。我们要信任他人，但不盲从，遇事要多问几个"为什么"，这样做可以帮助我们避免受骗和减少犯错。

3. 谦虚，但不虚伪

谦虚随和是人之美德、君子之风。谦虚的基础是坦诚，虚情假意是虚伪。与人交往时要谦虚，但也不应卑躬屈膝，前者是自尊、尊人的表现，而后者则是有损人格的行为。

4. 老练，但不世故

老练要靠知识和经验的长期积累。一个老练的人能在万千世界中透过现象抓住本质，能随时摆正感情和理智的关系。一个老练的人在待人接物时严肃谨慎，但不拘谨怯懦；能在适当场合适当展现自己，但不自我吹嘘、狂妄自大；有很强的自控能力，能随时控制自己的情绪,能抵制外来的各种诱惑;与人相处时仪态落落大方,办事干练得体,但不圆滑世故。

5. 宽容,但不失原则

忍耐、宽容是君子之风,能体现一个人的气度。宽容别人是自己强大的表现,而绝不是因为怯懦。如果人与人之间多一点尊重和宽容,许多事情都可以化干戈为玉帛。宽容,就是要理解为上。善解人意,即善解人言之意,善解人行为之意,善解人难言之隐,要同情别人的不幸,关心别人的难处,体谅别人的苦衷。要做到严于律己、宽以待人、冷静处理,但绝不是无原则地一味迁就。

6. 热情,但有分寸

与人交往,要轻松活泼,但不轻浮;要幽默风趣,但不圆滑;待人要热情坦诚,但进退有度;与人要亲热相处,但不搞不正之风,不违法乱纪。

导游是导游服务的主体。导游素质的高低与能力的强弱直接影响导游服务的质量,影响游客的满意度。导游是旅游业的灵魂。熟悉工作职责对于导游来说是十分必要的。

本项目通过理论学习与案例导入让学生对导游的认知有深刻理解,掌握导游应具备的素养与服务礼仪。

某年暑假,苏老师一家在成都某旅行社报名参团到北京旅游。接站的导游着装随便,言谈举止粗鲁。旅途中,导游在车上讲解时,其手机不时响起,播放的铃声是比较前卫的歌曲,且声音很大。整个旅途中,这位导游不停地中断讲解去接电话,把游客晾在一边。第二天在故宫实地讲解时,这位导游仍然很忙,游客一进故宫,立刻被气势恢宏的建筑群所吸引,大家也饶有兴趣地准备听导游讲解,此时导游的手机又响了,游客只好站在地表温度近40℃,且毫无遮掩的广场上等待导游接电话。旅游回来后,苏老师感叹这位导游破坏了他对北京的好印象。

思考:

案例中的导游做错了什么?

分析：

（1）游客了解旅游目的地的主要途径就是通过地陪导游的讲解。因此，导游在讲解时应保持认真而诚恳的态度，并且要尽量避免在讲解过程中受到干扰。案例中，这位导游频繁接听手机，不仅是对游客的不尊重，也暴露出导游职业素养的不足。

（2）导游应该树立良好的职业形象，即在导游服务中要呈现出与其从事职业相匹配的外在特征。案例中的导游着装随便，言谈举止粗鲁，对游客缺乏尊重。这些行为不仅损害了导游自身的形象，也对旅游地的形象造成了不好的影响。导游素质关系到整个旅游服务的质量，导游应注重自身修养，不断提高自身职业素养和塑造良好的职业形象。

项目二
撰写导游词

项目目标

知识目标

掌握导游词撰写需要的各种景观的常识。
了解导游词的基本结构。
掌握导游词创作的基本过程。

能力目标

掌握导游词的内容和相关要求。
能够撰写导游词,并积极调动游客情绪。

素质目标

具有良好的礼仪。
具有"爱岗、敬业、安全、周到"的专业意识和职业道德。
具体服务意识,热爱导游职业。

知识框架

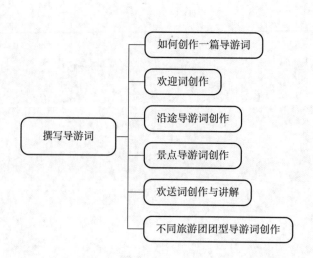

A.小徐是位旅游管理专业的应届毕业生,毕业后从事导游工作,这次他带的是来自A地区的旅游团。上车后,与前几次带团一样,小徐认真地讲解了起来。他讲解这个城市的历史、地理、政治、经济,以及这个城市市民的一些独特的风俗习惯。然而,游客对他的讲解似乎并无多大兴趣,不但没有报以掌声,坐在车子最后两排的游客反而津津有味地谈论自己的话题,非常起劲。

B.在青岛奥林匹克帆船中心,一位导游在做讲解:"各位游客,大家好!今天我带您游览的是青岛奥帆中心。位于青岛市东部新区浮山湾畔的奥帆中心,依山面海,景色宜人,与青岛市标志性景点——五四广场近海相望。中心占地面积45万平方米,其中场馆区30万平方米,包括陆域和水域工程两部分,总建筑面积约为13.8万平方米。2008年,第29届奥运会和第13届残奥会帆船比赛在青岛奥林匹克帆船中心举行。从此以后,在奥运会的历史上,诞生了一段永恒的青岛记忆。好了,现在就让我们从二号门进入,开始一段重拾记忆的观光之旅……"

思考:

(1)导游小徐讲解认真,但为何无法引起游客的兴趣?

(2)讲解词由哪几部分组成?有什么特点?

任务一 如何创作一篇导游词

一、导游词的定义和作用

（一）导游词的定义

导游词是导游引导游客观光游览时的讲解词,是导游同游客交流思想、向游客传播文化知识的工具,也是吸引和招徕游客的重要手段。

（二）导游词的作用

1.引导游客观光游览

导游借助导游词,通过对旅游景观的生动讲解、指点、评说,引导游客按照游览路线欣赏景观,提升游客的游览体验。

2. 介绍旅游景点

导游借助导游词,向游客介绍旅游景点。对于自然景观,主要应讲解自然景观的形态特征、内涵特征和独特的价值或地位;对于人文景观,主要应讲解人文景观的历史背景、用途、特色、价值和地位以及名人评价等内容。

3. 传播文化知识

导游通过讲解导游词,向游客介绍有关旅游目的地的历史典故、风土人情、传说故事、民族习俗,使游客增长知识,帮助游客了解当地文化。

4. 陶冶游客情操

导游词的语言应具有言之有理、有物、有情、有神等特点,通过语言艺术和技巧,给游客勾勒出一幅幅立体的图画,构成生动的视觉形象,把游客引入一种特定的美的意境,从而达到陶冶游客情操的目的。

二、导游词的基本结构

一篇完整的导游词,应该由标题、欢迎词、正文、欢送词四大部分组成。

1. 标题

标题是导游词的题目,一般以自然景观或人文景观的名称,加上"导游词"组成,简洁、明了,使游客一望便知,如"长城导游词""黄山导游词""苏州园林导游词"等。另外,有的还可以有主、副标题,如"天下第一名刹——少林寺导游词"。

2. 欢迎词

欢迎词是导游初次接到游客所做的"开场白",内容一般包括问候语、欢迎语、介绍语、希望语和祝愿语。致欢迎词对导游来说非常重要,它好比一场戏的序幕、一篇乐章的序曲、一部作品的序言,会给游客留下深刻的"第一印象"。因此,导游应当通过致"欢迎词"来展示自己的个人风采,向游客表示热烈的欢迎,使旅途有个良好的开端。如:

> 各位游客,大家好!欢迎来到素有"海上第一名山"美誉的崂山游览。我是大家此次崂山之旅的导游小李,能为各位提供服务,我感到非常荣幸。孔夫子曾经说过"有朋自远方来,不亦乐乎",虽然我与大家是初次见面,但我会像接待老朋友一样为大家提供热情周到的服务,同时也希望能得到您的鼎力配合。如果各位在游览过程中有什么要求或建议,请一定提出来,我会尽量满足您的要求,在此预祝大家此次崂山之旅能乘兴而来、满意而归……

3. 正文

正文是导游词的核心内容,它是对游览景点所做的全面介绍和详细讲解。其内容是把景点的具体内容向游客进行详细的介绍,包括总述和分述。

总述部分是对游览景点的一个总的介绍,介绍旅游景点的位置、历史、布局、地位、价值、发展前景等,目的是帮助游客宏观了解景区(景点),激发游客的游览兴趣,犹如"未成曲调先有情"。

分述部分是导游词的重点,这一部分大多是以游踪为线索,按景点顺序一一进行生动、具体的解说,使游客尽情饱览自然风光的壮美,领略文化景观的魅力,体悟民风民俗的淳朴,留下美好的回忆。如:

大家看正前方那个飘扬着多国国旗的广场就是旗阵广场。各参赛国国旗悬挂在这里,象征着世界友好和平,也是在宣传"同一个世界,同一个梦想"的理念。在这里还有一个有立体感的五环雕塑,象征着各国运动员在奥运精神的激励下,不断进取,勇夺佳绩。

走过旗阵广场,我们现在来到的是陆域停船区,区内设有下水坡道。在下水坡道西侧水域中漂浮着的是目前国内外最先进的浮码头,可以根据需要,用拖船把它摆放在适宜位置,以满足船只停靠的不同需要。浮码头主体采用混凝土预制而成,固定拉簧采用瑞典的专利技术,能使浮码头在4.5米潮差的情况下,始终保持与停泊船只相同的吃水深度。

游客朋友们,接下来我们将游览的是奥帆博物馆。它的总建筑面积约13000平方米,收藏了中国奥运冠军殷剑使用的帆板以及获赠的道具,缶、竹简等珍贵的奥运物质遗产。看着眼前的一件件物品,我们仿佛又回到了2008年那些激情澎湃的日子,欣赏千帆竞发,聆听浪花浅唱。

大家顺着我手指的方向向前看,那个长长的宛如手臂一样伸向大海的长堤就是奥帆中心的主防波堤。

4. 欢送词

整个游览结束时要有欢送词。欢送词包括表示惜别、感谢合作、总结旅游、征求意见、期盼重逢等内容。如果说欢迎词给游客留下了美好的第一印象,那么好的欢送词给游客留下的最后印象则是深刻、持久的,甚至是永生难忘的。如:

此次崂山之旅即将结束了,小李也要和大家说再见了。常言道,"相见时难别亦难""送君千里,终有一别"。在此,小李非常感谢各位朋友对我工作的支持与配合,当然,也希望您对我的工作多提宝贵意见和建议。您的意见将是我努力的方向,您的建议将是我改进的目标。希望大家有机会能再来崂山旅游,到时候,小李愿再为您当导游。最后,祝愿大家一路平安,身体健康,工作顺利!

三、导游词创作过程

要创作一篇好的导游词,掌握丰富的资料至关重要。导游要在查阅大量资料的基础上,对这些资料进行整理加工,去伪存真,去粗取精,注重创新,创作出个性化的导游词,并在后续的导游讲解过程中不断修改和丰富,最终完成一篇优秀的导游词。

1. 结合理论与实践,全面收集资料

导游在创作导游词之初,要多方收集相关资料,收集途径主要有以下几种。

(1)互联网。

在信息时代,互联网上有海量信息。导游可以在互联网上获取大量导游词创作的基础资料,如门户网站、景区官网、导游论坛、博客、微博、微信等。在利用互联网搜索资料时应注意以下内容。一是要注意关键词的选取。很多导游在搜索某景点资料时,习惯输入"××景点导游词",这样其实在很大程度上缩小了搜索范围,而且搜索出来的资料大多是别人撰写成型的导游词,时效性不强,且容易限制创作者思维,有拾人牙慧之嫌。二是网络信息纷繁庞杂,导游词创作者要注意分辨真伪,善于寻找准确可靠的信息来源(如景区官方网站、政府门户网站等),及时发现并纠正错误信息。

(2)纸质媒介。

导游也可通过著作、图册、报纸、杂志等收集要创作的景点导游词的相关信息。相对于网络信息而言,纸质媒介上所获取的信息更新速度慢,但是信息来源通常更准确可靠。而且若从旅游目的地相关历史年鉴、古典书籍、文化名著等资料上收集资料,可以提升导游词的厚重感和文化品位。因此,使用纸质媒介作为收集资料的途径并未过时,反而仍然具有至关重要的意义。

(3)电视媒体。

电视节目中的影像资料,如旅游节目和纪录片,是导游获取资料的有效途径。就目前来看,很多旅游城市、景点都有拍摄制作纪录片、宣传片等,这些影像资料可以让导游词创作者在短时间内全面了解该地概况及其景观特色、文化内涵,从而为创作导游词提供丰富的素材。

(4)实地考察。

"纸上得来终觉浅,绝知此事要躬行。"导游在创作导游词时光靠收集来的文献资料是远远不够的,还要以事实为依据,实地考察,理论结合实践,才能创作出高质量的导游词。因此,利用各种机会进行实地走访、考察,密切关注景点景区的变化,并结合当下的时事政策与人们的心理需求,及时记录心得,才能创作出与众不同的导游词。

2.辨别正误与良莠,精心整理资料

导游在收集资料时,需要从多个渠道获取信息,但这些信息并不总是完全正确或有效的,有时甚至存在相互矛盾或错误的情况。因此,导游要对所收集的材料进行仔细甄别,多方求证,去伪存真,去粗取精,精心整理。比如,一些诗词名言的出处是否正确,一些历史年份、历史事件是否符合实际,一些生僻字的发音是否准确,等等。

3.围绕核心与灵魂,确定写作主题

主题,是作者在文章中表达的中心思想。它体现了作者创作的主要意图,表现了作者对文章中所反映的客观事物的基本认识、理解和评价。导游词的写作也要重视主题的确立和提炼。通过一篇导游词的讲解,要向游客表达一种什么思想、意图,要激发游客什么样的情感、认识和评价,从而达到启发教育的目的。所以,主题是导游词的核心和灵魂,导游词创作者要根据确定的主题,明确创作重点,进行谋篇布局,切不可泛泛而谈,创作出"流水账"似的导游词。

4.根据对象及场景,设计游览线路

很多大型景区游览景点众多、线路复杂,在导游词创作时不可"面面俱到",要结合服务对象和预计的场景,围绕预先确定的导游词主题及重点,设计游览线路。当然,根据重点选取的场景的不同可以规划出多条线路。比如,北京故宫博物院的导游词重点围绕中轴线这一条主线进行创作,而中轴线上又以太和殿为主;杭州西湖这种集锦式景区的导游词,应分开创作"断桥""岳王庙""灵隐寺""雷峰塔"等景点的内容,最后根据游览线路把以上景点串联起来即可。

5.精心组织导游语言,完成导游词创作

在确定导游线路及主题之后,导游就要对收集的资料进行进一步的取舍与定夺,使杂乱无章的材料变成典型的、富有生命力的、互相联系的、表现景观特色的语言,围绕确定的主题及重点,在谋篇布局上下功夫,最终创作出一篇优秀的导游词。

6.进行实地检验,不断改进提升

实践是检验真理的唯一标准。一篇导游词优秀与否,要经过实地检验。导游带团时,可从游客的反应、讲解时的气氛中得到反馈。优秀的导游词一定能吸引游客、活跃团队气氛,且让游客有所收获;如不能达到这样的效果,则需在今后的创作过程中不断改进与提升。

四、导游词的写作要求

随着旅游业的发展和游客各方面需求的提高,导游词需避免千篇一律,而导游就要创作具有个性化的实用型导游词。一篇好的导游词,既要让游客了解游览对象的基本情况,又要让游客有身临其境的感觉,这就对导游词的写作提出了要求。

1. 强调知识,注重内涵

一篇优秀的导游词,必须内容丰富、准确无误,自然景观要探讨其成因,人文景观要追寻其文化内涵。在导游词中将各类知识融入其中,旁征博引,才能令人信服、引人入胜。特别是科普知识,不能胡编乱造、信口开河。

导游词的内容也不能只满足于一般性介绍,写成"流水账",还要注重深层次的内容,挖掘文化内涵。可以通过诗词点缀、名家评论,甚至自己的感受,以及自己、他人的评论等来提高导游词的水准。

导游词还要不断创新,结合当下的时事、社会热点等,与时俱进,符合时代气息,同时给游客带来一种新颖的思维体验,这样才有助于提高导游质量。

2. 采用口语化表述,摒弃书面语

书面导游词是为现场口语导游而准备的,而导游语言是一种具有丰富表达力、生动形象的口头语言。也就是说,在导游词创作中要注意多用口语词汇和浅显易懂的书面语词汇,以便游客能够理解;要避免难懂的、冗长的书面语词汇和音节拗口的词汇,应尽量使用短句,减少华丽辞藻的堆砌,力求讲起来顺口、流畅,听起来轻松、易懂;还要减少刻意的主观煽情,让讲解内容听起来轻松、舒适。

强调导游口语化,并不意味着忽视语言的规范化。编写导游词必须注意语言的品位,切忌低级、庸俗的语言。

3. 突出趣味,激发兴趣

导游词要有趣味性,才能激发游客的兴趣,必须注意以下六个方面的问题。

(1)讲述故事情节。

讲解一个景点,要不失时机地穿插趣味盎然的民间传说和历史故事,以激起游客的兴趣和好奇心,但是,选用的故事内容必须是健康的,并与景观密切相连的,不得胡编乱造;使用时要灵活,要与所讲解的内容紧密结合,切忌生搬硬套。例如,讲解江西南昌滕王阁,可讲述王勃与《滕王阁序》的历史故事;讲解四川泸定桥,可讲述"红军飞夺泸定桥"的故事;讲解海南岛的鹿回头,可讲述关于鹿回头的美丽传说。

(2)语言生动形象。

生动是导游语言艺术性和趣味性的具体体现。导游的语言应鲜明生动,言之有神、言之有趣,切忌平铺直叙、毫无生气的讲解方式。导游的语言表达如果呆板生硬,游客必定产生不耐烦或厌恶的情绪,难以达到好的讲解效果,而妙趣横生、形象生动的导游语言则能引人入胜,给游客留下深刻的印象。

(3)运用修辞方法。

导游词的表达方式要多样化,不仅可以用叙述、议论、抒情、说明等写作方法,还要恰当运用比喻、比拟、夸张、象征、借代等修辞手法,多种修辞手法的运用会使导游语言更具美感,有声有色,更能激发旅游者的兴趣,使游客陶醉于其中。例如:

有人说三峡像一幅展不尽的山水画卷,也有人说,三峡是一座丰富多彩的文化艺术宝库。我们说,三峡倒更像一部辉煌的交响乐。它由"瞿塘雄、巫峡秀、西陵险"这三篇具有各个不相同旋律和节奏的乐章所组成。(《说话长江》导游词)

(4)表达幽默风趣。

幽默风趣是导游词的艺术性的重要体现,它可使导游词锦上添花,可使听者轻松愉快,使气氛活跃,增加游览兴趣。例如:车辆在一段坑坑洼洼的道路上行驶,游客中有人抱怨。这时,导游说:"请大家稍微放松一下,我们的汽车正在给大家做身体按摩,按摩时间大约为10分钟,不另收费。"这段话引得游客开怀大笑。这位导游以幽默的方式化解了一件本来不愉快的事。

(5)情感细腻真挚。

导游词的语言应是文明、友好和富有人情味的,应言之有情,让游客倍感亲切温暖。

(6)随机应变,临场发挥。

导游词的编写是否成功,不仅体现了导游的知识渊博程度,也反映了其导游能力。导游在讲解时要随机应变,灵活运用多种讲解技巧,如问答法、引人入胜法、触景生情法、创造悬念法等,这样的导游讲解就会生动自然、充满趣味。

4.重点突出,明确主题

每个景区的景点都有其代表性的景观,每个景观又都从不同角度反映出它的特色内容。导游词必须在照顾全面的情况下突出重点。没有重点的导游词是不成功的。在创作导游词时,应有一条主线贯穿整个讲解,这样才能给游客一个鲜明的印象,并牢牢抓住游客的心,使他们从游览活动中获得知识并留下美好深刻的记忆。

5.针对性强,有的放矢

导游词不是千篇一律的。它必须从实际出发,因人、因时而异,要有的放矢,即根据不同的游客以及他们当时的情绪和周围的环境进行导游讲解。切忌不顾游客差异,照本宣科。在编写导游词时,通常应设定一个假设的听众对象,以确保有针对性。例如,同一座山,春夏秋冬各有风采,春山如笑,夏山如滴,秋山如妆,冬山如睡。

举例

描绘桂林漓江的景象

晴天:描绘"奇峰倒影"的秀美景象。阴天:描绘"满天云雾"的诡奇缥缈。雨天:描绘"漓江烟雨"的旖旎风光。清晨:引导游客欣赏"朝霞映照,万紫千红"的瑰丽景色。夜晚:引导游客欣赏"月色溶溶,岸上江中,一片清辉"的奇妙景象。

6. 重视品位，雅俗共赏

编写导游词，必须重视品位。一是强调思想品位，健康向上。切忌为了迎合某些游客的口味而使导游词低级、庸俗，弘扬爱国主义精神是导游义不容辞的职责。二是讲究文学品位，高雅脱俗。尽管导游词是和游客交流用的语言，如果再在关键之外适当地引经据典，恰当地运用诗词名句和名人警句，就会进一步提高导游词的文学品位。三是注重"玩"的品位，雅俗共赏。现代人出门旅游以"玩"为主，讲求"玩"的时序、享受"玩"的乐趣、追求"玩"的层次与品位。因此，导游在创作导游词时要层层深入，寓教于乐，在"玩"中传播知识与文化。

任务二　欢迎词创作

一、欢迎词基本内容

欢迎词是导游与游客初次见面时说的开场白。欢迎词内容应根据旅游团的性质及其成员的文化水平、职业、年龄及居住地区等情况而定。导游一般应在游客整理好物品、各自归位、静等片刻后，再开始讲解。游客初到一地，对周围环境有新奇感，精神不易集中，在此时讲解效果不好。因此，导游要掌握时机，等到游客情绪稳定、精神集中后再开始讲解。欢迎词需要富有感情、具有特点、新颖有趣、有吸引力，能很快吸引游客的注意力，给其留下深刻印象。欢迎词通常应包括以下内容。

1. 问候语

问候语是向初次到来的游客表示问候的话语，如"各位来宾、各位朋友，大家好"。

2. 欢迎语

欢迎语通常是代表所在旅行社、本人及司机欢迎游客光临本地，如"我代表中国国际旅行社欢迎大家来此游览观光"。

3. 介绍语

介绍语是介绍工作团队的话语，通常包括介绍导游自己、司机、随行的公司管理人员或实习人员等，目的是让游客对随团工作人员有一个初步的认识。

4. 希望语

希望语表示提供服务的诚挚愿望。如在介绍完随团工作人员之后，可以说"接下来就由我（导游）和司机李师傅为大家服务，如果大家有什么问题和要求，请及时向我们提出，我们将竭诚为您服务"。

5.祝愿语

祝愿语是在旅游正式开始之前给游客送去的祝福,预祝旅游愉快顺利。如"预祝大家旅途愉快,游得开心、吃得放心、住得舒心"等。

二、欢迎词创作要领

欢迎词作为导游词的重要组成部分,是导游职业语言,不仅在要素上有其基本规范,在其他方面也有一定的基本要求。

1.规范化

欢迎词可以根据导游自身及游客的情况进行创新性、个性化的创作,但是万变不离其宗,在致欢迎词时一定要结构完整,表达出完整的意思,注重规范化。

举例

各位朋友,大家好!欢迎大家到××游览参观,我是您此行的导游小王,坐在驾驶座专心开车的是司机刘师傅,接下来的旅途就由我和刘师傅一起为大家服务,一路上大家有什么问题或要求,请尽管向我们提出,我们将竭诚为您服务,在此也预祝大家旅途愉快、欢乐开怀!

2.个性化

欢迎词是导游在与游客初次接触时的致辞,为了便于开展后期工作,导游要让游客尽快记住自己,同时要在游客心目中留下美好的第一印象。导游可以结合自身特点进行个性化的欢迎词创作。例如,有的导游名字较为特殊,为了让游客更好地记住自己,在自我介绍时重点介绍姓名由来;有的导游工作经验丰富,就重点介绍自己的履历,让游客安心;有的导游言辞幽默,就创作幽默型的欢迎词;有的导游擅长唱歌,就以唱歌的方式开场……诸如此类的方式都能给游客留下较深印象。

训练

针对自己的姓名、性格、爱好、经历等创作一篇个性化的欢迎词。

3.针对性

导游在设计欢迎词时应根据游客的客源地、年龄、职业、文化层次等因素进行有针对性的创作,以拉近游客与导游之间的距离。例如,在接待小学生研学团队时,在欢迎词的语言设计上就要贴近小学生的年龄和认知特点;在接待商务型团队时,欢迎词要体现商务人员的职业特点,切不可千篇一律。

举例

　　各位早上好！我是大家此行的导游,我叫×××。十分荣幸能为各位服务。各位大多是医生吧？我一出生,就对医生有特别的感情,因为我是难产儿,多亏了医生我才得以"死里逃生"。今天的行程是这样为大家安排的:首先游览×××和×××,然后去参观一家中医院。如果还有时间呢,我就为大家安排一个特别节目——为我诊断一下,为什么我老是容易感冒？谢谢大家！

　　这一欢迎词针对性较强,且富有幽默感,一下子就拉近了导游与作为医生的游客之间的距离。

三、欢迎词的主要类型

　　欢迎词的形式是不拘一格的,没有固定的模板。从语言艺术的角度来看,欢迎词可以分为三种主要类型:风趣式、闲谈式和感慨式。

　　1. 风趣式

　　这种欢迎词的形式比较轻松,旨在通过欢迎词来增强与游客的情感,营造出一种活泼、愉快的气氛,缓解游客旅途的疲劳。风趣式欢迎词的特点是语言幽默,妙趣横生。

举例

　　女士们、先生们,叔叔们、阿姨们,大家早上好,首先我谨代表阳光旅行社向你们表示热烈的欢迎。说了这么多,大家还都不认识我,自我介绍一下,我姓李,是大家的导游,大家称呼我为小李就行了。小李年龄保密,体重保密,身高保密,唯一不保密的是我的电话号码,大家需要的可以记一下,我的电话是××××××××××,24小时开机,有事随时找我就可以了。我长得虽然称不上是沉鱼落雁、闭月羞花,但是我的笑容绝对灿烂,我对工作绝对认真负责！现在我给大家隆重介绍一下咱们的司机师傅,师傅在旅游界是有名的"三好"先生,车技好、人好、服务态度好！我们俩将互相配合,尽量让你们每个人都满意,也愿各位能理解、配合、支持我们的工作！最后希望大家坚持"三忘":忘记年龄、忘记领导、忘记烦恼,旅途逍遥！

　　在致欢迎词时,轻松的开场往往是导游与游客建立友好关系的最有效的手段之一。它不仅能够缩短导游与游客之间的感情距离,还能协调游客的心理,营造活泼的气氛,激发游客的兴趣,而导游自身也能在游客心目中建立起良好的第一印象。

2. 闲谈式

闲谈式的欢迎词语言朴实、自然,语气平和,如拉家常一样娓娓道来,使人感觉贴近生活。这种方式看似平淡,但字里行间都透着随和、亲切,虽是第一次相见,却像老朋友一样没有拘束感,有利于游客与导游之间的情感交融。这种模式的欢迎词如用于中老年归国探亲访友旅游团,效果会很好。

举例

各位来宾、各位朋友:

大家好!大家辛苦了!首先让我代表江河旅行社欢迎各位来××观光游览,我姓周,大家叫我"周导"就好,我希望能像我的名字一样能为大家提供"周到"的服务。这位是我们的司机刘师傅,今明两天就由刘师傅和我为大家提供服务,我们感到非常荣幸!大家在这里可以把两颗心交给我们:"放心"交给刘师傅,他的车技相当娴熟,大家可以放心乘坐;一颗心"开心"就交给"周导"我好了!一路上大家有什么问题、有什么要求就尽量提出,我们将尽力满足。最后希望大家在××能玩得开心、吃得满意、住得舒适!谢谢各位!

3. 感慨式

感慨式欢迎词大都蕴含着较为浓郁的情感,以善解人意的语言有感而发,句句都能唤起游客心灵的共鸣,从而起到激发和调动游客情绪的作用。感慨式欢迎词一定要有真情实感,要求导游致欢迎词时的所言所叙,能让游客身临其境,而绝对不能无病呻吟、矫揉造作,否则会使游客产生厌烦情绪。

任务三　沿途导游词创作

一、首次沿途导游词创作的基本内容

游客在到达旅游目的地后,对旅游目的地充满了好奇心和求知欲,此时也是进行首次沿途导游讲解的最佳时机。首次沿途导游讲解是导游展现工作能力和知识储备的大好机会,成功的沿途讲解会使游客对导游留下良好的第一印象。在讲解的过程中,由于信息量很大,导游一定要做到有所侧重,对于游客感兴趣的内容,可以在讲解过程中适当进行补充。讲解内容一般包含以下几个方面。

1. 沿途风光导游

首次沿途导游,除了要介绍旅游车经过的景色,还要介绍市容特色、历史沿革以及经济文化等内容,让游客对所到城市有一个整体的了解。

举例

各位游客,欢迎来到长沙旅游!

长沙是首批历史文化名城,是湘楚文化的发源地,是经历3000年历史城址不变的城市。

我们的旅游车现在行驶在八一路上,大家可以看到很多酒店、银行、餐馆等,可以看出长沙是一个很繁荣的城市。好了,现在司机师傅把我们带到了韶山路上,韶山路分为三段,韶山北路、韶山中路和韶山南路,我们将从韶山南路转向香樟路,到达我们将要入住的酒店。

现在大家顺着我的手看,这个是潇湘晨报社,不知道大家对于《潇湘晨报》了不了解。《潇湘晨报》以长、株、潭为中心,面向湖南全省城镇发行,在湖南是非常有名气的。

大家看到街道两旁这些高大的行道树了吗?谁知道它们的名字?对了,它们就是香樟树。香樟为樟科常绿乔木。树势高大雄伟,树冠广圆形,全株具樟脑香气,小枝绿色,花期为5月,9—11月果熟。香樟喜阳光充足,也稍耐半阴、温暖、湿润的环境;不耐干旱和严寒。樟树枝叶秀丽,树大浓荫,四季常青而具香气。其木材优良,枝叶可提取樟脑和樟油,为化工及医药上重要原料。还有,大家知道长沙市的市树是什么吗?对了,就是香樟树,大家有没有觉得很美呢!

不知不觉中,我们已经到达目的地了,这就是我们要入住的酒店——××大酒店,请各位携带好自己的行李,我们可以下车了。

2. 风土人情介绍

游客会对旅游目的地的风土人情感兴趣,好奇当地人跟自己的生活有什么不一样。因此,在讲解的过程中,应不失时机地对本地的地理、历史、经济、社会生活、文化传统、民俗风情及土特产品等进行介绍,内容要简明扼要,对路过的景色不一定要面面俱到,而要做到有所取舍,对游客看到的景色同步进行讲解。

举例

云南是个富有边境特色的省份,省内各地景色多彩多姿,风光绮丽绚烂。省会昆明是著名的"春城",冬暖夏凉,气候宜人,景色秀丽。翠湖身处闹市而一尘不染,西山俯瞰五百里滇池也别有洞天,整个城市兼具都市的繁华和自然的秀美,实在是一个不可多得的宜居城市。此外,云南石林、大理的苍山洱海、丽江的古城和西双版纳的热带风情也都令人流连忘返。

云南是中国少数民族最多的省份,集中了20多个民族,并且每个民族都有自己独特的文化,丽江纳西族的古乐、大理白族的歌舞、石林景颇族的传说,以及西双版纳傣族的竹楼,都各具特色,让人流连忘返。在大理等地,一些外国人干脆待在那里不走,形成了一条热闹的"洋人街"。

得天独厚的自然风貌和人文环境使云南成为中国具有独特魅力的旅游省份之一。

3.游览注意事项

一切旅游工作的顺利开展,都以安全为首要前提,因此,注意事项的提醒是导游讲解服务的重要组成部分。例如,对于游客所乘坐旅游车的车牌号、时差的调整、自由活动时间、购物和用餐时间等相关的注意事项等,导游都要不厌其烦地反复地告知游客。

举例

游客朋友们,晚上好!我们已经到达中国境内,现在是北京时间19:50,中国是东八区,美国东部是西五区,两地的时差是13小时,也就是北京比纽约要早13小时。现在请大家把手机和手表的时间调到北京时间,以免出现时间上的误差,而造成行程的延误。另外,再请大家记住我们的车牌号码——××××××××,避免上错车。谢谢大家!

4.入住酒店介绍

在讲解服务中,快到达入住的酒店时,导游应向游客介绍该酒店的基本情况,相关内容主要包括酒店的名称、星级、规模、地理位置、周边环境及注意事项等。

举例

各位游客朋友们,过不了多久,我们就会到达游览期间要居住的地方——成都天府丽都喜来登大酒店。

成都天府丽都喜来登酒店地处市中心商务及金融区的黄金地段,地面楼高35层,紧邻天府广场、省政府、市政府,交通便利。部分客房还可以直接观赏到体育中心的重大体育赛事和大型演唱会。2005—2010年,酒店连续六年被评为"成都最佳商务酒店",并获"十佳成都酒店餐饮"的称号。

酒店与四川省展览馆和政府机关相邻,配套设施齐全,交通便利,是商务、会议、旅行客户的理想下榻酒店。酒店距双流国际机场仅需30分钟的车程，离成都大熊猫繁育研究基地、文殊院、武侯祠等著名景点也不远。

训练

根据下列材料提供的信息，撰写一篇首次沿途导游词。

小刘接待一个澳门团到厦门旅游，导游在机场接团后，需要向澳门游客做机场至酒店的首次沿途讲解。

二、赴景点途中导游词创作的基本内容

旅游车出发后，导游首先应向游客问好，然后简要介绍当日的活动安排。这个环节宜粗不宜细，不必把每个节目的具体时间和内容都很准确、肯定地向游客预报。在前往景点的途中，导游的主要任务是向游客介绍沿途风景、回答游客提出的问题。途中导游讲解的内容一般由以下部分组成。

1. 沿途风光

在去往景点途中，窗外的风景是在不断变化的，导游在介绍的过程中，一定要将有特色的景色、建筑等相关的内容进行介绍，引导游客去欣赏。如果与首次沿途导游的讲解重复，可以把重点的景色再给游客强调一遍，或者和司机商量，走不同的路线，让游客欣赏到不一样的风景。

举例

现在，请大家看向窗外，我们现在经过的是苏州的北寺塔。北寺塔又称为报恩寺塔，重建于南宋时期，大家可以看到它的外观是八角九层，砖身木檐，而它的内部是双层套筒式结构。北寺塔高达76米，较为宏伟，但也不乏秀逸的风韵，很好地体现了江南建筑艺术的风格。

2. 景点介绍

在到达景点之前，导游应向游客简单介绍将要到达的景点概况，包括位置、历史沿革、布局、特色、称誉等内容，让游客对景点有一个大致了解，这样也有利于提升导游实地讲解的效果。

举例

白马寺位于洛阳市东约12千米处，乘车前往大约需要20分钟，我想利用途中的时间，给诸位介绍一下白马寺的概况。

白马寺享有"中国第一古刹"之称,距今已有将近两千年的历史了。它初创于东汉永平十一年,即公元68年,是佛教传入中国后,由官府创办的第一座寺院,被佛教界尊称是"祖庭"和"释源"。"祖庭"即祖师之庭院,"释源"即佛教的发源地。它对佛教在中国的传播和发展,对促进中外思想文化交流都起到了积极的作用。现存的遗址古迹为元、明、清时所留。寺内主要建筑都分布在由南向北的中轴线上,前后有五座大殿,依次为天王殿、大佛殿、大雄宝殿、接引殿、毗卢阁,东西两侧为配殿,左右对称,布局规整。一会儿到了景区,您肯定会觉得不虚此行。

3. 专题性讲解

在赴景点的途中,有些路程较远的景点,行车用时比较长,这时候导游就可以在车上对当地的概况、特产等进行专题性讲解。

举例

游客朋友们,刚才我给大家介绍了我们将要去往的景点的基本概况,现在我再来为大家介绍一下西安主要的旅游购物街区及特产。

西安的主要购物街区有三处:①书院门文化街,主要销售文房四宝、字画、各种旅游纪念品;②回民街,主要销售各种土特产品、工艺品;③解放路、东大街、钟楼、南大街、西大街沿线,是商业气息浓厚的购物街区,现代购物场所林立,汇集了许多中高档百货及各种专卖店,也有数家大型超市。

西安的特产主要有水晶饼、剪纸、西凤酒、秦腔脸谱、仿秦兵马俑、仿秦铜车马、仿唐三彩、西安碑石拓片、西安蓝田玉等。大家感兴趣的话,可以带一些回去。

4. 活跃气氛

驱车前往景点途中,长时间的坐车可能导致游客游览兴致降低。这时候就需要导游来调动大家的积极性。除了唱歌,还有讲笑话、脑筋急转弯、绕口令等形式。通常是导游先进行表演,热一下场,接着请旅游团中的积极分子参与,最后带动所有游客。这样,游客就可以带着比较饱满的情绪,投入到游览活动中。

举例

我们这次行车将有两个多小时,下面让我们来做些小活动。首先由我给大家表演一些小节目,然后请大家踊跃上来表演,还有神秘奖品哦!

我先来说一个关于外语的笑话,是这样的:一只老鼠被猫逼进了死胡同,老鼠被逼之下学着狗"汪!汪!"叫了两声,猫被突如其来的狗叫声吓得昏了过去。解脱了的老鼠回到家立刻召开了一个家庭会议,讲述自己英勇克敌的故事,最后,它深有感触地说:"孩子们,学习一门外语多重要啊!"(游客们大笑)接下来,我再给大家出一个脑筋急转弯……

沿途导游词没有固定的模式,内容的选择和方式的采用均有适时性和针对性,需要导游不断摸索总结。

沿途讲解
——杭州
灵隐寺导
游词

训练

根据下列材料提供的信息,撰写一篇赴景点途中的导游词。

导游小王接待一个东南亚的旅游团到北京来旅游,在从酒店到长城的途中,导游小王需要向游客进行沿途讲解。

三、返程途中导游词创作的基本内容

景点游览结束后,在返程的途中,导游可以回顾当天参观游览的内容,必要时可做适当补充讲解。游览活动中,或多或少都会存在令人遗憾的地方,因此导游在返程途中的讲解,应尽量多地引导游客去回忆有趣、有意思的地方,不要让游客感觉到有缺失感。对于返程途中的讲解内容,导游可视具体情况做以下工作。

1. 回顾当天活动

一般包括回顾当天参观、游览的内容,回答游客的提问,如在参观游览中有漏讲的内容可做补充讲解。

举例

游客朋友们,今天我们游览的景点是华清池,它不仅是历代帝王游幸之地,同时也在中国现代革命史上占有重要的地位。1936年12月12日,震惊中外的西安事变就发生在此。华清池内至今仍完整地保留着当年蒋介石的行辕旧址"五间厅"。中华人民共和国成立以后,经过几次大规模的修葺、扩建,古老的华清池焕发光彩,虽不及唐时规模宏大,但也不失昔日之富丽典雅。大家还有什么有兴趣的也可以随时问我,我会为大家做详细的解释。

2. 如不从原路返回酒店,地陪导游应对沿途风光进行讲解

在返回酒店的途中,司机一般会根据时间段选择不同的道路,如果在返程途中所

经过的路线和去时路线不一样,导游一般要对路过的新景点进行介绍,让游客可以更全面地了解旅游目的地。

举例

小王我注意到,我们团里面有些朋友一直在向车窗外面张望,大家是不是在关注街道两边的绿化呀?司机师傅选了一条新路,让我们带着新鲜感来,也带着新鲜感回。我们可以看到道路两旁的这两排树木有点与众不同。靠近路面的有大叶子的树种广玉兰。再看里边那一排小树叶的是香樟树,那是长沙的市树,我们日常家居生活所用到的樟脑丸就是用樟木的树叶提炼出来的。

3. 宣布接下来的行程

导游应当在返程途中宣布晚上或次日的活动日程、出发时间、集合地点等。如果返回时间较早,应提醒游客外出注意安全,结伴同行。

举例

今天我们的行程已经圆满结束了,明天的旅游线路是这样的:早餐过后,8点在酒店大门口集合,集体驱车参观风景如画的紫溪山森林公园,彝州独特的历史文化见证地——楚雄州博物馆,荟萃了彝族历史、文化、风俗精髓的中国彝族十月太阳历文化园,有"恐龙之乡"美誉的禄丰恐龙山,有"西南第一山"之称的武定狮子山风景名胜区。同时,大家还可以欣赏到我们这座恬静、优美的鹿城新貌。

好了,我们马上就要返回酒店了,用餐过后,有兴趣的朋友可以去步行街走走,体验一下当地的风土人情,但是一定要结伴同行,注意安全。

返程途中沿途讲解——重庆解放碑、磁器口导游词

训练

根据下列材料提供的信息,撰写一篇返程途中的导游词。

一个从云南来的旅游团到苏州一日游之后,要返回酒店,第二天要离开苏州,赴杭州继续旅游。

任务四　景点导游词创作

一、自然景观导游词创作

（一）自然景观的概念及特点

1. 自然景观的概念

自然景观是指由具有一定美学、科学价值并具有旅游吸引功能和游览观赏价值的自然旅游资源所构成的自然风光景象，也就是指大自然自身形成的自然风景。如银光闪闪的河川、千姿百态的地貌、晶莹潋滟的湖泉、波涛万顷的海洋、光怪陆离的洞穴、幽雅静谧的森林、珍奇可爱的动物和温暖宜人的气候等。

山、水、光、动物、植物等自然要素的巧妙结合，构成了千变万化的景象和环境。人们对自然景观的观赏，主要通过人的视觉、听觉、嗅觉、味觉、触觉等途径的直接感受，进而产生联想，并通过感知印象和综合分析，产生美感并获得精神上与物质上的享受。普通游客往往用"游山玩水"一词替代"旅游"，这也说明山、水在游客心目中的地位。

在撰写导游词的过程中，要全面调动导游自己和游客的各种感觉器官，用生动的导游语言，引导游客产生联想，进而使其获得精神上的享受。

2. 自然景观的特点

自然景观在旅游过程中主要表现为游客所见到的山水风景、气候天象、动植物等直观景象。自然景观与人文景观相比，具有以下几个特点。

（1）天然赋存性。

从发生学的角度来看，一切自然景观都是大自然长期发展变化的产物，具有天然赋存的特点，即天赋性，因而它是旅游的第一环境。

导游应通过对自然景观天然赋存特点的介绍，提醒游客注意保护生态环境和自然景观。

（2）地域性。

自然景观是由各种自然要素相互作用而形成的自然环境，它具有明显的地域性特征，如我国风景的"北雄南秀"的特征反映了南北自然景观的总体差异。

根据这一特点，导游词要注意景观的地域对比，灵活运用导游讲解方法，吸引游客的注意力。

（3）科学性。

自然景观各个要素之间具有的各种复杂多样的因果关系和相互联系的特点，会反映在自然景观的各个方面。因而自然景观的具体成因、特点和分布,都是有科学道理的。

导游词要讲究科学性和知识性,并注意措辞的准确和语言的生动。

(4) 综合美。

从旅游审美的角度来看,一切自然景观都具有自然属性特征的美。在自然景观美中,单一的自然景物,由于构景因素单调,一般来说,它的美是单调的;大多数自然景观美都是由多种构景因素组成,它们相互配合,融为一体,并与周围环境相协调,所以体现出综合美的特点。

导游词应注意知识的融合,用画家和文学家的眼光去审视自然景观,分清层次,引导游客和享受自然景观之美。

(5) 吸引价值的差异性。

一方面,自然景观虽是大自然的产物,然而"千座山脉难以尽奇,万条江河难以尽秀",只有能带给人们美感的自然景观,才具有自然景观美。另一方面,自然景观之所以能成为人们审美的对象,是与社会的发展水平和人们的综合素质分不开的。两个人同游一处美景,一个人能看到它的美,另一个人却看不到它的美,这是由于两个人的综合素质存在差异。

作为一名导游,如果缺乏基本的专业知识、思想深度、文化素养和审美能力,那么即便是再美丽的自然景观,也难以被发现和欣赏。因此,只有不断提高自己的专业、思想、文化和审美水平,才能领略到自然景观的美感,正确引导游客发现和欣赏自然美景。

(二) 自然景观的类型

1. 根据开发利用情况划分

自然景观依据开发利用情况,可将其分为以下两种。

(1) 原始自然美景观。

原始自然美景观指以纯自然美为基本特征的景观,这类景观大都分布在我国的西部和边远地区。原始自然美之所以原始,是因为它们深藏于崇山峻岭之中,交通不便,人烟稀少,不易发现,因此历史上人为干扰较少,才使其原始风貌保持至今。如珠穆朗玛峰、东北的林海雪原、四川的稻城亚丁、西藏雅鲁藏布江大峡谷以及边远地区的自然保护区等,都属于原始自然美景观。

(2) 人文点缀自然美景观。

人文点缀自然美景观主要分布在我国东部经济较发达地区,这类景观大都经过了人类的加工,但这些加工都保留了自然景观的原型,只是根据自然景物的特点,合理布局一些人文构筑物。这些人文构筑物,不仅没有破坏自然美,反而使自然景观的个性更加突出。如列入《世界遗产名录》的黄山、峨眉山、泰山、武夷山、庐山、青城山等都属于人文点缀自然美景观。

2.根据构景要素及景观特征划分

根据构景要素及景观特征,自然景观可分为四种。

(1)地质地貌景观。

地质地貌景观包括一些特殊的地貌类型和地质景观。其中对游客吸引力较大的是山岳景观。地质地貌景观是其他类型景观形成的本底,有较高的游览价值,深受游客的欢迎。

(2)水体景观。

水体景观主要包括地球表面的各种液态及固态水体景观。液态水体景观包括江河、湖泊、流泉、飞瀑和海洋;固态水体景观主要指各类冰川。

(3)生物景观。

生物景观包括动物和植物景观。

(4)天象与气候景观。

气候往往作为区域景观的背景景观而存在,而天象景观则直接作为游客观赏的对象。同时,短暂的天气对游客的出行也有较大影响。

(三)自然景观赏析

自然景观美所包含的美有形式美、文化美、象征美等。

(1)形式美。

自然景观的美,首先表现在形式上,包括视觉美、听觉美、嗅觉美、味觉美等。自然景观的形体、线条、色彩,观之能让人感受到视觉美;风声、雨声、涛声、瀑布声、流泉声、鸟鸣声等大自然发出的各种自然声响,听之能让人感受到听觉美;植物花卉散发出的各种气味,嗅之能让人感受到嗅觉美;植物果实或某些山林特产,尝之能让人感受到味觉美;触及自然景观,能让人感受到十分惬意的触觉美。综上所述,能给人以感官上的愉悦、心理上的惬意的任何景观的具体形式,都属于形式美的范畴。

(2)文化美。

自然景观的美,同时体现在独特的内容上,这就是具体的物象所表现出来的文化内涵,文化内涵越丰富,物象的审美价值就越高。诸如九华山、张家界、黄山、华山等风景区的命名,以及神女峰、老人山、姐妹峰、望夫岩等景点的命名,还有如登封嵩阳书院内"汉武帝封将军柏"的历史传说等,无不蕴含着前人的主观理解和审美取向。它这些均是人类文化发展的成果,反映了特定的社会生活内容。因此,它们不仅仅在形式上给人以美的愉悦,而且在内容上给人以智的启迪,即文化思想的教育和道德情操的熏染。

(3)象征美。

自然景观的美可以通过某些物体形象和意境表现出象征意义或象征美。象征是一种寓意或隐喻,如莲花象征高洁,竹子象征刚直、虚心,苍松象征刚强、长寿,等等。导游的任务就是要在认识和掌握自然景观美的基础上,遵循"形式美—文化美—象征美"的思路去引导游客进行审美活动。

(四) 自然景观美的赏析

自然景观美的赏析是一个渐进的过程。作为导游,在带领游客游览自然景区时必须注意到景观美的特点,引导游客对自然景物进行赏析。

自然景观的外在美,对于普通游客来说基本可以通过自己的视觉感受到,但不同的游客由于自身条件的差异,对景观的深层次了解及文化内涵的延伸程度是不同的。从中国古代人们对山的审视及所得到的启迪来看,也可以证实这一点。

资料库

古人眼中的山

我国古人好山,但山之于其感受不同。孔子登山发出"仁者乐山,智者乐水"的感叹,孔子笔下的山是陶冶万物的仁者之山;庄周笔下的山是渊默沉稳的善性之山;一代枭雄曹操笔下的山是精神光辉之山;陶渊明笔下的山是归隐之山;王维笔下的山是空灵之山。

在旅游过程中,人们不仅希望通过游览放松身心陶冶情操,获得精神的享受和身体的恢复,同时也希望获取一定的科学知识。每一类自然景观所涵盖的科学知识都是极为丰富的,这些知识游客通过自己的眼睛是难以看出来的。例如:山岳的成因、年代;河流的源头、水量;植物的种属与特色;气候与气象的变化及影响因素等。这些必须通过导游来进行有针对性的介绍。

(五) 撰写自然景观导游词的基本要求

1. 熟悉路线

以自然景观为主体的旅游风景区一般面积都较大,为了不破坏自然景物,游览线路往往较为隐秘,因此,导游在撰写以自然景观为主体的景区导游词时必须熟悉并掌握最佳游览线路。要熟悉景区游览路线,避免走回头路,线路安排不能断径绝路。

2. 掌握必要的自然科学知识

由于自然景观的类型丰富,因此,导游必须相对全面地掌握与自然景观相关的科学常识,主要包括地质地貌学、水文学、植物动物学、气象气候学、生态学等常识。

3. 掌握相关的文学知识

中国古代大量的文学作品都与山水有关。要提升自然景观区域游览的品位,导游必须提高自己的文学修养,适时地引入著名的山水诗、词、文,让游客真正体验到中国山水文化的精髓。

4. 熟悉相关延伸文化常识

山水在中国往往作为不同景观的本体,在此基础上产生了不同的文化类型。中国有句俗语:"一方水土养育一方人,一方人创造一方文化。"在中国,自然山水和文化是密不可分的。

5. 掌握自然景观的观景方法

在撰写导游词时,要根据不同的景观特点,静态观赏与动态观赏有机结合。同时由于自然景观外在美的共同特征,在撰写导游词的过程中要注意"导"与"游"的有机结合。

训练

请以你熟悉的一个自然景观为例,进行导游词创作。

二、山地景观导游词创作

(一) 从地质角度撰写导游词

明代文学家杨慎曾对我国山地做了概括而又形象的描述:"玲珑剔透,桂林之山也;巉差窳空,巴蜀之山也;绵衍庞魄,河北之山也;俊俏巧丽,江南之山也。"由于不同地区山地岩性和内外引力的作用,我国山地形成了不同的地貌景观。

1. 花岗岩地貌

花岗岩是地幔上部的酸性岩浆,侵入地壳内部的破裂层,经冷却凝结后而形成的岩石。花岗岩形成后,受地壳上升运动影响,经抬升可形成高大挺拔的山体,其主峰突出,山岩陡峭险峻,气势宏伟。岩石裸露,沿节理断裂,遭遇强烈的风化侵蚀和流水切割,形成奇峰、深壑、怪石;同时易发生球状风化,可形成"石蛋"(最典型的为风动石)。中国花岗岩地貌分布广泛,如黄山、华山、泰山等,而福建及东南沿海等地花岗岩石蛋地貌显著。

举例

花岗岩地貌景观导游词——福建省海坛风景名胜区

各位团友,大家好! 现在我们来到了国家级重点风景名胜区——海坛风景名胜区。景区中的海坛天神是平潭岛奇石"双绝"之一(另一奇石为石牌洋),位于南海乡塘屿南中村南海中,天神头枕沙滩,足伸南海。身长330米,体宽150米,胸高36米,头长33米,头宽35米,头高31米,脖子长18.3米。海坛天神奇石乃花岗岩球状风化的产物,如此巨大的球状风化造型世所罕见,天下奇绝。

花岗岩地貌景观导游词——福建省太姥山风景名胜区

太姥山是以花岗岩峰林岩洞为特色,融山、海、川、岛和人文景观为一体的国家重点风景名胜区和世界地质公园。核心观赏面积92.02平方千米,保护面积200多平方千米,包括太姥山岳、九鲤溪瀑、晴川海滨、福瑶列岛四个景区和瑞云畲寨、翠郊古民居两处景点。

因地质作用,太姥山于燕山晚期之后,由地壳岩浆上升入侵而形成,其主要成分是钾长花岗岩,这种岩石源自地质史上的白垩纪时期,约已有一亿年的历史。太姥山的花岗岩以其独特的节理构造断裂发育显著,加上其粒状结构,在历经数万年的风雨侵蚀和自然风化作用下,岩石逐渐呈现出浑圆、柱状、板状、球状等各种形态,造就了"金猫扑鼠""玉猴照镜""二佛谈经""金龟爬壁"等360多处千奇百怪的花岗岩象形石,个个造型逼真、神形兼备、惟妙惟肖、涉目成景、步移景换。有诗道:"太姥无俗石,个个似神工;谁人意所识,万象在胸中。"

2.丹霞地貌

丹霞地貌为第三世纪陆相红色砂砾岩在内外引力作用下发育形成的方山、奇峰、溶洞等特殊地貌。此种地貌最初在广东仁化丹霞山被发现,故被称为丹霞地貌。砂砾岩因其结晶较大而易风化,但若局部成分有变化,则抗风化力较强,极容易形成中尺度的岩石造型。武夷山、齐云山大部分景区都属于此种地貌。

资料库

丹霞地貌景观——福建武夷山风景区

在福建省北部、闽江上游,有着一个面积广阔的山岭溪谷地带,范围大致为600平方千米,该区域构成了以奇特秀美、深邃幽静为显著特点的武夷山自然风景区。其自然风景被概括为"三三六六":"三三"是指一条九曲的溪水,"六六"是指三十六座峰峦。九曲溪依山而流,山回溪折,折复绕山,山溪相环,所谓"曲曲山口转,峰峰水抱流";三十六峰均由红色砂砾层构成,由于单斜山的构造,往往形成一峰多姿,比水平岩层构成的山峰富于变化。武夷山的山与水配合巧妙,其中以九曲溪最为典型,"曲曲备幽奇,别具山水里"。

武夷山开发的历史十分久远。自秦汉以来,各代帝王、名士、学者不断来山祭扫、游览、讲学等,故而武夷山上的寺院、书舍、亭台、楼阁等多达300余处。山麓有汉代古迹遗址、宋代古窑等古迹。三十六峰上摩崖石刻共有700

余处。乘竹筏观览九曲风光，沿江可见"空谷传音""金鸡晓月""太公钓鱼""虹桥架壑""玉女临汝"等佳景。故而历代赞：武夷山水天下奇，人间仙境在武夷。

武夷山名产有"茶中之王"的"大红袍"。

3. 岩溶地貌

岩溶地貌景观导游

岩溶地貌又称为喀斯特地貌，是以碳酸盐岩类岩石（主要是石灰岩）为主的可溶性岩石在以水为主的内外力作用下形成的地貌。地面形成熔岩孤峰、石林、石芽、漏斗等，地下则为地下河与溶洞，是观赏价值极高的地貌形态。桂林阳朔和云南石林是典型代表。

4. 火山地貌

火山地貌是火山爆发后残留物质所形成的一种地貌景观。由酸性喷出岩所形成，有流纹带结构的被称为流纹岩地貌，其中以雁荡山最为有名；而由基层喷出岩通过裂隙或中心喷发而形成的是玄武岩地貌，如五大连池。

举例

火山地貌景观导游词——福建省漳州滨海火山国家地质公园

各位远道而来的朋友，大家好！刚才一路坐车有没有欣赏一下沿途的风景呢？对我们漳州的印象怎么样啊？哈哈，先自我介绍一下，我是这里的定点讲解员小肖，今天就由我带大家揭开滨海火山的神秘面纱……

现在我们已经登陆林进屿了，请大家小心，注意安全。这里的火山地貌景观分为三部分：一是玄武岩石群，二是熔岩湖现象，三是巨型柱状节理。岛上的山峰郁郁葱葱，也许你们想象不到，在几千万年前，这里曾发生火山喷发。看，这些玄武岩在海浪的镌刻下，形成千姿百态的造型。感兴趣的朋友可以在这里照相。现在我们所在的这个海滩上，可以看到16个火山口紧密连在一起。火山口中间凹进去，成为圆环的形状，大小不一。地质专家介绍，这种圆形构造源自熔岩下的含水层被岩浆加热引起蒸汽爆发，就像我们平时烧开水时，盖子上总要留个小孔。有的专家也称这种状态为"熔岩湖"。

现在展现在我们面前的奇特景观，就是玄武岩的柱状节理。它主要是六边形和多边形的，垂在20米到50米的悬崖上，远远望去，像不像少女垂直的秀发？在岛上，还有许多由于火山喷发而形成的石头，这里的石头排列并不规则，而是千奇百怪、形态各异，所以这里又有"神话世界""抽象画廊"的美称。请大家尽情展开你们的想象力。你们看，这块石头像不像马，啊，这块像海豚，各位朋友，你们都可以在这里找一找自己喜欢的动物！

大家可以在这里尽情地欣赏大海,吹吹海风。累了,饿了,还可以到我们这里的小木屋里坐下来,品一品我们闽南地道的工夫茶,尝一尝我们的海鲜。希望漳州滨海火山国家地质公园能给你们的生活增添几许纯净的快乐。

5. 砂岩地貌

砂岩地貌主要发育在纯石英砂岩构成的山区,其形成的古地理环境是滨海海滩的沉积经过挤压胶结而成砂岩,因受地壳上升运动而成陆地,又经过剧烈的地壳上升运动而进一步抬升成丘陵山地,后经过长期冲刷切割,高山不断风化、侵蚀,岩层逐渐崩解剥落,河谷慢慢深切,河流又将被风化而成的泥沙运往遥远的大海,于是便形成一大片石英砂岩峰林和一条条纵横深切的幽谷,故又称砂岩峰林峡谷地貌,湖南武陵源是该地貌类型的典型代表。

举例

黄山怪石导游词

好了,小朋友们,现在我们已经到了三大主峰之一的光明顶了。大家快看,那个石头像什么啊,是一个桃子对吧!它啊,可不是一般的桃子,是仙桃哦!所以我们就叫它"仙桃峰"。

小朋友们告诉我,神仙里谁最喜欢吃仙桃啊?是不是孙悟空?好了,那我们就一起去寻找孙大圣吧。

现在我们来到了北海景区的清凉台。大家往下看,那个站着的石像,可不就是贪嘴的猪八戒嘛,看它还耷拉着两个大大的耳朵呢!再看八戒面前的那个圆圆的石头,是什么呢?是乒乓球?小了。是足球?难道我们八戒也是铁杆足球迷吗?当然不是了。大家都知道八戒最爱吃西瓜了,对吧?瞧,他的口水还挂在嘴边呢!所以我们就叫它"猪八戒吃西瓜"。

好了,大家朝这边看,这块奇石就像猴哥坐在那里晒太阳,如果天气非常好,我们就称它是"猴子望太平";那如果眼前有一大片云海呢,我们就称它是"猴子观海"了。哎,小朋友们,大家有没有找到孙悟空的靴子晒在哪里?没有?那就跟姐姐去排云亭找寻孙大圣的靴子吧!

大家看,那边有个靴子,但它可不是正的,而是倒的喔!为什么要倒着晒呢?原来是因为咱们大圣的靴子被雨水淋湿,所以就只好放在这里晒了。这神仙就是神仙啊!一晒啊就是千万年,所以就称它为"仙人晒靴"。往下看,那儿还有"武松打虎"呢!像吧!

好了,小朋友们,想必你们已经看得眼花缭乱,有点小累了,我们就坐在这棵奇松下休息会儿,你们喝点水,补充一下能量,导游姐姐呢,就给你们讲讲这些惟妙惟肖的"奇石"是怎样形成的吧!暂时听不懂也没关系,可以回去问问你们的爸爸妈妈,看看他们听懂了没。

　　大朋友、小朋友们,我们已经看到了,黄山千岩万壑,几乎每座山峰上都有许多姿态不同的怪石,你们知道它多大岁数了吗?1000岁?10000岁?都不是!它的形成期在100多万年前的第四纪冰期!人类还没有的时候就已经存在了啊!我听到有人说"好老啊!"是吗?但是比起地球46亿年的高龄,它可是小得不能再小了啊。

　　这些岩石的主体是花岗岩,花岗岩在自然界分布广泛,属于酸性岩浆岩中的侵入岩,就是地壳内部的岩浆在冷却的过程中形成的岩石,它的特点是质地坚硬、节理发育、层状剥离明显。小朋友们,花岗岩再硬,总还是有裂隙的,这些裂隙总是抵不住亿万年的风化、水流的侵蚀和岩体的坍塌,这下你们知道"滴水穿石"的力量了吧。最终,它们形成像天都峰、莲花峰那样巨大的岩块,它们的山体浑厚雄伟、高大挺拔;而北部后海、西海和皮蓬一带的花岗岩,节理更加密集,岩体更容易破碎,于是风化成垂直状,所以这些地方的危岩峭壁特别多。因此,黄山形成了"前山雄伟,后山秀丽"的不同风貌。

　　这部分知识是不是有些难?不过不要紧,咱们的黄山是"峰奇石奇松更奇,云飞水飞山亦飞"。山峦峰之间,奇石星罗棋布,据说黄山有名字的石头就有1200多块,刚才我们才看了几十个,欣赏这些奇石往往需要将三分直观形象与七分主观想象相结合,我们在游览时需要将情感融入石中,运用丰富的想象力,让无生命的石头成为充满生命力的"精灵"。

6. 冰川地貌

　　冰川地貌主要由冰川的侵蚀和堆积作用形成,前者有冰斗、刃脊、角峰、冰川槽谷等冰蚀地貌形态;后者有冰碛丘陵、鼓丘、冰砾扇等冰积地貌形态。此外,冰体融化所形成的冰桌、冰兽、冰蘑菇、冰桥等也有较大观赏价值。冰川地貌代表为四川贡嘎山、甘肃祁连山。

　　从地质学角度撰写导游词,要求导游全面了解所游览山地的相关地质地貌学基础知识。这种导游词带有科普性质。

(二)从山地景观在旅游业中所起的作用角度撰写导游词

　　我国的极高山、高山绝大部分都分布于兰州—成都—昆明一线以西,而中低山地则绝大部分分布于兰州—成都—昆明一线以东,这是受我国整个地势结构西高东低的影响而形成的。这一地势结构决定了东西部山地对旅游发展的影响,或者说东西部山地在旅游业中所起的作用具有各自的特性。首先,就极高山而言,主要分布在我国的青藏高原,其中包括西藏境内的珠穆朗玛峰(世界第一高峰)和新疆境内的乔戈里峰(世界第二高峰)。这些极高山由于恶劣的气候条件及独特的高原冰雪环境,虽然有着奇异瑰丽的冰雪景观,却让众多普通旅游者望而却步。只有那些具有超强毅力、素质和经验的探险者或登山运动员,才有机会登顶。但这并不说明这些山没有旅游价值。在这一座座高耸入云的山脉中,埋藏着无数珍贵的地质资料,具有很高的科考价值。例如,喜马拉雅山就发现过许多远古的鱼类化石,这对研究整个地球的造山运动,有着重要意义。征服极高山,不仅仅是人类征服自然、超越自我的精神展现,更成为人类认识自然、发展自我的重要途径。

高山旅游在我国近几年的山地旅游中发展较为迅速。这些山地海拔虽然较高,具有一定危险性,但由于各方面条件的改善,安全系数大大增加。加之,高山的气候垂直变化显著,导致高山植被类型垂直变化显著,形成高山景观的垂直变化现象,因此具有较强的观赏价值。例如我国的横断山区,有着"一山有四季,十里不同天"的垂直景色。这些山绝大部分时间不但可以欣赏到植被景观,而且可以一览难得的冰川、冰雪景观,如云南丽江的玉龙雪山等。再者,这些山不仅仅开发了简单的观光旅游,而且有休闲旅游加以补充,大大提高了旅游活动的丰富性。如四川的西岭雪山每年冬季都开辟滑雪场,以供旅游者滑雪。

中低山旅游则是我国山地旅游的重要部分。除了本身气候条件和攀登难度适宜,还因为其大部分都处在经济开发较早、人口稠密的东部地区,正所谓"近水楼台先得月",很多中低山自古以来就是旅游胜地,如泰山、黄山、庐山等。

(三)从文化的角度撰写导游词

对于我国一些较特殊的文化名山,特别是宗教名山等,在导游过程中就应该突出其文化特色。从人文因素讲解其内涵,包括用历史文化来丰富自然景物的美的意蕴,用宗教文化升华审美品位,用热点事件增强吸引力。

中国名山遍布神州大地。每一座名山,几乎都与历史文化紧密相连,在拥有天赋的自然美的基础上,加上千百年来人类的开发与维护,文人骚客的诗词歌赋,僧侣高人的驻足留迹,使得自然美在人文的烘托下,焕发更为绚丽的光彩。因而,导游在讲解过程中,要充分重视自然与人文的结合,才能不落俗套,不会止于浅表。

1. 传统文化与名山

中华文明源远流长,在漫长的历史长河中,发生的重大历史事件、涌现出的英雄人物层出不穷,留下的历史文化遗迹更是不胜枚举,广泛涵盖建筑、园林、陵墓、书法、传说、诗词歌赋等多个领域,全面记录了中华民族的发展过程。这些遗迹不仅是地理环境的真实写照,更通过艺术加工与文化积淀,提升了自然景观的文化内涵。泰山、黄山、庐山无不是在中华文化的长时间的熏陶下,由单一的风景名山转化为历史文化名山。

文化不但塑造了名山,同时也是我们了解名山的有效手段。比如,诗词歌赋能够帮助人们加深对自然美的欣赏,丰富自然景物的美的意蕴,使人们从单纯的自然风景中体会到诗情画意,实现了从感性的形象美到理性的含蓄美的跨越。杜甫的《望岳》让人们不但对泰山形态有所了解,同时有"一览众山小"的豪情。再如,苏轼的《题西林壁》，不仅写实，还上升到了哲学的高度，对人的认识具有积极的指导意义。当然，在中国传统文化中，也有一些落后的内容，这些内容若不加甄别地传播，可能会削弱景观的自然美与文化价值，不但起不到美化作用，反而会污染景观本色。因此，导游在讲解时要做到取其精华，去其糟粕，去伪存真，以科学的态度去传播知识，宣传我们的历史文化。

2. 宗教与名山

天下名山僧占多。山不在高，有仙则灵。在中国众多名山中，隐藏着众多的寺庙。山因有寺而显得更有灵气，寺因山而显得更神秘，形成了中国历代旅游的基本模式——游山玩水，寻古访寺，这一模式至今仍然保持着强大的吸引力和文化价值。究其原因，主要有以下两点。

第一，中国的宗教，特别是较具中国特色的佛道两大宗教体系，重视对自然环境的保护。佛教倡导不杀生和行善积德；道教则秉持天人合一的核心理念，"天地与我并生，万物与我为一"则更是一种早期的可持续发展思想。由于佛道两教均倡导避世、隐居的生活方式，并倾向于选择山林作为修行之地，因此它们成为中国名山的最主要"占据者"。这些名山上的众多自然与生态奇观，若非得益于这些信徒的代代保护，恐怕很难保存至今，如洛阳白马寺的甜石榴、湖北武当山的"紫霄听杉"等。

第二，寺庙建筑大多依山而建，其中包括殿、塑像、堂、壁画等，能够调动旅游者的审美视觉，与自然景观和谐交融，充实了旅游者对自然景观的审美感受。例如恒山的悬空寺，整个寺庙建筑不设地基，全部是在悬崖绝壁上以凿洞插梁为基，楼阁内以栈道相连，大大增添了山的"险峻"。再如武当山天柱峰上的金殿，大有"高屋建瓴"之势，极大地渲染了山的雄伟，再加上寺庙中的塑像、字画，给旅游者提供思悟的空间，在自然美与人文美中获得审美品位的提升。在讲解名山宗教时，我们应秉持马克思主义唯物史观，在尊重宗教信仰自由的前提下反对唯心主义和宿命论，用健康的心态来对待宗教传统文化。

3. 其他人文因素与名山

在中国人文领域的广阔范畴中，除了传统文化和宗教文化与名山联系很紧密外，还有一些因素也对名山产生重要影响，如中国近代革命、社会主义建设或某些重大事件等。以南京的钟山为例，中山陵的存在不仅赋予了这座山更加庄严肃穆的气质，还使之成为一个重要的历史教育与纪念场所。人们在观赏山林景色的同时，可以感受和了解中国民主革命的伟大先驱孙中山先生的光辉业绩，从而激发对革命先烈的缅怀之情。进一步地，通过了解中华人民共和国成立以来所取得的辉煌成就，不仅增强了国民对中国共产党及社会主义的热爱与自豪，也极大地增强了民族凝聚力。对国际旅游者而言，这些历史与现实的展示加深了他们对中国的认知与理解，促进了双方之间的文化交流与友谊发展，为国际友好往来奠定了坚实的基础。

(四)从美学特征角度创作导游词

对于普通的山岳,或以游览休闲为主体功能的山地,应该从美学特征的角度进行导游。山地风景中蕴藏着各式各样的美,这些美表现形式丰富。19世纪著名的现实主义画家库尔贝说过:"美的东西是在自然中的,而它以最多种多样的现实形式呈现出来。"因此,风景美都是以具体的现实形式展现出来的,自然风景中美的形式主要有形象美、色彩美、动态美、朦胧美。这些不同的美的形式共同构成了风景美,形式多样是风景美的主要特征。

山地景观较显著的特征之一是形象美异彩纷呈、千姿百态。各种各样的形象吸引着旅游者,使他们获得美的享受。而山地形象美的特征也是极其丰富的,我们可以从雄、秀、奇、险、幽五个方面进行归纳和讲解。

1. 雄

雄是一种壮观、壮美、崇高的形象。在自然风景中是广泛存在的。我国很多名山高峻壮观,展现出一种雄伟崇高的形象。泰山为五岳之首,素来以雄伟著称,被誉为"泰山天下雄"。泰山位于辽阔的齐鲁腹地,以磅礴之势凌驾于山东的丘陵之上,故显得特别高大雄伟。汉武帝游泰山时赞曰:"高矣、极矣、大矣、特矣、壮矣、赫矣、骇矣、惑矣。"杜甫的《望岳》中有"会当凌绝顶,一览众山小"的名句。泰山雄伟的形象在五岳中是首屈一指的。泰山之美正是由于它"宏大""雄伟"的形象。这些特征激发了人们普遍的审美共鸣,包括赞叹、震惊、崇敬、愉悦。

2. 秀

秀是自然风景中较常见的一种审美形态,其主要体现为柔和、秀丽、优美。四川峨眉山是我国佛教四大名山之一,是著名的旅游胜地。峨眉山山林葱茏,山石很少裸露,山体线条柔和流畅,山明水秀,是我国旅游景区中典型的秀美形象,自古以来享有"峨眉天下秀"的美誉。秀美的风景能给人以安逸、舒适的审美享受。游览和观赏这样的风景,总是使人感到幸福愉快,同时可以陶冶性情、安抚情绪。

3. 奇

一些山体凭借其独特的自然特征,展现出别具一格的奇特美感。在我国山地中,奇特的形象首推黄山。黄山有四绝:奇松、怪石、温泉、云海。黄山怪石星罗棋布,竞相矗立;奇松千姿百态,苍郁挺拔;烟云似锦如缎,铺展在千山万壑间,变幻莫测;加之终年喷涌的温泉,令人拍手称奇! 故黄山自古被称为"震旦国中第一奇山"。其独特的地貌源于流纹岩的断裂发育与风化作用,形成了别具一格的自然景观。康有为游雁荡山后称:"雁荡山水雄伟奇特,甲于全球。"

4. 险

险是自然风景的一种形象特征,对旅游者极富吸引力。旅游者都有一种好奇心,越是险的地方越想攀登,越是奇的风景越想观赏。华山素有"华山天下险"之称,常言说"自古华山一条道",就是指华山的险峻。鸟瞰华山,犹如天柱拔起,在秦岭诸峰之中,四壁陡起,几乎与地面垂直。旅游者需手扶铁索,手脚并用,可谓真正的"爬山"。庐山的仙人洞、黄山的天都峰、九华山的天台、峨眉山的金顶都是我国极其险峻的山峰。

5. 幽

幽是一种美,是一种意境,也是一种审美特征。幽具有极其丰富的内涵,通过具体的形象展现出来。青城山以其独特的山林之美,在中国风景中独树一帜,其最大魅力就体现在一个"幽"字上,因此素有"青城天下幽"的美誉。青城山宛如一尊自然雕琢的"青瓷瓶",幽雅古朴。当旅游者沿山间小路上山,两侧苍松翠竹,碧绿成荫,溪泉清澈见底,潺潺入耳,偶尔传来鸟鸣声,营造出"鸟鸣山更幽"的静谧氛围和幽深莫测的神秘感。这种幽深的意境美,使旅游者体验到一种超脱尘世的安逸与舒适。

当然,很多山地不止一种形象美的特征,如黄山便集奇与险于一身,奇险交织,丰富了山的韵味。此外,山地景观的魅力还体现在色彩美上,山地的色彩变幻主要源于四季和阴阳交替时由树木花草、烟岚云霞及日月之光相互映衬。北宋山水画家郭熙在其《林泉高致·山水训》曾有言:"春山澹冶而如笑,夏山苍翠而欲滴,秋山明净而如妆,冬山惨淡而如睡。"山地在四季变换中展现出自然色彩的无限魅力,给旅游者带来视觉上的盛宴与心灵的触动。除上述形象美、色彩美之外,山岳景观还与流水飞瀑、云雾和动植物等要素组合,赋予人们动态、朦胧和听觉上的美感享受,在导游讲解时也要正确、适时地引导旅游者感受。

举例

黄山导游词——一座以景观奇特而著称于世的山体

山是以自然奇观为主体吸引物的山体,导游在实际讲解过程中可根据游客的游览情趣,选择从不同的角度进行解说。

1. 从地质角度导游

位置:黄山位于安徽省的南部,地跨歙县、休宁县、黟县和黄山区、徽州区。

成因:1亿多年前的地球地壳运动使黄山崛起于地面,后来历经第四纪冰川的侵蚀作用,逐渐变成了今天这个样子。黄山宏伟、庄严,风光迷人,是著名的风景区。

景观特点:黄山是一个自然奇观,覆盖约1200平方千米的面积,其间群峰林立,许多山峰的名字直观反映了其形态特色,"莲花峰""光明顶"和"天都峰"是其中最主要的三个,它们的海拔都在1800米以上。这些山峰主要由花岗岩构成,通过竖直的节理相互连接。长期的侵蚀与断裂作用塑造了这些岩石,使之成为巍峨的石柱,进而形成了高峰和深谷。天阴时,这些高山隐匿于雾霭中,增添了几分神秘与缥缈之感;天晴时则尽展其威严与壮丽。

2.从美学特征导游

黄山的颜色和形态随四季的更替而不断变化。春天,盛开的鲜花色彩缤纷,点缀着四处的山坡;夏天,青绿的山峰一座连一座,山间泉水欢畅地流淌;秋天,把黄山换上了红紫交织的盛装,枫树红艳如火;冬天,群山都被冰雪覆盖,变成为一个冰与雾的世界,到处是银枝银石。

3.按山地景观在旅游业中所起的作用导游

自古以来,就一直有许多游客来到黄山,探求其神秘、惊叹其美景。人们渐渐总结出黄山的四大特征和吸引力:奇松、怪石、云海和温泉。其实,黄山上也到处可见花岗岩,尤其是在以下几个景区:温泉、玉屏楼、西海、北海、云谷寺和松谷庵。黄山作为一座著名的中国名山,在以安徽一线为主题的旅游线路中起着画龙点睛的作用,是整个旅游讲解的重点所在。

4.从文化的角度导游

黄山有着悠久的历史,古代的书籍、诗歌、绘画和雕刻都是很好的证明。李白并非歌颂黄山的唯一的诗人,唐代诗人贾岛(779—843年)和杜荀鹤(846—904年)也曾来此吟诗作赋。在唐以后的各个朝代中不断有人游览黄山,在诗中表达他们的赞美之情。明朝伟大的地理学家和旅行家徐霞客(1587—1641年)专门写了两本关于黄山的游记,清朝的西安派大画家石涛(1642—1707年)在身后留下了许多幅关于黄山的画。已经去世的地理学家李四光在其专著《安徽黄山上的第四纪冰川现象》中总结了他个人对黄山的考察成果。一代又一代人的题词随处可见,那些诗一般的题词配上优美的书法,不仅仅是装饰品,它们本身就是一道迷人风景。

训练

撰写一篇从文化角度讲解山地景观的导游词。

三、水体景观导游词创作

(一) 从水的美学特征角度撰写导游词

水作为构景的基本元素,具备形态、倒影、声音、色彩、光泽、水味以及奇特等丰富而生动的特征。导游如果能正确把握这些特征,把自然美和人文美巧妙地结合起来,将这些美感特征介绍给旅游者,不仅能够显著提升旅游者的游览兴趣,还能引导旅游者进入一种情景交融、心旷神怡的审美境界。

1.形态美

海洋、江河、流泉、瀑布一般以动态为主,湖泊则以静态为主。也有一些水体受到地形和季节的影响,呈现出动中有静、静中有动的特点。因此,在导游过程中,精准阐述江河湖海的形态美,对旅游者具有很强的吸引力。例如,"西子三千个,群山已失高,峰峦成岛屿,平地卷波涛"这一描述,把千岛湖的形态惟妙惟肖地勾勒了出来。又如"黄河之水天上来,奔流到海不复回",写出了黄河一泻千里、气势磅礴的壮阔场景。同样,"五百里滇池,奔来眼底",展现滇池的浩渺与辽阔。形态美的讲解,不仅能使旅游者在游览中欣赏到自然景观美,还能受到历史人文美的熏陶。

2. 倒影美

倒影美也是讲解江河湖海时无法忽视的一个审美点。由于水是无色的透明体,所以在光线的作用下,万物倒映皆成影。山石树木、蓝天白云、飞禽走兽,以及人的活动都会在水中形成倒影,从而形成水上水下、岸边桥头、实物虚影的相互辉映,构成奇趣无穷的画面。如李白在《峨眉山月歌》中写的"峨眉山月半轮秋,影入平羌江水流",就是描写了诗人看到峨眉山上空的半轮秋月,月影倒映在流动不息的平羌江上,意境幽远宁静;又如九寨沟镜海具有"鱼在天上游,鸟在水底飞"的倒影景观美。

3. 声音美

水体运动所发出的各种声音,为旅游者营造了独特的情感氛围与场景体验,因而声音美也是讲解江河湖海时的一个审美点。声音能让旅游者在旅游过程中收获乐趣,如泉水的叮咚声、溪流的潺潺声、瀑布的轰鸣声、海啸的雷鸣声等,清浊徐疾,各有节奏。有些景象虽无声音,人们却也能感到声音的存在,达到"此时无声胜有声"的效果,如"无边落木萧萧下,不尽长江滚滚来"将长江的开阔境界、磅礴气势一语写尽,给人以无限遐想。

4. 色彩美

水本无色,但光线在穿透水体时,经过水分子的选择性吸收和散射,赋予了水体丰富的色彩变化,给人以色彩美的享受。这一现象在不同水域中表现各异,如东海呈蓝色,南海呈深蓝色等,九寨沟的五彩池、五花海和火花海等则呈现出多种色彩。

5. 光泽美

水体在自身运动与光线相互作用的过程中,能产生美妙无比的光学现象,令人赏心悦目。著名的"水光潋滟晴方好",就是描写西湖晴空下湖水光泽美的绝句;又如"三潭印月",是月光、烛光、水光的交相辉映,形成"天上月一轮,水中影成三"的美丽景色;宋代范仲淹称洞庭湖景色是"上下天光,一碧万顷";丽江古城中的万家灯火让本已浪漫的"小桥流水"再添万种风情。综上所述,水体在日光、月光和灯光的作用下,呈现出来的各种光学景象是非常美妙、神奇的。

6. 水味美

水本是无色、无味、无臭的液体,有些未被污染的江河湖海水质清冽甘甜,还含有丰富的微量元素,如青岛崂山矿泉水、杭州虎跑泉水、济南的趵突泉等均为甘甜醇厚的泉水,成为酿酒、泡茶和饮料加工的理想水源。

7.奇特美

水体的奇特美是自然界的一些奇特现象造成的。如安徽寿县的"喊泉",其涌泉量与人的声音大小成正比;四川广元的"含羞泉",一遇震动,泉水便似害羞的姑娘,悄然隐去,待安静后泉水复出。云南大理的"蝴蝶泉",以及其他地方的"笑泉""水火泉""色泉"等,均因各自独特的自然现象而成为引人入胜的景观。同时,一些水体富含矿物质,具有可饮、可浴、可看、可赏的作用,如庐山温泉、五大连池药泉等,成为我国著名的矿泉理疗康复旅游区。

导游在进行江河湖海等水体景观的导游讲解时,要正确运用形态美、倒影美、声音美、色彩美、光像美、水味美、奇特美等多种造景特征来进行讲解,把握其内在特征,将极大丰富讲解内容,有效激发游客的兴趣。

(二)撰写水体景观导游词应突出"水文化"

关于"水文化",吴殿廷教授在《水体旅游开发规划实务》中总结道:水是人们生活中接触最多、应用最广、须臾不能离开的物质,所以人们对水的感触最多。久旱逢甘霖、春雨贵如油,表达的是人们对水的渴望;洪水猛兽、水患无情,表达的是人们对水的憎恶;相濡以沫、鱼水深情,说的是感情至深;覆水难收、落花流水,则表现出几多无奈。水是有形的,因它无处不在;水是无形的,变化万千不可捉摸;水是刚毅的,因可水滴石穿;水是温柔的,恰如中国古代之贤妻良母;水是纯洁的,既可以水为净,也应以水为镜,以水为鉴;水是浪漫的,载着才子、诗人、画家云游梦幻天国。水是生命的源泉,孕育所有生机,包括人类,而且构成人身之主体;水博大精深,既用宽阔温暖的胸膛包容人间万象,又用豪迈奔放的气概荡涤世间污浊。

《辞海》里关于水的词条,仅首字为水者即达几百个;中国文学、历史书籍中,关于水、涉及水的成语、俚语、俗语数不胜数。仁者乐山,智者乐水,水构成了一种文化现象。

广义水文化:水科学+水文学+水艺术。

狭义水文化:水文学+水艺术=成语、俗语、典故、传说、音乐、美术、电影、电视等。

水文化蕴含了河流文化、湖泊文化、海洋文化、泉文化、桥文化、船文化等,还可以进一步引申为酒文化、茶文化、汤文化、粥文化、龙文化等。正如我们生息的这颗蓝色星球上的水体一样,水文化亦可谓"博大精深"。

在撰写水体景观导游词的过程中,应多从文化的角度进行审视与评价。水体作为自然景观的重要组成部分,不仅展现出多样化的形态,还蕴含了深厚的文化意蕴与智慧,实现了外在美与内在涵养的和谐统一。为了丰富旅游者体验,我们应深挖水体所象征的力量、温柔、纯洁、无私等特质,通过传神的语言,把不同层次的信息传达给旅游者。

（三）全面了解水体景观的风格与差异

即使同为水体景观，水体类型不同，如海水、江水、河水、湖水、泉水、溪水等，带给人们的景致也不同。

1. 水体类型不同，美的风格不同

自古以来，人们一直觉得，海洋浩瀚无际，碧波万顷，怒潮澎湃，深邃奥妙，唐代诗人白居易的"海漫漫，直下无底旁无边"，表达了人们对海洋的无限遐想与敬畏之情。的确，碧蓝无垠的海水、洁白飞溅的浪花、汹涌澎湃的怒潮，能让人产生视野开阔、极目天涯之感，能使人精神振奋、心潮澎湃。而流泉、溪涧、小湖，则多给人以秀丽、幽静之感。江河大湖常介于两者之间，江河虽有"孤帆远影碧空尽"的意境，但终不及海洋带给人们的意境真切与强烈。某些海岸虽然也具有秀丽优美的景色，但终不如流泉、溪涧、小湖带给人的恬静与舒适。以上这些差异，都是由于它们各自水体类型不同。

2. 同一水体类型，但因各自组合条件不同，其美的意境也不同

以湖泊为例，湖泊面积大小不同，给人的美感不同。大湖泊能给人以辽阔的美感，所以人们用"帆影点点，烟波浩渺"来描述太湖风光；用"芦荻渐多人渐少，鄱阳湖尾水如天"来赞美鄱阳湖的绝妙景色。小湖泊多给人以清秀的美感，所以苏轼用"欲把西湖比西子，淡妆浓抹总相宜"来赞美西湖。此外，人们还用"一面明镜""一颗明珠"来形容清澈的小湖。

再以河流为例，黄河、长江、珠江等江河虽然皆有源头和入海口，但由于受各自地貌、气候、植被等自然地理环境条件的影响，其各自的水文特点不同，故各条江河，均各有特色。宋代范成大的《初入巫峡》中写道："束江崖欲合，漱石水多漩。卓午三竿日，中间一罅天。"长江被描写得十分险峻。唐朝诗人王之涣在《登鹳雀楼》中写道："白日依山尽，黄河入海流。欲穷千里目，更上一层楼。"这首诗成为描写黄河壮阔场面的千古绝唱。即使同一条江河，因地段不同，所造景致也不同。如长江三峡中，瞿塘雄、巫峡秀、西陵险，美的具体内容是有差异的。

其他水体类型如海洋、流泉、瀑布也均无例外。

（四）从景观类型角度撰写导游词

（1）海洋景观：突出海滨的伟岸、辽阔。

（2）江河景观：突出景色多姿、类型丰富。

（3）湖泊景观：突出大湖泊的辽阔，小湖泊的清秀，高山湖泊的神秘、幽静、清澈。

（4）泉水景观：奇特、灵动、多功能。

（5）瀑布景观：形态、声态、色态的变化。

（五）从时代变迁角度撰写水体景观的作用

在江河湖海塑造的景观中，不但要联系除水以外的各种自然造景因素，还应从时

代变迁讲解其作用,恰如其分地反映其内在的、本质的联系。从历史和现实的角度加以分析,从而揭示其历史文化内涵,丰富原有水体景观,使之成为旅游体验中独特而新奇的组成部分。

从时代变迁角度撰写江河湖海的作用,可使旅游者全面地了解相关的人文造景因素,诸如政治、经济、军事、交通、文化、宗教、民俗等方面的内容。只有将其实际情况正确运用到讲解中,才能丰富讲解内容和文化底蕴,体现人与自然的完美结合、和谐统一,从而将导游工作开展得有声有色。

举例

1.福建屏南白水洋导游词(部分)

各位团友,现在我们来到的是鸳鸯溪国家级风景名胜区中的标志性景区——白水洋景区。它位于福建省东北部,南连省会福州,北接浙江温州,西邻武夷山,距离屏南县城关约30千米,是国家重点风景名胜区之一,也是福建省十大"旅游品牌"之一。

鸳鸯溪全长14千米,是以野生鸳鸯、猕猴和稀有植物为特色,融溪、瀑、峰、岩、洞、潭、雾等山水为一体的自然景观。鸳鸯溪国家级风景名胜区总面积为78.8平方千米,是我国目前唯一的鸳鸯鸟保护区。鸳鸯系国家二级保护野生动物,属于鸟纲鸭科,是公认的一种十分美丽的水鸟。鸳鸯历来被作为爱情幸福、夫妻恩爱的象征,各位团友,到了白水洋就进入了鸳鸯溪国家级风景名胜区了,在这里我们可以吃鸳鸯果,唱鸳鸯歌,睡鸳鸯床。

现在大家看到的是浅水广场,也就是"天下绝景、宇宙之谜"的白水洋,它是由古代火山沉积岩组成。这里最有特色的是"十里水上长街"和百米天然冲浪滑道。"十里水上长街"是由3块平坦的万米巨石组成,最大一块近4万平方米。这三块平坦的万米巨石,经住房与建设部组织专家证实系目前世界上"唯一的浅水广场",故被称为"天下绝景",很多游客都慕名而来观赏此"绝景"。

2.福建省宁德市九龙漈瀑布导游词

九龙漈瀑布是国家级风景名胜区,位于周宁县七步乡东南。由九级大小瀑布组成,总落差约300米。传说古时有九龙聚州,形成9个龙潭,因而得名。

九瀑各展奇姿,各具特色。其中,第一级瀑布最为壮观,瀑高46.7米,宽76米,丰水期可达83米。瀑流经陡峭的崖巅腾冲跌落,直泻深潭,声如轰雷,震撼山谷,瀑花飞溅,激化为迷蒙烟雾,弥漫山谷,若逢斜阳映照,幻成彩虹横空,斑斓耀眼。巨瀑右上方还有一个直径14米的潭穴镶嵌瀑间,人称"龙眼"。第四级称为龙牙瀑,瀑长46米,瀑面中有巨石突兀,形似龙牙,把瀑布扯成两半,故名。两股瀑流冲进一个面积为2800平方米的"卧龙潭"。第六级至第九级是瀑瀑相接，人称"四叠瀑"，4级瀑布流程692米。瀑间遍布怪石，其形态各异，神奇逼真，有"龙井""龙脊""龙角""龙甲""龙爪""龙珠"。九级瀑布以下为一个长达120米的长潭，游人泛舟其间，观赏四周山景，妙趣横生。

九龙漈瀑布群四周群山耸立，峰奇石异，栩栩如生，有"鸽子峰""金鱼峰""腾龙峰""骆驼峰""蟾蜍爬壁""石猴观瀑"等。九龙祭瀑布群被誉为"福建第一""华东无二"，1987年被评为第一批省级风景名胜区。现公路已直通景区，景区内"九龙漈风景区管理所"大楼已落成，还建有2个观瀑亭、4个凉亭，供游客观瀑、歇息。

训练

选择当地一处水体景观进行导游词创作。

四、生物景观导游词创作

（一）植物景观导游词撰写要领

1. 突出形态

大自然的花草树木，高低不同，大小不一，千姿百态，风格迥异。银杏、水杉等乔木可以长到几十米，有些草木却只有几厘米高；巨莲的叶子上可以坐一个小孩子，而青萍的叶片直径不足1厘米。树形或是挺拔雄健，或是婀娜多姿，形状各异。白杨树像直插蓝天的宝剑，荔枝却"树形团团如帷盖"；水杉如宝塔，雪杉却又像巨伞；松柏遒劲刚直，柳树万条丝绦。如此丰富的形态，给了游客更多样的审美感受。树叶和花形也是多彩多姿。看叶有单叶、复叶、全叶、裂叶之别，形状有桃形、圆形、梭形、扇形之分；看花有大、小、繁、简之分，层次有单层、多层之别。如凌霄花似一口倒挂的金钟，牵牛花像喇叭，更奇妙的是堪称"绿色国宝"的珙桐花，看上去像一只可爱的白鸽。菊花更是姿态万千，令人眼花缭乱。

2. 突出色彩

花草树木以其多样的色彩，给人以愉悦的感受。所谓姹紫嫣红，就是对植物色彩的描绘。绿色，是植物最基本、最普遍的色彩，这是因为叶绿素的光合作用是植物赖以生存的重要生理机制。绿色不仅代表了自然的生机，也成为生命与青春的象征。色彩在影响人们心理与生理健康方面扮演着重要角色，是衡量美感价值的关键因素之一。此外，随着叶子的生长变化，自然界绘制出一幅幅绚烂多彩、无与伦比的天然画卷，展现了植物世界的无限魅力。

3. 突出香味

植物的茎、叶、花、果,不仅装饰了自然景观,有的还散发出沁人心脾的芳香,为观赏者带来愉悦的嗅觉体验,从而调节情绪,益于身心。某些植物的芳香,不仅使人精神振奋,还诱使人们亲自去尝试体验。无论是香远益清的荷花、浓香扑鼻的桂花,还是幽香缕缕的兰花、清香阵阵的梅花,它们的美与其诱人的芬芳是分不开的。以梅花为例,"暗香浮动月黄昏"的嗅觉美使"疏枝横写水清浅"的视觉形象变得更加真实和生动,使美感更趋于立体。有些花就是主要依靠香气才吸引人们去观赏的。如桂花,它的花形很小,颜色也不是那么鲜艳,但其香气浓烈,在秋风中可以飘出数里外,因此成为人们十分喜爱的花。

4. 突出性能

植物除了具有审美价值之外,还具有实用价值。许多植物具有药用价值,成为中国传统中草药文化的重要组成部分;有的具有经济价值,可用来制作各种生活用品及工艺品;有的还具有食用价值,成为人们餐桌上的美味佳肴;有的植物的实用价值较为明显,有的却不为常人所知。因此,在导游的解说过程中,向游客详细介绍这些植物的多种用途显得尤为重要。导游在讲解时,应突出植物的性能,包括其药用、经济及食用等多方面的价值。同时,也应涵盖植物的生长性能介绍,比如它们对温度、气候、土壤等环境条件的特定要求以及分布特点。如白杨树的生长特性、银杏树的雄雌异株等。

5. 突出寓意

有些植物蕴含丰富的寓意,能够带来情感共鸣与多重美感体验。我国人民自古有通过植物来寄托自己感情和理想的文学传统。导游词撰写中要突出植物的寓意美,这样可以使游客在审美过程中获取更多的美的信息,并且可以达到陶冶性情、升华境界的审美目的。值得注意的是,不同国家相同的植物会出现不同的寓意。

(二)植物景观导游词撰写途径

在游览过程中,一个普遍现象是游客对植物花卉的识别与认知存在不足,这主要归因于自然界的植物花卉种类繁多、千姿百态、风格各异,因此一时难以识别齐全。值得注意的是,植物在山水景观的营造中扮演着至关重要的角色,缺乏植物造景将显著削弱自然景观的生机与美感。当游客置身于自然山水之中时,他们往往会对周围的植物花卉展现出浓厚的探索兴趣。因此,导游应全面地了解植物花卉知识。

1. 从资源分布撰写其类别

气候类型复杂多样,导致植物资源丰富多样。植物通常分为木本和草本两类。木本植物又分为乔木和灌木两种。乔木植物有明显的主干,树木高大粗壮;灌木无明显主干,树木低矮,呈丛生状。草本植物又分为一年生、二年生及多年生草本。植物中最常见的是种子植物,种子植物又分为裸子植物和被子植物两类:裸子植物是只开花但不结果实的植物,如松、柏、杉等;被子植物既开花也结果,种子被包裹在果皮之中,如桃、李、杏、梨等。

资料库

我国常见的观赏植物

常见的树木中,荫木有苍松、桧柏、银杏、梧桐等;叶木有翠竹、芭蕉、红枫、垂柳等;果木有枇杷、柑橘、枣树等;蔓木有紫藤、忍冬、葡萄、凌霄等。

特有的珍稀树种包括裸子植物中的银杏、银杉、金钱松、台湾杉、白豆杉等和被子植物中的珙桐、香果树、昆兰树、连香树、鹅掌楸、水青树等。

"世界化石植物"的孑遗树种,如银杏、银杉、水杉、珙桐等,具有极高的观赏价值和科研价值,并具有世界保护意义。

我国花木中,有传统的"花木五果"——桃、李、杏、梨和石榴;也有传统的四季花卉,如春季开花的春梅、桃花、海棠和牡丹等;夏季开花的石榴、荷花、紫薇和百合等;秋季开花的菊花、芙蓉、桂花和玉簪等;冬季开花的蜡梅、天竹、瑞香和山茶花等。

2. 从美的内涵撰写其功能

导游需要关注花卉的形态美,包括花姿花形的差异、叶片类型(单叶、复叶、全叶、裂叶)的区分,以及树形(如挺拔雄健与婀娜多姿)和果形(圆形、扁形、线形等)的多样性。形态美是导游介绍花卉特色以及区别花卉品种的重要内容。例如,通过观察叶片可以区分牡丹和芍药的不同;对于带刺的"花卉三姐妹"——玫瑰、蔷薇、月季,尽管一般人难以区分,但导游需掌握这些知识,以帮助游客进行识别。

植物花卉的茎、叶、花、果都有不同的色彩,展现出多层次的色彩美。例如"千里莺啼绿映红",其中绿色为主基调。同时,自然界也存在着各种各样的色相景观,如北京的香山红叶和云南罗平十万亩黄色油菜花。不同的色彩,能使人产生不同的特定的心理反应,为人们带来愉悦的精神状态。

花香则赋予人们多样化的嗅觉享受。如桂花的清香、兰花的幽香、梅花的暗香,无不令人陶醉。

自然界中存在众多声音,当它们与植物相互碰撞时,会产生许多美妙且悦耳的效果。例如,林海中的松涛声、空谷中的回音以及雨打芭蕉的声音,各自都带有独特的节奏,给予人们美的享受。

在景区范围内,一些古树常常能够引起人们极大的兴趣。这些古树不仅具有文物和科研的价值,同时还具备旅游观赏的价值。例如陕西黄帝陵内的"黄帝手植柏"因其历史悠久被誉为"世界柏树之父",又如昆明黑龙潭内的"唐梅、宋柏、元杉、明茶",成都杜甫草堂的"罗汉松",安徽黄山的"迎客松""送客松",庐山的"三宝树"等都是知名度很高、令人神往的旅游对象。

"独怜幽草涧边生,上有黄鹂深树鸣。"幽是绿色植物重要的造景功能之一。茂密的森林给人以幽深玄妙之感,葱郁的乔木给人以幽暗葱茏之感,植物茂盛的生长空间又给人以僻静之感。

植物表面的光泽也具有美感。讲解植物花卉的光泽美时,可以结合不同时间的日光、月光。

植物花卉的光影同样营造出美妙的景观意境,如"疏影横斜水清浅"讲的是梅花的虬枝在水中产生的倒影,"月移花影上栏杆"是指月光洒射中所形成的景象。

植物花卉的奇是指奇特的植物生理形态,如西双版纳的"独木成林"、曲阜孔庙的"五柏抱槐"等都是自然界绝妙的奇景,是人们竞相目睹的珍奇植物景观。

3. 从品质内涵撰写其寓意

有些植物传统色彩浓厚,富有深刻的寓意,容易使人获得稳定而丰富的意境和多种美感,这类观赏植物以花为主。花有花的精神内涵,花有花的生命寓意。我国人民自古有通过植物来寄托自己的感情和理想的民族特性。如借苍松象征高洁、刚强、长寿;用竹象征刚直、清高、虚心;以梅象征傲骨、孤高;以莲象征洁身自好。周敦颐在《爱莲说》中写道:"予谓菊,花之隐逸者也;牡丹,花之富贵者也;莲,花之君子者也。"他指出了菊花、牡丹花和莲花的寓意美。

资料库

中国花草雅称及寓意

在我国古代,人们就将松、竹、梅誉为"岁寒三友";将玫瑰、蔷薇、月季誉为"园中三杰";将报春花、杜鹃花、山茶花誉为"三大名花";称山茶花、梅花、水仙花、迎春花为"雪中四友";称兰花、菊花、水仙、菖蒲为"花中四雅";称梅、兰、竹、菊为"四君子"(也有人将梅、兰、竹、菊和松合称"五君子")。

中国十大传统名花都有雅称:牡丹——花中之王,梅花——雪中高士,水仙——凌波仙子,桂花——花中月老,荷花——花中君子,菊花——花中隐士,月季——花中皇后,山茶——花中妃子,兰花——空谷佳人,杜鹃——花中西施。

(三)动物景观导游词撰写要领

动物景观与植物景观往往相生相伴,有草才有虫,有树才有鸟,动植物的存在已经成为生态平衡的重要标志。奇特珍稀的动物往往令人瞩目,成为一种奇特少有的景观。如峨眉山的"枯叶蝶"、四川的"大熊猫"等。在撰写动物景观导游词时,要突出动物的奇特性和珍稀性,因为这些特点正是吸引游客的关键。

1. 突出奇特性

动物的奇特性是指动物在形态、生态、习性等方面的奇异性与逗乐性。动物能活动、迁徙，做出种种有趣的动作，对游客的吸引力大大超过了植物。色彩鲜艳的珊瑚、姿态美妙的蝴蝶受人青睐，而脊椎动物的奇特性表现，对游客具有更大的吸引力。长江中下游的扬子鳄、主要产于南方各地的娃娃鱼、东北的"四不像"、云南和四川的金丝猴，都具有很强的奇特性。

2. 突出珍稀性

特有的、稀少的，甚至濒临灭绝的动物，往往成为人们注目的中心，被列为保护动物。如武夷山的崇安髭蟾，峨眉山的弹琴蛙，以及大鲵、扬子鳄、褐马鸡、朱鹮、丹顶鹤、黑颈天鹅、大熊猫、白唇鹿、东北虎等，都是集观赏价值与保护价值于一身的珍稀性动物。

在动物景观导游词撰写中，突出珍稀性与奇特性，能使游客不但感受到审美的价值性，而且可以对旅游产品的价值给予较高的评价。

训练

以自己熟悉的植物花卉为对象，从突出寓意的角度撰写导游词。

五、天象与气候景观导游词创作

（一）天象与气候景观概念

天象景观是指在特定地理环境下的气象因素所表现出来的奇异的形、色等变化，它往往结合地形地物、海浪、沙漠、纬度等要素，形成独特、壮丽，甚至是神奇莫测的景观，是一种特殊的旅游资源。天象景观包括日出日落、月色、极光以及日（月）食等景观。

气象是指大气中冷、热、干、湿、风、雨、雪、云、雾、露、霜、雷、电、虹、霞、光等各种物理现象和物理过程的总称。天气则是指上述这些现象在一个地区短时间内的具体表现。气候是指一个地区大气的多年平均状况。气象气候旅游资源是指那些有观赏功能或科考价值的大气物理现象和过程，如云海、雾（雨）凇、冰雪、烟雨、佛光和蜃景等景观。

（二）从景观构景要素撰写导游词

1. 与云雾雨有关的气象奇景

云雾雨所构成的气象奇观是温暖湿润地区或温湿季节出现的气象景观。透过云雾雨看风景时，景物若隐若现，缥缈虚幻，给人一种朦胧美。如陕西的草堂烟雾、嘉兴的南湖烟雨、川东的巴山夜雨等。流云飞雾变幻莫测、气势磅礴,是云雾赋予大自然的另一种景观。如果说薄云、淡雾、细雨只是对其他实体景观的叠加,让其重新构景,那么流云飞雾则是云雾自身构成的景观,如黄山、峨眉山的云海,庐山的云瀑等。

2. 与冰雪相关的天象奇景

冰雪景观是寒冷季节或高寒气候区才能见到的气象景观。它借助本身的白色与周围景象组合,形成多姿的景观。我国许多风景名胜区的雪景都很有名,如燕京八景中的"西山晴雪"、西湖十景的"断桥残雪"、峨眉十景中的"大坪霁雪"、台湾八景"玉山积雪"等。雾凇(又名树挂)是一种独特的冰雪景观。它是雾气在低于0℃的附着物上直接凝华而成的产物。白色、不透明的小水粒集聚,包裹在附着物的外围,呈絮状。雾凇与一般的冰雪不同,其景致的美感不表现为覆盖物的宏观造型,而是保持一切原有形态的微观造型。我国雾凇景观主要出现在吉林市的松花江畔。

3. 与光线和日月有关的奇景

太阳是地球主要的光源,太阳光的折射、散射和反射,为自然界带来了绚烂多彩的各种景观。在我国,与光线及日月紧密相关的奇景尤为丰富,包括日出、日落、月色、霞霭、佛光和蜃景等。

日出、日落是由于太阳在地平线上升或沉下而形成的自然景观,由于其持续时间短,地面景象变化较大,因此具有很强的美感。在我国,各大风景名山和海边都能观看到。

霞霭是阳光通过大气时,被大气微粒散射,剩余色光映照在天空和云霭上所呈现的光彩,多出现在日出、日落的时候,颜色有蓝、灰、红、紫、绿、橙等多种变化。在我国许多风景区中,都有霞霭胜景,如浙江西湖的"雷峰夕照"、贵州毕节的"东壁朝霞"等。

如果与日出、日落的恢宏大气相比较,月色则显得细腻撩人。一轮淡淡的明月,柔柔地照在大地,一切都是那么的安静、祥和,这是一种多么如烟似水的温柔。在我国有很多月夜胜景:峨眉山"象池夜月"、云南的"洱海月"、西湖"三潭印月"等。

佛光是大气中光的折射现象所构成的奇幻景观。佛光出现的原理与雨后天空的彩虹是一样的,是云层将雾气水滴对阳光折射后分离的七色光反射到人的眼中的景观。佛光出现的次数、光环美丽程度因雾日的多少、空气湿度的大小而不同。我国最著名的佛光景观是峨眉山的金顶佛光,在特定的天气条件下,也仅出现在日出后半小时至上午九点,下午三点后至日落前一小时。此外,在庐山、黄山、泰山等地也有佛光景观。

蜃景,又名"海市蜃楼"。中国古代多有记载,初以为是蜃妖在作怪,吐气为楼构成神仙的住所,以引诱世人,其实是大气中由于光线的折射而形成的又一气象景观。由于空气密度的不同,它常分为上现蜃楼(常见于海边)、下现蜃楼(常见于沙漠)和侧现蜃楼等。

（三）从景观的美学欣赏角度撰写导游词

1. 形象美

自然界的气象景观变化万千，其形象也无穷无尽，体现了造化的神奇。波漾涌动的云海、雾霭、碧海之上的日出破晓，体现了一种雄奇之美；夜空之中的淡淡月色、沉寂之中的一抹流星，又体现了一种阴柔之美；如梦如幻的"佛光"、亦真亦幻的"海市蜃楼"，又给人一种奇特之美。另外，薄雾淡云、细雨蒙蒙又给大地罩上了一层忧伤的韵味。

2. 色彩美

天象景观的色彩主要由烟岚云霞和阳光构成的。当太阳光穿过大气层的时候，受天气和时辰的影响，就会出现色彩缤纷的朝霞、晚霞、彩云、雾霭，使天空呈现出多种色彩。这些色彩令人神往和陶醉。"朝辞白帝彩云间，千里江陵一日还""日出江花红胜火，春来江水绿如蓝"，李白笔下的三峡与白居易笔下的江南，正是对此生动的写照。

3. 动态美

天象景观的动态美，主要包括烟岚、云雾的飘动及日月的升降。行云飘烟，从深谷里冉冉升起，峰峦似乎隐藏在虚无缥缈的轻纱之中。日月升降没落，让人似乎也感受到了生命的轮回、岁月的沧桑。黄山的云海、峨眉的秋风，无不如此。

4. 朦胧美

天象景观是朦胧美最好的体现。透过云雾看风景，云雾中的景物若隐若现，模样模糊，虚虚实实，捉摸不定，能够使观者产生幽邃、神秘、玄妙之感，引起许多遐想。

我国古代诗歌中也不难找到对这种朦胧美的描写。王维的"江流天地外，山色有无中"，就是一种朦胧的美态。而苏轼的"山色空蒙雨亦奇"，也是一种朦胧美的体现。

自然景观导游词创作是一个很重要的内容，也是体现导游词创作艺术的重要方面。掌握正确的审美方法，激发旅游者的审美情趣，寻觅美、欣赏美、享受美，从一般的以生理快感为特征的"悦耳悦目"审美体验，上升到以精神愉悦为特征的"悦心悦意"的审美层次，最后达到以道德和理性审美为特征的"悦志悦神"的至高境界。"江山美不美，全靠导游一张嘴"，虽然这有一点夸张，但是我们不难看出导游词创作在旅游活动中的作用。

举例

1. "南方雨景"下的导游词

各位游客，早上好！这已经是大家在一起的第四天了。在川西的日子里，大家始终在烟雨蒙蒙中度过，不知道大家是否感受到了雨中的川西魅力？特别是昨天，我们在峨眉山雾里游览了东方佛都、凌云寺，在雨中拜谒了乐山大佛,是不是感受到了不一样的景? 其实,每个人心中都藏着一些雨景,这些雨景或浪漫,或忧伤,或静谧,也或许有走在雨巷中撑着油纸伞的丁香一样的姑娘。今天我们要去的是峨眉山,大家脑海中的峨眉山是什么样子呢? 现在我就给大家介绍一下……(省略峨眉山简介)这是写在书上的峨眉山,想象一下,心里默想着脑海里的峨眉山印象,我们一起去感受一下缥缈的雾、蒙蒙的雨、如梦如幻的峨眉山吧。

雨天,峨眉山是静谧的。走在山中,感觉山还在沉睡似的,生怕脚步声惊醒了大山。都说天上好,神仙乐逍遥,或许,看一看峨眉山的风景,就能忘却许多烦恼。

雨天,峨眉山是清凉的。有幸沐浴峨眉山的小雨,仿佛带着一股清凉的禅意,飘洒在身上,让人陡增一份朦胧,一份神秘。在细雨中,洗涤浮躁的心。

2."雨天旅游提示"导游词

各位游客,我们现在踏上返途归程,即将结束今天的行程,不知道大家感受如何? 今天是艳阳高照的一天,太阳毫不吝啬地把温暖赐予了我们。那明天呢? 为了丰富大家的体验,明天我们要带领大家感受雨天的美景啦! 这里,要特别提醒大家:明日有小雨,请大家务必带好雨具,调整好情绪,准备好诗句,雨中游××!

资料库

峨眉山金顶佛光

当大家站在峨眉山金顶背向太阳而立,而前下方又弥漫着云雾时,就有机会在前方的天幕上,看到一个外红内紫的彩色光环,中间显现出观者的身影,这就是四川峨眉山神奇的"佛光"现象,古称"光相"。

"佛光"现象是日光以一定角度照射在云层或雾滴上产生的衍射和干涉现象,又称"金顶祥光",是"峨眉山十景"之一。每当雨雪初歇,午后晴明之时,阳光朗照,光映云海,游人立于睹光台上,可见自己身影被云面一轮七色光环笼罩,举手投足,影随身动,即使两人并肩而立,也各自只能看到自己的影子,绝无双影,故又名"摄身光"。

佛光大小、色彩、形状不同,也有不同的名称。白色无红晕的,称"水光";大如簸箕的,称"辟支光";小如铙钹形的,称"童子光";光稍上映,直东斜移的,称"仙人首"或"仙人掌光";光环如虹的,称"金桥";佛光出现往往依云而出,若无云出现,称为"清现",难得一见。还有一种称作"反现"的,即在早晨,光环出现在金顶西面,此种现象更是极难见到。

峨眉佛光在中国乃至世界类似的自然奇观中的地位是首屈一指的。首先，其被发现和记录的时间要比其他地方早1900多年，而且一年四季都有，年平均出现75次，而其他地方往往数十年甚至更长时间才能观测到一次。

训练

从美学欣赏角度讲解某一天象与气候景观旅游资源。

六、人文景观导游词创作

（一）人文景观的概念及特点

1. 人文景观的概念

人文景观是指整个人类生产、生活等活动所留下的具有观赏价值的艺术成就和文化结晶，是人类对自身发展过程科学的、历史的、艺术的概括。它们是人类历史的见证，在内容、形式、结构、格调等方面都具有历史特点，同时还表现出明显的地域性和民族性。它既包括有形的事物同时也包括无形的思想文化，因此，涉及的面大、范围很广，类型也很多。人文旅游资源具有明显的时代性、民族性、地方性，以及高度的思想性、艺术性、活跃性，具有强大的生命力。

人文景观包括一个国家或地区独特的民族状况、历史发展、文化艺术，以及物质文明、精神文明的内容等。

2. 人文景观的特点

（1）历史的遗存性。

人文景观是人类活动所留下的痕迹和实物，它的产生是历史发展进程中必然与偶然相结合的产物，是在特定的历史时期和特定的自然、人文环境下产生的。中国著名的长城的修筑历史就是最好的证明。人文景观都具有时代的烙印。

导游在带领游客参观游览人文景观的过程中，必须注重其产生发展的历史背景，否则游客，特别是外国游客是难以理解的。

举例

居庸关讲解（片段）

我们可以看到前面宏伟的建筑就是居庸关，它的名字起源于秦朝，以秦始皇迁徙"庸徒"在这里居住得名。在关内，有一个著名的汉白玉石台，就是云台。它是元代的一座过街塔，上边原来有三座藏式佛塔，在后来的地震中毁坏了。明代又在原处建立了泰安寺，而在康熙年间又被毁了，只留下现在我们所看到的柱础和望柱。云台的面积有310平方米,台下的券门上刻有狮、象、四不像、金翅鸟等浮雕,分别代表了佛教密宗五方五佛的坐骑,还有天龙八部护法天神的浮雕。内壁上还有四大天王浮雕和神兽图案,券顶上还布满了曼陀罗的图样,画中刻有佛像,共2215尊。还有六种文字镌刻的《陀罗尼经咒》和《造塔功德记》,这些都是元代的艺术精品,具有很高的艺术价值。

(2)地域性。

文化的产生受自然环境的影响较大。每一种人文景观都不可避免地打上地域的痕迹。因此,同一时期的人文景观,在不同的地区会呈现出不同的特点。

导游在知识准备过程中,要把自然地理知识和文化常识有机结合起来。对所要介绍的景物要全面了解,同时要能与类似的典型景观或景物进行对比。例如,导游在介绍大理三塔中千寻塔的形状时,应将其与西安小雁塔对比,说明它们同为唐塔,但其造型有明显的区别,进而显示了文化景观的地域特点。

(3)继承性与流变性。

人文景观的发展是随文化的发展、变迁而发展的。文化是一种历史现象。每一时期的社会都有与它相适应的文化,并随其生产的发展而发展。而文化的发展有它历史的连续性,物质生产的连续性是文化历史连续的基础。

同时,文化的发展又是一个变化的过程。随着社会的发展,各种文化也在相互融合、交叉,因此从文化发展中产生的人文景观同样也在不断地变化。

导游在人文景观导游词撰写过程中,要注意历史的继承性。典型的如中国古建筑景观,导游要通过细微之处如斗拱、彩画等,说明文化继承之所在,同时又要介绍清楚时代特征。

(4)垄断性。

人文景观是在特定的地理环境和特定历史时期形成的。从其自身文化和观赏价值看,由于地域不同、民族不同、传统文化不同,各国、各地区的人文景观具有自身的独特性,也即具有垄断性。例如,中国的长城、兵马俑、故宫,埃及的金字塔等。

通过垄断性的介绍,向游客介绍文物的价值所在,同时进行文物保护和爱国主义、国际主义教育。

(二)人文景观导游词撰写要领

1. 把握人文景观的历史特征,突出时代特征

人文景观具有明显的时代性和地域性,是人类在其历史发展进程中在改造、利用、适应自然的过程中所创造的。因此,在导游词撰写过程中,必须突出它的时代特征。

2. 紧扣"人与环境"的主题

现今保留下来的人文景观,往往都是人类所创造的精品,是人与自然和谐发展的

结晶。讲"古"论今,发挥人文景观的延续教育性。

3. 突出文化内涵

每一类型的人文景观都具有博大精深的文化内涵,导游词撰写过程中必须把景观所包含的、游客不可能直观看到的内容,通过不同的导游技巧和方法传达给游客。

(三)人文景观导游词撰写要领

1. 强化知识性基础

人文景观与自然景观相比,其特点之一就是文化内涵的延伸性。自然景观往往可以直观赏析,但人文景观却不能。要相对完整地了解一个人文景观,必须要有一定的文化底蕴。因此,导游自己一定要具备丰厚的文化基础知识。

2. 注重撰写内容的通俗性

人文景观的文化内涵博大精深,而游客旅游的目的并不是进行学术研究。因此,导游在导游词撰写过程中必须合理组织自己的语言,以满足游客的需要。

3. 有针对性地介绍,做好充分的准备

游客的组成是极为复杂的,导游在实际导游之前,必须对游客的文化基础做全面的分析,找出文化的差异。

4. 突出景物的思想特征

导游服务中很重要的一项就是教育功能,因此,在导游词撰写中要能客观地介绍历史,并恰当地结合现实,做到借地发挥、有的放矢,把人文景观的学术价值、思想价值充分地展现在游客面前。

5. 把握人文景观的审美特征

人文景观具有特殊的协调美、统一美、艺术美和创造美。在讲解过程中,导游要把文化景观全面地介绍给游客。

七、民俗风情导游词创作

(一)民俗风情导游词撰写方法

根据长期实践经验,导游和专家们总结出了丰富的方法与技巧,目前我们的主要问题在于选择和运用这些方法和技巧写好民俗风情导游词。

1. 借助声像资料法

由于民俗风情涉及内容的丰富多样性,而游客外出旅游和游览范围是有限的,有些民俗,如节日、婚恋习俗、葬仪等内容,有的只在固定时间发生,有些内容游客是无法直接参观或参与的,而这些内容又往往是游客了解旅游目的地民俗风情必不可少的。目前,大量的旅游车都有较好的声像设备,因此在游览途中,导游可以借助相关的图文声像资料向游客介绍其感兴趣的内容。

2. 载歌载舞法

民俗风情中有一类对游客有特殊吸引力的内容,就是民族歌舞。人们都喜欢用歌舞的形式直接表达和展示民族文化,表现民族情感。歌舞中往往能体现不同的民俗风情,同时游客又可以参与和体验民俗活动。因此,导游可在导游词中适当提及一些旅游目的地的歌舞,丰富导游词内容。对于当地各类经典民歌和民间舞蹈,导游应不求精,但求会,还要善于为游客演示,同时要掌握歌、舞中所包含的文化内涵。

3. 故事引导法

各个民族都有自己不同类别的传说故事。许多的民俗风情都与传说故事有关。因此,在导游词撰写中,可加入特色鲜明、教育与娱乐内容并存的传说故事。

当然,要想把一个民俗风情旅游景点(区)导游词撰写得全面、生动和精彩,仅用一两种方法是不够的,还要加入一定的民俗风情知识。

(二)民俗风情知识扩充

1. 努力成为民俗学的"专家"

导游在游客的心目中是"万事通""博学多才的杂家"。而要做好民俗风情的专项导游,导游除了是一个杂家,更重要的还应该是一位民俗学"专家"。这里所说的专家,不要求一定走向深刻,却希望逐渐走向广阔。

导游词中涉及民族、民俗学的内容主要包括:民族或地方的简史;地理环境的特征与衣食住行的喜好;婚娶生丧的习俗、节日庆典的仪式、内容及传说;信仰崇拜的缘由;待人接物的禁忌;游娱竞技的规则及风物特产的状况等。尤其要注意学习有关民族或地方人们的服饰、建筑、饮食、节庆和婚恋习俗方面的知识,其直观性、可参与性与神秘性往往能吸引游客的关注。

2. 适当了解民族语或方言

各民族和各地方的人们对自己的语言都寄予了深厚的感情,导游会说哪怕仅仅是一点点当地的语言,能赢得当地人的友爱与亲近,有利于工作的开展;同时民族语言和方言蕴含着民族文化和乡土文化的"灵性",了解民族语言和方言,有助于撰写民俗风情导游词。

3. 熟悉重要政策,尊重当地民族

民族平等、宗教信仰自由等在《中华人民共和国宪法》有明确规定,受法律保护。值得一提的是,宗教问题与民族问题是两个不同的概念。但在我国,由于大多数民族都有宗教信仰,宗教影响较深,要解决好民族问题,必须正确处理宗教问题。

在熟悉重要政策的前提下,要提醒游客尊重当地少数民族的宗教信仰、风俗习惯和乡规民约,克服大民族主义、大地方主义和都市优越感。因为民族风情浓烈的地方,民族问题愈发敏感,而大民族主义、大地方主义和都市优越感可能诱发狭隘的民族主义情绪与地方主义冲突。

训练

请以"惠女风情"为主题撰写一篇导游词。

八、中国古建筑导游词创作

(一)单体古建筑的观赏程序及导游词撰写

1. 登台基

引言:"雕栏玉砌应犹在,只是朱颜改!"这是五代南唐后主李煜在《虞美人》一词中写下的佳句。玉砌就是白大理石砌筑的房屋阶基,也叫台基,而雕栏就是那阶基上的石栏杆,古代也叫钩栏。

发展历史:旧石器时代的先民们只是利用天然条件构木为巢,入穴而居;而后巢居发展成了后世的干栏式(架空)建筑;从穴居到钻出地面,在平地上建起房子,我们的祖先花了300万年的时间。由房屋初出地面到夏代有了20厘米高的台基,又花了2000多年。殷代"堂崇三尺",即台基的高度升到了60厘米。周代,台基的高度已成为显示人们尊贵身份的标志。天子的朝堂才可有九尺高的台基(约为现在的1.8米)。

春秋战国时期,台基不断加大加高,形成了台式建筑,成为建筑中的一个类型。它可以是祭神的坛——高高的秃顶平台,也可以是单座的有高台的建筑——台榭,更多的是发展成为许多建筑物都坐落在一个大高台上面的"台"。战国时期,台基的外侧面有了一些小立柱式的贴面装饰。汉代,除了方台基,还出现了许多别的样式。

形态:当台基达到一定高度时,为确保行人安全,通常会增设栏杆,也称为"钩栏"。钩栏的构造和雕刻都是从木栏杆演变而来。后世的钩栏向单一化和标准化发展,明清时期的钩栏只是在望柱之间嵌上一整块石雕栏板便算构成。望柱头多雕刻云纹,加工也比较简易。

台基面离外地面有一定的高度,因此要做一些踏步(宋代叫踏道,清代叫踏跺)方能上去。皇宫的正殿则有三座台阶,中央的台阶叫陛,皇帝的尊称"陛下"即由此而来。中央台阶的中央又多了一条陛石;上面雕刻着龙凤云纹,那是帝后通行的红地——御路。有的高规格的殿堂,中央台阶也会安置一条"御路",以示尊贵。

随佛教的传入,中国古典建筑的台基也发生了变化,须弥座式的台基十分盛行,"须弥"得名须弥山。最早的须弥座是在南北朝时期的石窟寺中的塔座和佛座上出现的。清代对须弥座的式样、尺度、比例、做法等都有规定,除上面所说的座中央凹进部分亦叫束腰外,上下的弧面分别叫上枭、下枭(通称为枭混),枭面都刻莲瓣。明清时期有一种叫"八达马"式的莲瓣十分肥厚,上枭上的线条叫上枋,下枭下的线条叫下枋,夹着的一些分条小线道叫皮条线。下枋下面落地部分的基石叫圭脚(也叫龟脚)。

2. 观斗拱

引言:如果说,中国的古典建筑是一簇美丽的鲜花,那么这斗拱就是其花蕊。

名称来历:斗拱是"斗"和"拱"的复合名词,是在一根短短的偏方横木端部挖成"拱"状,在拱顶装上一个"斗",便成了斗拱。完备的斗拱组件由斗、拱、昂、枋四种构件组合,但枋只是牵连相邻两座斗拱的加固构件。斗拱本身则是由垂直和横向的小斗拱构件加上斜昂,一层一层作十字形交叠而成,形态纤丽,是一种在技术上非常先进的空间结构。

特点:唐代殿堂建筑中的斗拱非常雄伟,人们到五台山便可在南禅寺和佛光寺大殿中欣赏到它们的雄姿。宋、辽、金时期的斗拱也很壮观,如太原晋祠的圣母殿,云南的曹溪寺大殿,宁波保国寺大殿,大同华严寺善化寺的大殿、三圣殿,以及正定隆兴寺的摩尼殿都是宋、辽、金时期的作品,在这些殿中就可以看到宋式斗拱的卓越英姿。

3. 赏屋顶

引言:屋顶是中国古典建筑的三大构成因素之一,它经历了漫长的历史演变过程,渊源很早。6000多年以前的半坡人在建造屋顶时,就表现出非凡的创造力。

资料库

屋顶的主要形式

屋顶的几种主要形式如下。

(1) 单坡,即普通的披水。

(2) 双坡,又可分硬山、悬山(都可以是三角形尖脊或卷棚形弧脊)、封火墙式(民间建筑用得最多)。

(3) 四坡,又可分为庑殿、歇山。歇山式屋顶也可以是三角形尖脊或卷棚形弧脊。

(4) 攒尖,由于平面的不同,又可分为三边、四边或多边(亦即三角、四角或多角)形攒尖、圆锥或瓯包形攒尖和盔顶(一种四坡凹曲面,其状如头盔的攒尖顶)。

(5) 平顶,又可分为平屋顶、盝顶(即将屋脊平切了去,造成一个顶部平台)。

(6) 弧面,又可分为囤顶、连续拱顶。

(7) 球面,即穹窿形屋顶,伊斯兰建筑多用之。

中国古典建筑屋顶形态上的最大特点就是一个字——曲,包含曲檐、曲脊、曲坡。这"三曲"使得屋顶的样式发生了多维的几何形态变化,从而构成了一个多曲线、多曲面的空间体系。大屋顶是中国古建筑的标志之一。古建筑上的大屋顶的作用主要有两点：一是可以有效减缓雨水下流的冲击力，保护建筑结构；二是可以避免过深的屋檐遮挡阳光，确保室内光线充足。至于古建筑屋顶常有的四角飞檐设计，这不仅是出于实用性的考量，更是为了追求视觉上的美感。飞檐的仰翻曲度，宛如裙摆翩翩，赋予建筑以灵动与轻盈之感，极大地增强了建筑的艺术表现力。以北京天安门城楼为例，其屋顶便是重檐飞翘的典范，雕梁画栋间，黄瓦映红墙，展现出一种非凡的壮丽与辉煌，让人叹为观止。

除了屋顶自身的变化，建筑物平面组合以及层高和层数的变化也呈现复杂化，使屋顶成为多变化、多类型的组合体。

资料库

紫禁城角楼的屋顶

紫禁城的角楼的屋顶平面是十字形，十字形的阴角又凸出一角，就有了十二个角。第一层的屋顶为单坡（即披檐）；到了第二层，在四面凸出的十字上各做了一个歇山顶；到了第三层（顶层），平面变成正方形，屋顶就成了四面出击的十字顶。这一座小小的望楼，上下各层的屋脊（包括沿墙的围脊），加起来足足有六十四条之多，使人眼花缭乱；屋顶上还有许多锦上添花的饰件，五光十色。

配件介绍：从汉代的明器和画像砖、石的纹样上可以看到，那时的屋顶，正脊、斜脊以至重檐的围脊转角处都有向外延伸、向上翘起的尖头形配件。南北朝时，这种尖头出现了向内凹曲的态势，于是形成了初期的鸱尾。

鸱是海里的鱼虬，即有角的龙，它能激起水浪而降雨；鸱尾就是鸱的尾巴，带有防止火灾的象征性意义。最初它只是一个似像非像的龙尾巴。唐代以后，便多了一张大嘴，咬着那条正脊。由于动物的前颚叫吻，有些人又叫它鸱吻。宋代的鸱吻已完全化作龙形，头顶上还插了一柄剑把。在大型而又华丽的殿堂建筑上，正脊的中央部位还有一簇繁缛的装饰件，如日月、宝瓶、宝珠、三塔、人物等，有的两侧面上有连续的浮雕或彩塑，如太原晋祠圣母殿。唐以后，鸱尾限于用在宫殿。

另一种配件是小蹲兽。自南北朝时，宫殿斜脊的下段明显低矮，成为岔脊，以免单调和平淡。到后来，在岔脊上还生出许多小蹲兽来，时间越晚，件数越多，故宫太和殿的岔脊上就有十一件蹲兽，最前面的是骑凤的仙人，向后依次为龙、凤、狮、天马、海马、狎鱼、狻猊、獬豸、斗牛、行什。

宫殿檐口的装点也十分繁复。檐边的板瓦（霄水沟瓦）带有滴水（或叫滴子），檐边的筒瓦则有圆形瓦当（或叫勾头），滴水和勾头上面都有浮雕。翼角的子角梁上有琉璃套兽，下面挂着铜（或铁）制的悬铎——铃铛，随风飘摇，发出清脆悦耳的当当声。飘檐下有两层椽子,外面的一列是方头"飞椽",飞椽下面缩了进去的还有一层下叠的圆头"檐椽",椽头都有彩画,像一列列五彩璎珠。

4. 品彩画

引言:曾有人把中国古典建筑的色彩之美比作莫高窟中的水月观音那样的彩塑,这是并不为过的。

彩画主要用于露明的木构件,如柱、梁、枋、斗拱、椽、平綦、藻井等,也用于墙面。

彩画除发挥装饰功能外,还是中国文化的有形体现,同时还具有保护建筑的功能。

彩画及建筑中对色彩的运用,在中国有着古老的渊源和漫长的演变历史。不同的朝代具有不同的彩画风格和特色。目前保存下来的主要为明清时期的建筑彩画。

明代的彩画底层开始采用薄的衬地——油灰地仗,色调上趋于仅用青绿,较少用其他颜色(全红的除外)。由于明代的宫殿寺庙已盛行用黄、绿琉璃瓦屋顶,有必要将檐下的彩画转变为青绿冷色(只是主要线条用金色),使整座建筑物的外貌明确,避免色调上的纷繁杂乱。

清代彩画在表现形式上和绘制技巧上都进入了一个新的阶段。皇宫寺庙的殿堂为红色,最高级者如太和殿的明间内外立柱柱身都贴金——用沥粉画成蟠龙,然后贴金。天坛的祈年殿、皇穹宇在红柱上画金色转枝莲等纹饰。有的寺庙、祠、观的殿堂立柱用黑色或黑绿色髹漆。

南方的许多园林、住宅,其柱、梁、枋多不施彩画,而采用雕刻,或将雕好的饰件钉附在构件上。漆髹漆者多用栗色、黑色等深色调,以显古老而幽深。高级宅第的柱、梁、枋、门窗髹漆常用红、黑、褐、深黄、黑绿等色,窗棂有的用绿色,室内板壁用深红色,以配合青砖、灰瓦。有的民居特别是山区的穿斗式木结构住宅多喜保留木本色,配合着白色的"粉墙",更显淡雅。

5. 体验环境小品

引言:中国古典建筑在其总体布局中十分注意环境小品的配置,它们起到衬托主体建筑、加强主题氛围和丰富景观的作用。

环境小品是指那些在人们的生活和工作上并无实用功能的小型设置。常见的建筑小品包括阙、牌坊(牌楼)、华表、碑、碣、幢、影壁、铺首。

6. 看砖石建筑

引言:在中国,虽看不到像古希腊帕特农神庙、古罗马竞技场、圣索菲亚大教堂那样的巨石和砖的建筑,但古代中国的砖石建筑的成就同样是辉煌的。

古代中国的匠师对土、木、砖、石等不同材料,采取结合并用的方法,往往在一座建筑物中,根据材料的性能和建筑的部位运用不同的材料。当然,中国古代也有以砖石为主的建筑,而且留下了珍品,典型的如长城等。

7. 介绍古建筑的等级

我国封建社会等级森严,而建筑艺术在古代,也充分体现了这种特点。古建筑的等级主要从屋顶、台基、面阔间数、斗拱、纹饰、柱色等方面来辨别,其中,屋顶的等级差别最为明显。

(1) 屋顶的式样。

按等级次序有庑殿式、歇山式、攒尖式、悬山式、硬山式等。此外,屋顶还有单檐和重檐之分,重檐的屋顶大于单檐的。在这些屋面中,重檐庑殿式级别最高,依次往下是重檐歇山式、重檐攒尖式、单檐庑殿式、单檐歇山式、单檐攒尖式、悬山式、硬山式等。屋顶的兽是指宫殿四翼角的脊上塑着的蹲兽。兽越多级别越高,最多的有十一个兽。

(2) 台基的级别。

级数多的级别高于级数少的,白玉台基级别高于其他材料的,有围栏的级别高于无围栏的。

(3) 面阔间数。

"间"是指由四根柱子所组成的空间,而面阔间数是指横向阔的间数。十根柱子面阔九间,六根柱子面阔五间。间数越多级别越高,一般间数为奇数,九五间象征"帝王之尊"。

(4) 斗拱。

有斗拱的级别高于无斗拱的,斗拱多的级别高于斗拱少的。

(5) 纹饰。

龙纹级别高于动物纹,动物纹级别高于其他纹。

(6) 柱。

柱子级别依颜色由高到低依次是金(黄)色、红色、黑色、其他色。其中,金(黄)色是尊贵色彩,在五行学说中代表中央方位。自唐代始,黄色被规定为皇室特用的色彩。

(二) 中国古代建筑导游词撰写要领

中国古代建筑种类多样,文化内涵丰富,专业性较强,对于导游来说,做好这方面的导游讲解并非易事,有的导游面对古建筑景观时,常常不知从何下手。要做个合格的导游,把古建筑景观讲好,除了要掌握必要的古建筑知识外,还要把握导游词撰写的方法。

1. 突出建筑的功能性

建筑的实用性是建筑的基本属性。古人云:"上古穴居而野处,后世圣人易之以宫室,上栋下宇,以待风雨。"这说明了建筑首先具有遮风避雨的基本的实用功能,导游在讲解中应紧扣古建筑的实用性功能。建筑的功能性,体现在建筑的基本功能及附加功能上。导游只有突出其最主要的基本功能,才能讲清其附加功能,如社会功能、宗教功能及审美功能等方面的内容。如北京故宫前朝后寝的格局决定了其基本功能是最高统治者治理朝政和饮食起居,至于其体现的皇权至上的观念和社会功能及审美功能只是附着在其基本功能之上的附加功能。有的古建筑,我们现在看来似乎不容易发现其最基本的实用功能,反而将它的附加功能当作其主要功能,这样,在讲解中就会在某些地方难以自圆其说。比如大同云冈石窟,现在大家都把它看作精美的艺术品来欣赏,看重的是其审美功能,很少有人去过问它的基本功能。如果这样去讲解,有些内容就不易说清楚;反之,抓住佛教寺院的基本功能这一本原来讲解,就会觉得一顺百顺,游客也能从导游的介绍中获取更多的信息,从而提升整体的游览体验。

一座建筑是由许多构件组成的,这些构件各司其职,都具有各自的功能,这些构件除了其实用性功能,还具有很强的艺术表现力。导游在撰写导游词过程中,要注意突出实用性功能与审美功能的完美结合。以斗拱为例,其核心功能在于承重和支撑挑檐,但其繁复多样的装饰性同样令人赞叹不已。佛宫寺释迦塔上展示的六十余种斗拱样式,堪称中国木构建筑中斗拱艺术的集大成者,其中不乏放射状莲花形态的斗拱,其装饰效果尤为突出。同样,古建筑中的柱础也是功能与美学并重的典范。从装饰视角来看,柱础形态纷繁,设计各异,部分柱础更融入了精细雕刻的图案,极大地丰富了视觉体验。然而,在欣赏其艺术价值的同时,不应忽视柱础对柱体稳固性的关键支撑作用,即其实用性功能。

因此,在介绍古建筑时,全面揭示构件的实用性与装饰性双重属性至关重要,这有助于游客深刻理解和体验中国古建筑艺术的深厚底蕴与卓越成就。

2. 突出建筑的风格特色

同类型的建筑从实用性功能来讲,基本上不会有太大的差别,尽管如此,它们表现出来的风格特色还是大相径庭,导游要在古建筑的游览中,紧紧抓住其独有的特色进行讲解介绍。对于那些不熟悉古建筑的游客来说,他们所看到的建筑,感觉上都大同小异,没有太大的区别。这样就容易使游客在游览中游兴递减,乃至影响旅行社产品的体验感。有的导游在撰写古建筑导游词过程中,不知道突出介绍特色,把一组建筑群讲成了平面图说明词,只是简单地介绍这是什么,那是什么,使游客在整个游览行程中所获甚微。有的导游在撰写佛教寺院导游词时,甚至对建筑都不进行介绍,即使有介绍,也是"观音殿里有观音"之类的简单介绍。

突出建筑的特色,就是要分别从其表现形式、结构内容及其历史价值等方面抓住与众不同的特点进行导游词撰写。从表现形式上看,不同的建筑规模有不同的特色。从结构内容上看,每个建筑的基本结构大体相同,但又绝不雷同,只要稍微在结构方面做些变化,就可以形成独特的风格。从历史价值上看,不同时代的建筑有着不同的特征,无不深深地打着那个时代的烙印。

山西五台山的佛光寺,是我国现存年代最久、规模最大的木结构建筑,建于唐大中十一年,其中的唐构大殿、殿中的唐代塑像和殿顶大梁上的墨迹以及斗拱间的唐代壁画,被誉为佛光寺四绝。著名的建筑学家梁思成先生曾说:"此四者一已称绝,而四艺集于一殿,诚我国第一国宝也。"因此,导游在撰写导游词时,就是要突出这些代表该建筑独特艺术价值的内容,才能使游客对所观赏的对象产生一种亲和力和崇敬感。

3. 突出建筑的结构原理

中国古代建筑有着独到的特点,它不但丰富了古代建筑的艺术宝库,而且对现代建筑仍有着重要的启示作用和借鉴作用。导游在向游客介绍古建筑时,也要紧紧抓住其结构特征,阐明科学原理,让游客真正感受到中国古建筑文化的博大精深。

导游在撰写导游词时,为了突出建筑的结构原理,要将那些对游客而言复杂难解、令人称奇的内容,通过简明扼要且富有启发性的方式,进行科学且生动的阐释。以北京天坛的回音壁为例,作为中国四大声学建筑之首,其独特的回声现象自然成为游客关注的焦点。导游应适时解析这一现象的科学依据。

进一步地,许多建筑物因其独特的结构而展现出非凡的视觉效果,如北岳恒山的悬空寺,其惊险的建筑形态常让游客在赞叹之余心生疑惑。此时,导游需精准捕捉这些结构特征,并依据"半插飞梁为基,巧借岩石暗托"的古代栈道建造原理进行解释,从而满足游客的探索欲和好奇心。

此外,还存在一些建筑物,它们的特殊效果源于结构变化但不易被直接感知,形成了隐性的功能。对于这类建筑,如五台山的滴水大殿,导游的讲解就显得尤为重要。导游通过详细的介绍和科学的解释来揭示这些隐性功能背后的真相,使游客在恍然大悟中对这些建筑产生全新的认识和尊重。

资料库

中国古建筑的世界之最

秦始皇陵——世界最大的陵墓。

万里长城——世界最伟大的长城。

南京城墙——世界最长的城墙。

嵩岳寺塔——驰名中外的砖砌佛塔。

山西应县佛宫寺释迦塔——世界最高大的木构佛塔。

胥河——世界最古老的运河。

南北大运河——世界最长的古运河。

灵渠——世界最早的船闸式运河。

敦煌莫高窟——世界最长的石窟画廊。

承德普宁寺千手观音——世界最大的木雕佛像。

秦始皇陵兵马俑博物馆——世界最大的地下军事博物馆。

北京故宫、北京八达岭长城导游词

训练

以自己周围熟悉的古建筑为对象,认真观察其实用功能与艺术特征,并撰写一篇导游词。

九、宗教建筑导游词创作

世界三大宗教佛教、基督教、伊斯兰教,与中国本土产生的道教,合称中国四大宗教。宗教建筑在中国建筑中有着举足轻重的地位,并对传统建筑有着重要的影响。导游在进行宗教建筑导游词撰写时,应该注意的几个要点包括:①了解不同宗教的文化历史知识;②了解不同宗教和同一宗教内部宗派的区别;③了解不同宗教的习俗及其禁忌;④了解不同宗教的民族性及其对社会生活的影响;⑤把握我国的宗教政策。

(一)佛教建筑导游词撰写要领

导游撰写佛教建筑的导游词时,要将建筑与文化紧密地联系起来,用建筑来体现文化,用文化来说明建筑。

1. 写明寺院的基本格局

寺院是佛教徒最基本的、最主要的宗教活动场所,因此要写明其中的建筑功能、作用,就应首先写明寺院的基本格局,使游客对佛教寺院有个初步的了解。

由于佛教建筑在许多地方有相同之处,在不同的寺院讲解时容易内容重复,这就需要在撰写景点导游词时,首先写清寺院的基本格局,使游客对寺院的建筑有个基本的了解,以后再游览其他寺院,碰到类似的情况时就可以不再介绍,只介绍那些有特色的内容。这样做,避免了重复,也突出了特点,使游客始终保持浓厚的游览兴趣。

2. 写明佛教建筑的艺术特征

在撰写佛教建筑的导游词时,不能单纯地介绍佛教本身,而是要介绍建筑中所表现出来的艺术魅力,突出其艺术特色,强调其与众不同的独特之处,主要应重点介绍以下几点内容。

(1)建筑本身的艺术性。

佛教建筑有的因造型别致,有的因材料特殊,有的因环境奇特,有的因规模大,都具有非常强的艺术性。如五台山显通寺中的铜殿,全部用铜铸就,外面呈二层楼阁形状,图案精巧、细致,远望金碧辉煌,被誉为国内珍品。

(2)塑像的艺术性。

塑像是佛教建筑中最基本的内容,虽然被佛教赋予了很多的象征意义,但客观上仍然表现出明显的艺术价值。导游在讲解中,应该既把握塑像的宗教内涵,又能说明其艺术特征。对佛教建筑中的塑像的艺术性讲解,应主要从材料、造型、神态、色彩几方面入手。

(3) 其他艺术形式的表现力。

佛教建筑艺术实际是一种综合艺术，凭借各种各样的艺术手段丰富佛教建筑的文化内涵。佛教寺院虽然是较为严肃的场所，但比起皇宫，还是要自由得多，更贴近百姓生活。因此，各种艺术形式在佛教建筑中表现得相当充分，比如石雕、砖雕、木雕的装饰，建筑中的彩画运用非常普遍，既增强了佛教建筑的艺术效果，又提供了更丰富的审美内容。

资料库

泉州开元寺大雄宝殿

大雄宝殿是寺中最早的建筑，始建于唐代。全殿原计划立柱百根，后因为增宽间面，减少为86根，号称"百柱殿"。石柱形式丰富多彩，尤其是后廊檐间有对十六角形的辉绿岩石柱，雕刻着24幅古印度教大神克里希那的故事和花卉图案，引起中外学者的极大兴趣；还有殿前的方形大平台，叫"月台"，其须弥座束腰间有72幅辉绿岩狮身人面像和狮子浮雕，同为明代修殿时，从已毁的元代古印度教寺庙移来的，它们是宋元时期泉州海外交通繁荣发达、中外文化友好交流的历史见证。最令人赞叹的是殿内的石柱和桁梁的结合处，有两排相向的24尊体态丰腴、身影华丽、色彩斑斓、舒展双翅的天女，梵文称为"频伽"（即妙音鸟）。殿供佛像34尊，佛坛的正面大厅，供奉着五尊通高6米、宽3.2米、厚2.64米的金身五方佛，五方佛的胁侍有文殊、普贤、迦叶、阿难，以及观音、大势至、韦驮、关羽、梵王、帝释天等诸天菩萨和护法神将。后厅正中则供奉着密宗六观音的首座圣观音和善财、龙女。两翼侍列着神态各异的十八罗汉。大雄宝殿从建筑规制到佛像供列，都是国内少见的，是值得观赏的奇观之一。

3. 写明佛教建筑的思想内涵

佛教建筑作为僧人与信众举行法事活动的场所，自然带有浓厚的宗教色彩，其建筑形式也体现出宗教信仰的主题思想。在佛教建筑导游词的撰写中，要突出其思想内涵，使游客对佛教有一个基本的了解。

(1) 宗教效果。

佛教建筑有着较强的功能性，其中一项很重要的内容，就是要产生特定的宗教效果，使人进入殿堂之后，产生神圣感和敬畏感。

(2) 纪念意义。

佛教建筑中有许多建筑及建筑附件都有较强的纪念意义。如祖师殿、祖师塔，是为了纪念前辈，发扬光大其精神。还有的建筑是为纪念佛祖或佛教大事而建的，如大殿正脊上的法轮、宝瓶、火焰都是佛教的重要标记。有的正脊是中间为法轮，两边各卧

云冈石窟导游词

一只小鹿,以纪念释迦牟尼佛鹿野苑初转法轮。

(3) 体现仪轨。

佛教有着严格的仪轨制度,在寺院中,什么建筑中做什么事都是有严格规定的,大雄宝殿举行重大的法事活动,念佛堂用于诵经念佛,消灾延寿法会一般在药师殿进行,放焰口一般在观音殿进行,敲钟、击鼓、打板、敲梆都有特定的含义。

(二)道教建筑导游词撰写要领

道教建筑蕴含着十分深厚的道教思想,是导游应予以重点把握的。导游应注意以下三点。

1. 把握道教建筑的哲学思想

道教的哲学思想是中国传统文化的重要组成部分,其精神实质仍然是导游应该重点把握的。比如说道教的内养修炼,也称之为气功,导游词如能给予科学的解释,游客的满足程度就会提高。又如,五行相生相克理论已经从道教建筑推及中国的古代建筑中,成为主要的建筑思想。导游在进行道观导游时,有的游客可能会就三清尊神提出问题,如三清是一尊神还是三尊神,导游若能将道教的宇宙生成观介绍清楚,可使游客茅塞顿开。

2. 突出道教建筑的艺术特色

道教建筑的艺术性体现在各个方面。主要有殿堂等主体建筑的奇妙构思,精美的艺术装饰,形态各异的神像雕塑,以及再现宗教内容的各种壁画,琳琅满目、美不胜收。导游要善于发现道教建筑的美学价值,并把这些内容生动传神地写入导游词中介绍给游客。如山西芮城永乐宫三清殿的壁画《朝元图》,共有286位神仙,形象鲜明,气势恢宏,与敦煌壁画并称为我国壁画中的佛道双绝。

3. 突出道教建筑的历史价值

有些道教建筑在历史上曾有着显赫的地位和重要的影响,如岱庙,是历代皇帝举行封禅大典的必去之处,地位极高。导游在撰写导游词时要突出该建筑的社会历史价值,这对于游客全面了解道教历史、认识道教有着十分重要的意义。

(三)基督教建筑导游词撰写要领

导游首先要具备有关基督教的知识,了解建筑艺术与宗教之间的内在联系,突出游客感兴趣的内容。

1. 突出建筑艺术特点

基督教建筑在风格上属于西方建筑,在内容上又属于宗教建筑,导游在讲解中,就要将其风格和内容两个方面予以有机的结合,以增强讲解的表现力,会使游客有所收获。比如讲哥特式建筑风格,就应将哥特式建筑的由来、风格特点及在西方建筑中的作用讲出来,这样可使游客对其观赏的建筑了解得更清楚。

2. 突出宗教文化内涵

导游在撰写教堂导游词时，要把与建筑有关的宗教文化内容联系起来讲解。比如，讲到教堂就可以联系宗教仪拜、宗教礼仪。对做礼拜、做弥撒以及唱经等宗教活动的具体流程加以详细介绍。基督教节日，如圣诞节、复活节和感恩节的来历以及对西方社会的重要影响，也是导游词撰写的内容。基督教文化对世界文化具有广泛影响，通过讲解，将人们身边的习以为常的某些事物追根溯源，可以使游客对基督教文化有更深刻的了解。

（四）伊斯兰教建筑导游词撰写要领

伊斯兰教建筑导游词的撰写，应将建筑艺术特色与其宗教文化紧密地联系在一起，使游客全面了解伊斯兰教的文化特征。

1. 从建筑的艺术角度进行导游

中国的伊斯兰教建筑无论是具有中国传统特色的殿堂式建筑或是具有阿拉伯风格的穹顶建筑，都具有较强的观赏性，建筑本身对旅游者的吸引力是伊斯兰教旅游的价值所在。因此，导游应从建筑本身的艺术性角度入手撰写导游词，突出其与众不同的建筑特色，满足游客求新、求奇的心理需要。

2. 从建筑的功能角度进行导游

清真寺的建筑构造均承载着特定的实用功能，这些功能与伊斯兰教的宗教仪式、信仰体系紧密相连，形成不可分割的整体。导游在撰写清真寺导游词时，需有意识地融合建筑特色与伊斯兰教文化内涵，以提升解说内容的针对性和目的性。举例来说，浴室作为清真寺独有的建筑元素之一，其存在直接反映了伊斯兰教独特的宗教仪轨，即在进行礼拜前需达到身体的洁净、衣物的整洁以及所处环境的清洁。若导游能够将这些宗教要求与浴室的介绍相结合，不仅能够丰富讲解内容，还能使游客获得更加生动、有趣且深刻的体验。

训练

撰写一篇佛教景观的导游词。

十、其他人文景观导游词创作

（一）中国古代军事设施导游词撰写要领

中国古代军事设施主要是指用于战略防御的建筑物，包括长城、城池、关隘、烽火台、海防、炮台等，导游词应该突出其实用功能，启发游客展开联想，回顾历史，使游客收获知识与美的享受。

1. 写明历史背景

所有的军事设施都是特定时期的历史产物,都有其产生的社会历史根源。如齐长城始建于春秋时期,完成于战国时期,依山势而筑,西起黄河河畔,东至黄海海滨,迤逦山东各县,长达千余里。齐国是我国历史上最早修筑长城的国家,齐长城又是春秋战国时期各国所筑长城中现存遗迹保护较多的一处,从齐长城现存遗迹的考察中可见当时整个长城建筑之一斑。它建在起伏连绵的泰沂山脉的山岭之中,虽沿线有平谷之地,但多为山岭,长城依山就势而筑。其建筑宏伟,规模壮观,凝聚着二千五百年前我国劳动人民勤劳与智慧,也体现了东方泱泱大国的强盛雄风。

2. 写明地理环境

所有的军事设施都是根据其特定的地理环境而修建的。如登州水城是中国现存较完整的古代水军基地遗址之一。它位于蓬莱阁东南侧,负山抱海,地势险要,是明清两代驻扎水师、停泊船舰、水上操演、出海巡洋的重要军事要塞。整个水城是由小海、城墙、水门、炮台、定心台、码头、灯楼、平浪台、防浪坝等部分组成一个完整严密的防御体系,构筑独特,选址精巧,是研究古代军事设施的重要实迹,为全国重点文物保护单位。

3. 写明实用功能

古代的军事设施具有非常强的实用功能。在长期的战争防御中,不断地总结经验,继而对设施予以不断的完善,使其实用功能日益多样化。如城墙的马面墙的设计修建就是为了保护自己和消灭敌人。由于每隔一段距离就突出一块马面墙,弓箭可以在射程之内组成交叉火力。可以说,马面墙是中国古代城池实用功能的最好范例。

(二)园林景观导游词撰写要领

园林建筑是中国古代建筑的一朵奇葩,它以人工山水为造景主题,汇集土山、水池、楼阁和许多奇木异石,形成一幅优美别致的山水风景画。在园林艺术的导游词撰写中,要把握住园林艺术的特点,并且能准确地将园林艺术的美传递给旅游者。

1. 加深理解

要写好园林艺术导游词,必须对园林艺术有深刻的理解。理解景与意、形与神的关系,理解环境与意境的关系。

(1)理解自然天成的和谐法则。

中国园林虽然是人工所造,但具有自然的山水之妙,体现了古代中国哲学家、艺术家的"天人合一"的文化观念,讲究师法自然、融于自然、顺应自然、表现自然。中国园林艺术的和谐美,是导游整体把握园林导游讲解的关键。只有理解了其中的意境,才能在理解中做到融会贯通,收放自如。如苏州拙政园的倒影楼前,有一条曲折蜿蜒的水廊,地面贴着池面,使人感觉仿佛正踩在池面上随水漂浮。在这里,廊的作用已经延伸,与池水构成了新的审美意境。

(2) 理解匠心独运的艺术构思。

园林的艺术表现手段十分丰富,深刻体现了造园者的艺术追求与独特匠心。导游若欲向游客准确传达园中景致所蕴含的意境,需深刻理解造园者的艺术构思及其背后理念。导游的工作不仅限于表面的描述,更需深入探究其内在逻辑与原因。在引导观赏时,导游应积极探寻并思考景观背后的设计考量,如通过自问自答的方式,深入挖掘并领悟景观的深层含义。以颐和园长廊为例,其设计巧妙,依随万寿山南麓的地势起伏与昆明湖北岸的岸线变化,尽管长廊本身蜿蜒曲折,但游客在漫步其间时却几乎感受不到明显的起伏与弯曲,这得益于建筑师精心布置的四座亭子,它们作为连接高低、转换方向的节点,有效平衡了视觉与行走体验,展现了高超的建筑智慧与审美意趣。

(3) 理解博大精深的文化内涵。

园林艺术之美,不仅展现于自然景观的再现,更蕴含于构景布局、命名艺术、楹联题刻、题额设置及花卉林木的选择,这些元素共同传达了园主人的思想感情与理想追求。导游应着意去理解园林中的文化内涵,从哲学、历史的角度去探究园林的深邃意境。园林的文化内涵表达形式多样,有的园主人直抒胸臆,有的内敛韬晦,有的布局中有体现,有的从园林的名称便可得知。如苏州拙政园内湖中广植荷花,主厅名为远香堂,旁边有荷花四面亭,这些布局,处处在彰显园主人"出淤泥而不染"的自我要求和道德情操。

2. 辩证思考

在造园过程中,自然与人文的结合有力地丰富了园林的表现手段。中国传统文化的含蓄美、哲理美在园林中表现得非常充分。例如,用树木、假山的掩遮;以漏窗、篱笆来透光;以围墙、花草来分割空间;以回廊、曲桥来制造层次,从逻辑的角度、哲学的角度予以总结,从而提高对园林艺术的认识。

(1) 用辩证的眼光去发现。

园林艺术的美不在导游词里,而在具体的风景之中。一味地靠背诵导游词去讲园林,必然是被动的讲解,既无法将景点的特色讲出来,也难以让游客满意。要讲好一个景点,就必须去熟悉景点,而熟悉景点的最好办法,就是自己去看、去发现、去思考。园林艺术对直与曲、显与隐、动与静、虚与实的辩证关系处理得非常巧妙。有水必曲,避免了"直"的单调呆板;有园必隔,避免了"敞"的空旷与杂乱,这都是艺术表现的需要,符合审美的规律,可以说对立统一观念为艺术表现提供了丰富的创作源泉。框景使假景不假,借景使真景不真。远与近、疏与密、美与丑、简与繁、雅与俗,在园林中都可以得到充分的体现。比如园林的通道大都是鹅卵石铺就,是大俗;但这正好符合了顺应自然的要求,与环境和谐地融为一体,又是大雅。这些内容都要靠导游去发现、体会。

(2) 用辩证的逻辑去思考。

发现是手段,不是目的,只有通过发现,进行认真的思考,得出符合审美规律的结论来,才是导游的真正目的。园林的表现内容丰富多彩,其中的美学价值很大一部分要靠导游自己去发现、去总结。园林布局只有疏密得当,即疏可走马、密难藏针,才能体现出协调美。如一幅好画,内容再丰富也要留出一大块空白,才显得比较协调,这就是意境。园林创造意境的手法多种多样,而运用对立统一的辩证思想来营造氛围、制造意境,是较为常用的。导游讲解园林就是要讲出意境,因为意境具有较高的审美层次。

导游在对景点的思考中,认识得到提高,撰写导游词自然会得心应手,举一反三。一位英国的建筑师在评价中国园林时说:"中国的创园家不是花匠,而是哲学家和艺术家。"导游在园林导游讲解中,也应成为哲学家和艺术家。

此外,导游在撰写园林导游词时,还要注意以下事项:第一,线路的选择要合理。第二,语言要生动。导游词语言要生动、形象,也就是用词要准确,形容要恰当,有较强的节奏感、音韵感。第三,导游词撰写方法要灵活,如用启发式讲解方法、画龙点睛讲解法、欲扬先抑讲解法等。用欲扬先抑的方法撰写导游词,能把原本平淡无奇的景点讲得有声有色,从而引起游客的兴趣,增强景点自身的魅力。

梧竹幽居（苏州拙政园）导游词

（三）博物馆导游词撰写

随着人们文化素质和欣赏水平的提高,博物馆已经成为旅游参观的热点,可以说,博物馆是一种高品位的文化旅游资源。博物馆就是收集和珍藏珍贵历史文物的场所,起着保护和展示文化与自然遗产、开展社会教育的作用。

在进行博物馆导游词撰写中要注意以下几点。

1. 做好知识准备

博物馆内容丰富,要求导游要有广博的知识,对各方面的知识都有所了解;馆藏内容文化内涵的综合性、连贯性,要求导游要有系统的知识,既要了解"点",又要了解"线",既要掌握审美知识,又要了解科学原理;博物馆内容的专业化决定了导游在某些方面知识的专业化,不但要知其然,而且要知其所以然。导游词不能只是简单地介绍"这是什么""那是什么",这样讲,游客是难以满足的。导游应当去学习、去研究、去解决。善于用别人的研究成果,把它转化为导游内容并讲给旅游者,做到"外行看我们很内行,内行看我们不外行"。

2. 熟悉陈列内容

博物馆的馆品十分丰富,有的多达数万件,但并不是所有的藏品都能成为陈列品,只有经过挑选的、能反映陈列主题思想的藏品才能成为陈列品。一般来说,进入陈列室的陈列品都是本馆藏品较有价值的。陈列品的陈列顺序、陈列类别揭示着陈列品内在的本质、价值和馆藏者所要表达的主题思想。这需要导游对博物馆的展品陈列有一个基本的了解,熟悉陈列品的种类、所在位置、陈列顺序以及其所揭示的主题思想。除此之外,导游还要根据游客的审美兴趣,熟悉陈列品的吸引力及讲解效果。只有熟悉了博物馆的陈列内容,在导游词撰写中才能做到心中有数。

3. 客观介绍，据题发挥

博物馆的展品是具体的实物和生动的艺术品，体现了较强的客观性。这些事物具有强大的说服力，是对政治、科学、文化等方面成就的最有力的证明。导游要根据展品实物有针对性地进行介绍，切忌偏离具体的客观对象去讲其他不着边际的内容。比如在面对着青铜的大鼎时，可能会由此引出"一言九鼎"，但不应抛开观赏物而大讲特讲有关传说故事。任何发挥都应该以客观对象为基础，做到"据题发挥"，放得开，收得住。

4. 深入浅出，通俗易懂

博物馆的许多展品都具有较高的学术价值，蕴含着深奥的科学道理，也正是这个特点，才使其具有非同一般的教育功能。导游词不是做科学报告，因此，要把那些本来深奥的内容，用浅显的语言介绍出来，这是导游在博物馆导游讲解中所应特别注意的。深入浅出、通俗易懂，是导游准确地传达审美信息的最有效的方法。

5. 知识性、趣味性并重

博物馆展品所蕴含的学问有时是令人无法想象的，如自然界一块普通的石头被存放到地质博物馆里，也许它就是某一地区地质历史的最典型的代表；一块生物化石里面所包含的也许是某个物种的生命演变历史。这些都导游要向游客介绍的知识点。在讲解这些知识时，应避免单调乏味的陈述方式，而应注重趣味性。如果导游词只是一味强调知识性，可能会使讲解陷入类似课堂授课或报告宣讲的刻板模式。因此，导游应采用形象生动、幽默风趣的语言来包装枯燥平淡的知识，采用丰富多彩的方式方法表述，让游客感受到参观博物馆既增长了知识，也充满了乐趣。

资料库

青铜彝器

大家看这尊方鼎，上面写着"彝器"，什么是彝器呢？先从彝说起，"彝"字，就像两只手抓住一头反捆四足的猪，捆起猪干什么呢？做祭祀。古代做祭祀，用牛、羊、猪，我们称之为"三牲"，用猪做祭品也是正常的。彝器就是用来祭祀的用具，当时称为"礼器"。青铜器作为做祭祀用的"礼器"较为普遍。

训练

先查阅某博物馆的相关资料，实地考察后为该博物馆撰写导游词。

中国国家博物馆青铜器馆导游词、福建泉州海外交通史博物馆导游词

任务五　欢送词创作与讲解

一、欢送词的基本内容

旅游活动接近尾声时,导游在送行服务中向游客致欢送词,以表达惜别及感谢之情,给导游工作画上圆满句号。欢送词的内容主要包括以下五个方面。

1. 惜别语

导游要对旅程做一个简单小结,总结出主要游览的线路及精华的景点,旅途中值得纪念、回味的事件,同时向游客表达行程短暂、即将分别的惜别之情。例如:美好的时光总是短暂的,几天的行程即将结束,马上就要和大家说再见了,十分不舍……

2. 感谢语

旅程即将圆满结束,导游此时也要向游客及合作共事的领队、全陪导游、司机等人分别表示谢意,感谢他们的支持与配合,才能使旅程圆满结束。例如:这次行程能圆满结束,离不开大家的支持与配合,感谢大家对我无私的帮助。

3. 致歉语

对行程中做得不够周到之处,向游客赔礼道歉。例如:我的工作中有什么做得不周到的地方,还请大家多多包涵,在此向大家说声对不起了……

4. 征求意见语

向游客诚恳地征询意见和建议,以便在今后的工作中不断改进和完善,并在下次提供更好的服务。例如,如果大家对我的工作有什么意见或建议,请大家及时提出,以便我在今后的工作中改正,为大家提供更好的服务。

5. 祝愿语

向游客表达美好的祝愿,并期待重逢,同时祝游客归途平安顺利。例如,祝大家一路顺风,今后工作顺利、生活顺心,希望大家有机会再来这里参观游览。

二、欢送词的主要类型

致欢送词是不可忽视的一个工作环节,也是导游活动的收尾工作。从形式上讲,欢送词的主要类型有抒情式和总结式两种。

1. 抒情式

抒情式欢送词是指导游用饱含深情的话语表达友谊和惜别之情,从而感动游客,加深与游客相处一段时间以来所收获的友谊。

模拟导游

■ 举例

各位嘉宾,我们的旅行车已行驶在去机场的路上。透过车窗可以看见,南京的天空又下起了小雨。1000多年前,唐朝诗人王维有一首著名的诗《渭城曲》,他在诗中写道:"渭城朝雨浥轻尘,客舍青青柳色新。劝君更尽一杯酒,西出阳关无故人。"

今天,南京也下起了小雨,我们也在雨中与各位分别。不同的是,王维送的人要西出阳关,没有故人,而大家是要飞回家乡,去见亲人。我们南京人常说:"下雨天留客。"但凡下雨的时候,南京人是不放游客走的。其一,下雨路滑,游客走路不方便;其二,下雨无事,正是陪客的好时候。但是,由于行程的安排,我们不得不违反南京这一民俗,在此相送……

2.总结式

总结式欢送词是导游用平静的语气,带游客一起简要回顾游览旅程,并表达感谢合作、期待重逢、衷心祝福之意。

■ 举例

各位游客朋友们,当我们的汽车再次驶上这条机场路的时候,我们的"四川之旅"马上就要画上句号了。中国有句古话"十年修得同船渡",大家从美丽的浦江之滨来到奇山秀水的锦绣天府,我们能聚在一起就是缘分。如今,分别的时刻马上就要到来,希望我们之间的缘分,仍然像连接川、沪两地那滔滔的长江水一样,绵绵不绝。短短几天的相处,我们领略了四川独具特色的民风民俗,我还记得大家观赏"变脸"绝技时惊讶的神情,我还记得老茶馆里大家谈笑风生,我还记得火锅店里热辣辣的场面;几天的短短相处,我们也领略了成都灿烂的历史文化,我还记得武侯祠里大家肃穆的表情,我还记得杜甫草堂里大家发自内心的专注,望江楼里驻足的身影;短短的几天相处,我们领略了四川秀美的山川,我还记得童话世界里大家的欢闹,人间瑶池上疲惫的留恋,尕米寺里神秘的礼拜;短短的几天相处,让我记忆犹新的是,无论我们多么的艰苦,无论艰苦带给大家多少的不便,我们全体成员,始终保持了良好的心情,欢笑一直是我们的朋友,大家的欢乐,给了我,给了我们司机师傅莫大的支持,在此,我们深表谢意!"相见时难别亦难",我们就要分别。也许四川给你留下的印象不是太深刻,也许多年以后你忘记了我们这次的相聚。但是,请不要忘记四川的好山好水和好客的四川人民!

三、依依惜别的诗句

不少导游在致欢送词时通常会引用一些古典诗词来表达依依惜别之情,既体现了导游的文化素养,又可以表达惜别之意,一举两得。

举例

渭城朝雨浥轻尘,客舍青青柳色新。劝君更尽一杯酒,西出阳关无故人。(王维《渭城曲》)

青山横北郭,白水绕东城。此地一为别,孤蓬万里征。浮云游子意,落日故人情。挥手自兹去,萧萧班马鸣。(李白《送友人》)

故人西辞黄鹤楼,烟花三月下扬州。孤帆远影碧空尽,唯见长江天际流。(李白《送孟浩然之广陵》)

风吹柳花满店香,吴姬压酒唤客尝。金陵子弟来相送,欲行不行各尽觞。请君试问东流水,别意与之谁短长?(李白《金陵酒肆留别》)

李白乘舟将欲行,忽闻岸上踏歌声。桃花潭水深千尺,不及汪伦送我情。(李白《赠汪伦》)

寒雨连江夜入吴,平明送客楚山孤。洛阳亲友如相问,一片冰心在玉壶。(王昌龄《芙蓉楼送别辛渐》)

下马饮君酒,问君何所之。君言不得意,归卧南山陲。但去莫复问,白云无尽时。(王维《送别》)

城阙辅三秦,风烟望五津。与君离别意,同是宦游人。海内存知己,天涯若比邻。无为在歧路,儿女共沾巾。(王勃《杜少府之任蜀州》)

千里黄云白日曛,北风吹雁雪纷纷。莫愁前路无知己,天下谁人不识君。(岑参《别董大》)

故关衰草遍,离别正堪悲。路出寒云外,人归暮雪时。少孤为客早,多难识君迟。掩泣空相向,风尘何所期。(卢纶《送李端》)

楚江微雨里,建业暮钟时。漠漠帆来重,冥冥鸟去迟。海门深不见,浦树远含滋。相送情无限,沾襟比散丝。(韦应物《赋得暮雨送李胄》)

荒戍落黄叶,浩然离故关。高风汉阳渡,初日郢门山。江上几人在,天涯孤棹还。何当重相见,樽酒慰离颜。(温庭筠《送人东游》)

寒蝉凄切,对长亭晚,骤雨初歇。都门帐饮无绪,留恋处,兰舟催发。执手相看泪眼,竟无语凝噎。念去去,千里烟波,暮霭沉沉楚天阔。多情自古伤离别,更那堪,冷落清秋节!今宵酒醒何处?杨柳岸,晓风残月。此去经年,应是良辰好景虚设。便纵有千种风情,更与何人说?(柳永《雨霖铃·寒蝉凄切》)

四、欢送词选读

举例

女士们，先生们：

感谢你们到淄博来并接受我们的服务，我很荣幸在过去的几天里能够为你们做导游，从而有机会认识并了解你们。在过去的几天里，我们一起共度了许多欢乐的时光，希望大家和我一样感到高兴。如果将来有机会再次来访，请随时与我社联系，我们将尽力安排，但愿能够很快再次见到各位，祝你们一路顺风。再见！

举例

各位朋友们，时间如白驹过隙，短短3天已经过去了，我们的旅途也接近尾声了。在此，我不得不为大家送行，心中真的有许多不舍与眷恋，但是天下没有不散的筵席，愿我们还有再见的机会。

各位朋友，在大连期间，我们游览了大连市的市容和海滨风光，参观了旅顺近代史遗迹，并且品尝了大连海鲜，有的朋友还购买了不少大连的土特产，真可谓收获多多。相信在各位朋友的记忆中会增添一段新的记忆，那就是大连之旅。但愿它留给大家的印象是美好的。

承蒙各位朋友支持，我感到此次接待工作非常顺利，心情也非常愉悦。在此，我向大家表示衷心的感谢！不知大家是否愉快？对我们的工作是否满意？好，如果是这样，我们就更高兴了！如果我们的服务有不周之处，一方面请大家多多包涵，另一方面还望大家提出来，现在也好，回去写信也罢，以便我们不断改进，提高服务质量。

有道是"有缘千里来相会"，既然我们是千里相会，就是缘分！所以，在即将分别之际，希望大家不要忘记我这个与你们有缘而又可以永远信赖的导游。今后如果大家有亲友、同事到大连，请提前打声招呼，我们一定热情接待。最后，预祝各位朋友在今后的人生旅途中万事顺意，前程无量！

各位亲爱的朋友，小李真的舍不得大家，行程虽短暂，但在大家的帮助和关照下，小李学到了很多，大家的团体精神让小李感动，我们浩浩荡荡几十人的"大军"，没有一个人掉队，没有一个人迟到早退，真的非常感谢大家。

欢送词有多种表现方法，可简单明了、语言平实，给游客传达送别时的真情实意；

可长篇幅,回顾旅游行程,表达惜别、感谢之情,向游客征求对工作意见并致歉,最后向游客表达美好的祝愿,层层递进,情深意浓。

任务六　不同旅游团团型导游词创作

一、不同旅游团团型的特征分析

1. 中小学研学团

2016年11月30日,教育部等11部门联合印发《关于推进中小学生研学旅行的意见》,该意见指出:"中小学生研学旅行是由教育部门和学校有计划地组织安排,通过集体旅行、集中食宿方式开展的研究性学习和旅行体验相结合的校外教育活动,是学校教育和校外教育衔接的创新形式,是教育教学的重要内容,是综合实践育人的有效途径。"

中小学研学旅游团按照年龄,可大致分为小学生研学旅游团和中学生研学旅游团。小学生活泼好动,兴趣广泛,情感丰富且易于外露,他们的注意力不集中、持久性弱,生动、新颖、具体的事物较易引起他们的注意力和兴趣;对于比较抽象的概念、定理,他们往往不感兴趣。针对他们的导游词应该浅显易懂、幽默风趣,要善于使用讲故事的方法,引导语需能够激发想象力、引起兴趣。

中学生正值学习的黄金时期,已经有一定的知识储备,他们精力充沛、好奇心强、求知欲旺盛、理解能力强,同时中学阶段也是人生观、价值观形成的重要阶段。针对他们的导游词应该力求内容正确、用词准确、信息量丰富,有一定的思想性、逻辑性,并能激励他们树立正确的人生观、价值观。

2. 教师团

教师团是一个比较特殊的团体,他们知识丰富,整体素质高,有一定的专业背景,对感兴趣的事物喜欢刨根问底、一探究竟;他们对导游服务"较真",喜欢"斤斤计较",同时由于职业习惯,还喜欢"教育人"。

针对他们的导游词,知识必须正确,不能有错误,导游词要有深度,对自然景观要讲清楚成因;对人文景观要介绍清楚历史背景、文化内涵;对社会现象,要中立地分析,不能妄自判断。

3. 亲子团

亲子团是家长带孩子去旅游的旅游团,团队成员有成人和儿童。亲子团与其他旅游形式不同,其特殊性在于,要更多地为小朋友设计一些旅游景点,让家长和孩子共同参与活动项目,通过旅游增进父母与孩子之间的感情交流,实现父母与孩子的共同成长,因此,其具有较强的儿童旅游产品特征。此外,父母的旅游安排也是需要重点考虑的内容,要突出父母与孩子的交流和互动。

亲子团的导游词要有兼顾性:亲子团的儿童是主体,他们的认知能力较低理解能力较弱,导游词的用语应浅显易懂、通俗明白,甚至直截了当,语气则应是亲切柔和的,有亲和力的,还要考虑到家长的需求,所以导游词要随时变换文风,变换语气,适当的时候要增加儿童和家长的互动。

4. 老年团

老年团又叫夕阳红团。老年旅游市场是一个新兴的旅游市场,被称为具有"夕阳"性质的朝阳产业。老年人的旅游不同于青年人、中年人的旅游,老年人有着丰富的人生阅历,因此对精神消费的需求较多。他们最大的特点是好思古怀旧,希望得到尊重,在旅游过程中,他们渴望得到更多的关注、沟通、交流与安慰。

针对他们的导游词,在景点解说上,要选择历史文化厚重的内容来讲,讲出厚重感、沧桑感,最好能和他们的经历引起共鸣,在导游讲解技巧上要多运用轻松愉快、含蓄幽默的方法。讲解时,导游语速要慢,口齿要清晰,服务要亲切、热情和周到。

5. 商务团

商务考察团不同于一般的旅游团,他们的主要目的是考察目的地的投资市场和环境,旅游则只是一个附加的项目。商务考察团的成员多为商业精英,他们见多识广,思路敏捷,通常文化水平较高,比较注重实际,也更加关注细节和感受。

针对他们的导游词,内容要严谨,不能出现低级错误,语言要规范,适当的时候要用幽默的语言,制造轻松的氛围。导游词要有时代性,将现有的景点与相关的时事政治结合,内容应对现实有启发作用。

6. 宗教朝圣团

朝圣指信徒朝拜圣地的宗教活动。朝圣是指具有重大道德或宗教意义的旅程。通常,它是由一个人或一个团体前往自己信仰的圣地或其他重要地点的旅程。朝圣团目的单纯,就是抛开自己生活中的一切琐事和内心的牵挂,在朝圣的过程中更好地认识自己。

朝圣者所去的景点大部分是宗教圣地,比如佛教的五台山、普陀山,基督教的上海佘山圣母大教堂,伊斯兰教的麦加、麦地那等地,他们对基本知识大都了解,因此针对他们的导游词,介绍性的文字不需要太多。

7. 华侨团

近年来,随着中国经济的快速发展,海外华人华侨回国的机会越来越多,频率越来越高,他们一方面怀揣着寻根祭祖、落叶归根、效忠祖国的情怀,另一方面希望在日新月异、快速发展的祖国寻找新的商机,实现个人价值。

针对他们的导游词,应以回忆旧事与展望未来并重。应先介绍景区景点的基本知识,过程中一定要强调中国的传统文化,并且与其他国家文化对比讲解;同时要满足他们的好奇心,将他们的所见所闻与中国的经济建设相结合,让他们对祖国的现状有一个客观的认识。

8. 艺术团

艺术旅行是传统旅游产业和艺术文化产业的巧妙结合,是旅游行业精准细分的产物。我国的艺术旅行行业发展尚处在萌芽阶段,传统旅行面向所有大众,以休闲娱乐为主要目的;艺术旅行则面向艺术家、艺术工作者、艺术院校师生、艺术爱好者等细分群体,提供定制化的、一站式的、带有艺术相关学术、教学目的的出行服务。常见的团型有摄影团、写生团、作家采风团等,他们更注重的是艺术的创作和享受。

针对艺术团的导游词,在讲解景点基本知识的基础上,一定要有独特的专业视角,针对不同的艺术群体,创作出不同的风格。要注意导游词的文采,引经据典,体现出深厚的文化艺术功底。

9. 养生团

养生团是养生和旅游的一个结合,团队成员的主要目的是在旅游中让身心得以放松,是一种为保持和加强个人身心健康而进行的旅游。随着人口老龄化与亚健康现象的日渐普遍和全球整体健康理念的革命性影响,人们对健康养生的需求成为市场主流趋势和时代发展热点。

针对他们的导游词,应是一个多学科语言的集合体,如中华医学、康复学、营养学、心理学、国学、艺术等;既要有知识性、文化性,还要通俗易懂,与景物相结合,有一定难度。

10. 入境团

入境团一般为外国旅游者和外籍华人,其语言、宗教信仰、生活习惯、文化传统、价值观念、审美情趣等均与我国有较大差异。因此,导游在接待入境旅游团队时,必须充分尊重他们,熟悉其风俗习惯、文化传统,并能熟练使用客源地的语言。

针对他们的导游词,浅显易懂、简单明了即可,并注意与其本国文化的对比。

二、不同旅游团团型导游词创作技巧

1. 称呼上要符合讲解对象的身份

导游词是在导游讲解过程中使用的一种应用性文体,它有别于演讲稿和朗诵稿,为了保持文体一致,在创作中要善于使用导游语言,应设置导游词必要的称呼和问候。在导游词的开头,因面对的对象不同,称谓自然不同。如:

教师团:各位老师早上好!教师是人类灵魂的工程师,我曾经的梦想就是当一名老师,最后,我却当了一名导游,所以每一次带老师团我都有不小的收获,我很愿意向各位老师学习。

摄影团:摄影协会的朋友们,大家好!著名的雕塑大师罗丹说过"生活中不是没有美,而是缺少发现美的眼睛",今天就让我们一起享受一场视觉盛宴,请拿起手中的相机,跟我来吧!

此类表达既明确了讲解对象,又更显得亲切自然。

在导游词的中间部分,可以使用通俗易懂的口语表达,交代清楚游客所处的位置、角度。可以用"小朋友们,我们现在来到的地方是×××,姐姐在这里要提醒大家了,要注意安全,跟好爸爸妈妈,别乱跑,知道了吗?"交代游客所在的位置,可以用"请同学们往右前方看"提醒游客观景的角度。通过这些引导性语言说明游客和景观的位置,不仅可以增强导游讲解的现场感,还可以突出游客的身份。

在导游词的结束语中,应根据不同的团型和讲解的内容突出讲解对象。如接待老年团时,导游可以说:"爷爷奶奶,了解了泼水节之后,我们就一起走进傣族村寨,和傣族人民过一个快乐的节日吧。"

2. 内容要符合讲解对象的特点

导游词创作中,导游要考虑讲解对象的年龄、职业、性别、专业,同时在分析把握讲解对象的旅游动机和诉求的基础上,选择适合讲解对象特点的内容,进而创作出富有知识性、趣味性的导游词,尽量满足游客的心理需求。

要根据不同的讲解对象进行针对性的讲解,也就是要投其所好。如面对老年团和亲子团,讲黄山时在内容选择上就要有所侧重。老年人都比较怀旧、关注健康养生,因此讲黄山时就可以多注意讲解景点的历史背景,如"1979年7月,邓小平同志就以他75岁的高龄,徒步登上了黄山,并且高瞻远瞩地指出:要有点雄心壮志,把黄山的牌子打出去""摸一摸黄山的石头,能活130"等;而小朋友天真活泼,可以多讲解黄山的石头,如:"大家朝这边看,这块奇石就像猴哥蹲坐在那里晒太阳,今天天气非常好,我们就叫他'猴子望太平',那如果眼前有一大片云海呢,我们就称它是'猴子观海'了。哎,小朋友们,大家有没有发现孙悟空的靴子晒哪儿了?"

商务团则注重感受。例如在撰写鼓浪屿导游词时,导游就可以选择围绕鼓浪屿的琴声、建筑与步行街道三大元素来创作。

在鼓浪屿的各个角落,你都能不时听到悦耳的琴声,音乐已经成为这里的一道独特的风景。据调查,小小的鼓浪屿上有200多架钢琴,因此,鼓浪屿也叫"琴岛"。一会儿给大家时间,卸下工作的压力,什么也不做,就坐在露天的椅子上,聆听鼓浪屿上优美的琴声。

再如:

> 漫步在鼓浪屿,你会发现整个岛上见不到任何机动车辆,在这里,步行不仅是一种环保意识,而且已经成为一种文化,一种代表慢节奏的生活文化。在座各位都是商业精英,平时工作压力大,在这里你可以无拘无束,慢慢悠悠,享受时光无限好。

导游要善于根据游客的性别、年龄、兴趣爱好、身份等创作不同的导游词,使游客在身心愉悦的同时,增长见识,提高自身的文化素质。

3. 文风要符合讲解对象的特点

根据讲解对象的特点,导游词可选择知识型、活泼型、幽默型、亲切型等不同的文风。比如教师团的导游词多是娓娓道来、引人入胜;老年团的导游词多是回忆过去、忆苦思甜;写生团的导游词多是关注绘画艺术、线条色彩等。

亲子团的导游词多是轻松活泼、浅显易懂,如在讲马王堆汉墓帛画时,可以这样讲解:"这张帛画,最上面的部分画的是天界,所以,右边有一个圆的太阳,古代中国人相信太阳中有一只金乌,所以太阳里也画了一只鸟,左边有一个弯弯的月亮,上面画了一只像蟾蜍,这是代表月亮的动物,这一部分还有一些坐着说话的仙人,一只飞在天上的龙。"

研学团的导游词的文风多是能引发思考、注重教育的,如"这件汉朝的帛画把写实和幻想都融合在一起了,所以,画画可以满足和启发我们的想象力、创造力,展现出很多生活中不存在的景象。人们常说:科学发明是无中生有。其实,绘画也是无中生有。人类文明的进步,大抵是从无到有,而要想从无到有,就必须发挥想象力和创造力。这一点,神话和绘画都有很大的贡献"。

4. 开头要对主题进行合理的切入,结尾要对主题进行升华和提炼

主题是一篇导游词的灵魂,对主题进行合理的切入关键在于选好讲点。选讲点就是选择旅游景点景区中有特色的点作为导游词创作的中心。这个点可以是景区中的一个小景点或节点,也可以是景区相关的一个对象或内容。比如,在创作双林寺的导游词时,可以选择韦驮造像为代表讲中国的彩塑艺术;在创作茅台酒的导游词时,可以选择茅台酒的生产工艺来切入介绍;在创作黄鹤楼的导游词时,可选择历代文人墨客的诗词歌赋的专题进行介绍。"结要响亮"就是指文章结尾要有力度且值得回味,所谓"余音绕梁,三日不绝"。好的导游词也要简洁有力,干净利落,趣味盎然,耐人寻味,给人以美的享受。创作导游词时,应从讲解对象入手,对主题进行升华,将事物中隐含的古典文化精髓渗透进去,提炼出耐人寻味的为官之道、做人之道、人生哲理,起到画龙点睛、点石成金和锦上添花的艺术效果。如果讲解的景点是自然景观,就可以托物言志,传递出热爱大好河山的美好情怀;人文景观则可以抓住景观创作者的思想,结合中

国传统文化的思想点明景观的意境。比如,在讲杭州林社时,可以这样结尾:"各位游客,走进林社,我们领略了林启为国为民的风骨;走进林社,我们汲取了林启养正求是的思想,这样求真务实、自强不息的精神,难道不值得我们代代相传吗?"

  5. 要有时代性、创新性

  导游词创作既要回望过去,又要立足当下,既要不忘传承、又要注重创新。下面以科技馆的导游词为例说明,开头是:"各位亲爱的游客,欢迎踏入这场穿越时空的奇妙之旅!在这个科技与自然和谐共生的新时代,我们不再仅仅是历史的旁观者,而是未来探索的先驱者。想象一下,接下来的每一刻,您都将与智能同行,让虚拟现实技术为您揭开古老文明的神秘面纱,让绿色出行理念引领我们共赴山川湖海。准备好了吗?让我们携手启程,不仅见证世界的广度与深度,更要创造属于自己的旅行故事!"

项目小结

  导游词撰写是导游的基本素质,优秀的导游词可以提高导游服务质量。导游词能提升游客的满意度,导游也正是通过渊博的知识和生动的讲解来树立自己在游客心目中的第一形象。精彩的导游词,需要更多的写作技巧、一次次实践中提升。

  本项目通过理论学习与实践操作,让学生对导游词结构有初步的认识,掌握不同阶段、不同内容的导游词的撰写。

项目训练

  请选择家乡的一个你熟悉的景点,针对不同的团型创作出不同的导游词,如亲子团、教师团、养生团、留学生团。

井冈山(中学生研学团)、崂山(教师团)、苏州园林(商务团、剪纸(摄影团)、神奇桂西(养生团)

项目三
导游服务技能

知识目标

熟悉和掌握创造声音表情的技巧。

熟悉和掌握导游讲解原则、方法与技巧。

能力目标

正确运用导游语言原则。

具有较强的语言沟通的能力。

能巧妙灵活地使用幽默的语言。

能正确处理导游带团中各种语言难题,营造良好的语言服务环境。

素质目标

掌握导游语言技能,以及今后对工作的重要性。

正确理解和掌握导游讲解语言技能。

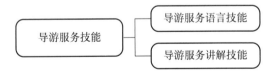

某学校几位老师带领学生到桂林参加全国旅游院校导游服务技能大赛。比赛结束后,由于回程的火车是第二天晚上9点的,于是大家商量一起参加桂林漓江一日游。签订旅游合同时,旅行社强调了该行程不进购物店。但是参团当日,导游上车以后介绍行程时说会进购物店。一位教师问道:"我们签订合同的时候说了不进入购物店的,怎么会有购物点呢?我们报的旅游团是不进购物店的团。"这时,导游马上回复说:"如果大家不进入购物店,那咱们旅游车也不会往前开了,之后的行程也不会继续了!"此时,旅游大巴车上的游客开始讨论起来,但没有一个敢出来理论。这时,那位教师再次说道:"旅游法规定,不许强制购物。"导游又回驳道:"上了我们的车,就该听我们的!"到达购物店后,同行的另一位老师默默打通了旅行社的电话,投诉了导游。随后,导游接到了旅行社电话,然后马上向几位老师解释道:"你们几人可以不用参加购物,但是其他游客是要进购物店的,你们在店外等候。"几位老师表示:除了强制购物,导游的态度和说话的语气也让人无法接受。

思考:

如果你是导游,你将如何回应这几位老师?

任务一　导游服务语言技能

对于导游语言,可以从广义和狭义两个角度来理解。从广义上说,导游语言是导游在导游服务过程中必须熟练掌握和运用的具有一定意义并能引起互动的所有语言符号。从狭义上说,导游语言是导游用于同旅游者进行交流、传播知识、介绍景点、实现沟通的一种生动形象的口头语言。

导游语言是每个导游必须熟练掌握的工具,一名优秀的导游在导游语言的把握与运用上,应做到清楚准确、生动有趣、幽默活跃、合乎礼仪。

一、声音表情技巧

1. 注意音量

音量是指说话时声音的强度。根据研究,讲话时音量应适中,应尽量少用太大或太小音量。导游在讲解和与游客对话时,应根据游客的人数、场合、位置以及讲解环境状况控制声音的强弱,调节、控制音量。游客多时可适当加大音量,反之则减小音量,音量大小以每一位游客都能听清为宜;应根据讲解内容调节音量,对一些重要内容或信息、关键词,可加大音量进行强调,以加深游客对所讲信息的印象和理解。

2. 巧用语调

语调及说话的腔调是指说话语句中语音高低升降的配置。导游可通过升、直、平语调,调整和控制说话腔调和语气感情,达到抑扬顿挫、起伏多变的讲解效果。由于外语和方言都有各自的语调习惯,所使用和理解的普通话也有差异,导游在讲解时语调要标准,要注意所需要表达的情感的变化,符合游客的说话习惯。

3. 注意停顿

停顿是导游在讲解中的短暂终止。所谓"时间"不是指物理上的时间,而是心理上的时间。这里所说的停顿,是指语句之间、层次之间、段落之间的间歇。一般来讲,最容易使听众听懂的谈话,其停顿时间的总量占全部谈话时间的35%—40%。导游讲解时,适当运用停顿(生理停顿、语调停顿、心理停顿)可以使语言更加流畅,强化语言的节奏感,更易于吸引观众,产生良好的讲解效果。

4. 调节语速

语速是指说话速度的快慢。导游的过程是一个动态的过程,导游讲解时要做到语速适中、善于变化,应配合、引导游览进程的节奏,徐疾有致。导游应根据游客对讲解内容的理解程度、导游进程和讲解对象适当调整语速。如对儿童、老人及语言领会能力较弱的游客应适当放慢语速;对重点内容或需要着重强调的内容,语速可适当放缓,以便游客理解和记忆。

5. 控制音色

音色,是指声音的特色。一个人的音色既受先天的因素影响,也受后天训练的影响。导游可以训练和控制自己的音色,理想的音色是明亮、柔和、自然、悦耳的。

6. 注意语气

语气是指说话的口气。一般通过陈述句疑问句、感叹句、祈使句等形式表现语言的感情色彩,增加句子的变化,使语言富有节奏感。

其中,停顿的巧妙运用能加强句子的语气和表现力。导游在实际工作中应注意避免使用烦躁、嘲讽、傲慢、反问和命令式的语气。

 同步案例

令人难忘的藏族导游卓玛的讲解

卓玛是一位藏族姑娘,她在讲解时不是用标准的普通话、标准的语速和语调向游客介绍游览计划和有关知识,而是以比较缓慢的语调,像亲人、朋友聚在一起拉家常般,让游客感到亲切、轻松、愉快。对于游客的提问,她的回答也是如此,知道的就娓娓道来,亲切、耐心;不知道或者不确定的,绝不胡编乱造、敷衍搪塞,也不会紧张得慌里慌张、面红耳赤,始终给游客以平和、平静的感觉。她在导入和结尾时的音色、声调也让人感觉自然、亲切,没有生硬感。

案例分析

卓玛的导游服务风格的可贵之处，其一在于她以藏族人的自然淳朴、真诚为基础，加上自己的纯真、敬业、虚心、细心，营造出平等、和谐、轻松的氛围；其二是她注意把握语速、语调，讲究语言风格。

二、正确运用导游语言的四原则

导游语言具有传播知识、沟通思想、交流感情的功能，是知识性、思想性、趣味性的结合体。导游在运用导游语言时，必须做到正确恰当、清楚易懂、生动形象、灵活多变，四者相辅相成、缺一不可，否则就无法达到良好的效果。

1. 正确恰当

导游语言的正确性是指导游的语言必须以客观事实为依据，内容准确无误，在讲解时使用规范化的语言，逻辑性强。具体包括以下几个方面。

（1）内容准确无误，有据可查。导游所讲解景点的背景材料如历史沿革、数据、地质构造等必须准确，要有根据、有出处，不能胡编乱造。即使是故事传说、民间传奇也要有据可查，不能道听途说、信口开河。若遇到说法不一的内容可忽略不计，或选择有代表性的观点介绍给游客，与他们共同探讨，请他们根据自己的理解来做出判断。内容不准确是导游讲解中的"硬伤"，特别容易使游客对导游产生轻视和不信任。

（2）语音、语调、语法要准确。导游讲解是以语言为工具向游客传递信息的，在传递的过程中，假如语音语调有误或语法不当，就会使信息失真、沟通不畅，甚至因游客听不懂而无法达到讲解目的。尤其是在使用外语进行讲解时，由于不是自己的母语，导游要特别注意语音语法知识，以免说错，使游客听不懂或引起误解。因此，导游要练好自己所使用的语种，不管是外语、方言还是普通话，语音、语调不仅要规范，与自己所表达的思想感情相符合，而且要与游客的人数、讲话的场合相协调，既要适度、正确，又要富于变化。另外，遣词造句准确、词语组合恰当也是语言运用的关键，要按语法规律和语言习惯对其进行良好的组合搭配。

（3）观点正确、鲜明。导游语言作为表达思想的工具，其所传递的内容具有一定的传播性，会产生一定的社会效应。导游在运用语言表达思想时，首先要有鲜明正确的观点和立场，使游客对当地有一个全面、客观的了解，而不能含糊其辞。同时，要坚持"内外有别"的原则，自觉用国家的法律法规和行业纪律约束自己，不得迎合个别游客的低级趣味，不在讲解中掺杂格调低下的内容，不开政治性玩笑。

2. 清楚易懂

导游语言的清楚性是指导游在讲解时要条理分明、脉络清晰、符合逻辑，语义表达清楚，发音吐字清晰。导游在讲解时，应注意在思维和语言的表达上符合逻辑规律、层次分明,对自己所要表达的内容仔细斟酌;对于想告诉游客什么,想让游客得到什么,自己心中要有数,不能"东一榔头,西一棒子",想起什么说什么,看见什么说什么,层次不清,杂乱无章。讲解时,导游应根据思维规律,将所讲内容有机地组织起来,层层递进,主题明确,重点突出。同时,导游还应做到语言干净利索,不拖泥带水,不结结巴巴,使用常用而又形象的词语、简短而精练的句子,切忌使用生僻的词语和冗长的书面语句。

举例

开封市位于河南省中部,古称汴梁,为我国八大古都之一。先后有战国时期的魏国,五代时期的后梁、后晋、后汉、后周,宋朝和金朝定都于此,素有"七朝都会""自古帝王州"之称。开封之名源于春秋时期,当时,郑国君主郑庄公选择在这里修筑储粮仓城,取"启拓封疆"之意,定名为"启封"。到了汉景帝时,为避汉景帝刘启之名讳,就将"启封"更名为"开封",这便是"开封"的由来。开封在北宋时最为繁盛,作为宋朝国都长达168年,历经九代帝王,人口多达150余万,是当时世界上非常繁荣的大都会之一。当时,东京城周阔30余千米,由外城、内城、皇城三部分组成。开封境内河网稠密,湖泊众多,素有"北方水城"之称。由于历史上屡次被水淹没,留下了多处地下古城。市区被古城所围绕,部分街道依稀可见宋时风貌。张择端的巨幅画卷《清明上河图》和"琪树明霞五凤楼,夷门自古帝王州"的诗句都描绘了当时开封的辉煌。北宋时,科技发达,经济繁荣,创造了影响深远的宋文化。历史名人有刚正不阿的包拯、屡建战功的杨家将等,他们的丰功伟绩和故事传说早已成为民族文化遗产,为世人传颂。

这一段导游词主题明确,层次清晰。开封作为历史文化名城,旅游资源非常丰富,可讲的内容很多。怎样用有限的语言给游客留下突出的印象,让游客在游完开封以后不至于和其他几个古都相混淆?作者突出了一个"宋"字,内容的延伸由此有了脉络,导游语言也显得十分明晰。

3.生动形象

准确、清晰的导游语言能给游客传递准确的信息,但只有这两点显然是不够的。旅游活动是一个寻找美、发现美、享受美的过程,在这个过程中,应该有一种轻松、愉快的气氛。同样的话,用不同的说法,会产生不同的效果。俗话说"看景不如听景",要想产生良好的听觉效果,就要增加导游语言的趣味性和感染力,用充满活力的语言去打动游客,引起他们的共鸣,然后通过联想或想象去感知和理解事物的内在审美价值,从中得到美的享受。在导游语言的生动性方面应注意以下几点。

(1)把握语音、语调。语音、语调能够传达情感,导游如果在语言表达上平淡无味,像念经般单调,必然会使游客兴趣索然,即使游览了优质的景点,也会对景点印象不佳;相反,生动形象、妙趣横生的导游语言不仅能吸引游客的注意,还能产生情景交融的效果。

(2)使用形象化的语言。在语言的形象化方面,修辞是必不可少的。常用的修辞方法有比喻、比拟、夸张等,通过运用这些修辞方法,能形象地描绘大自然的美景,给游客以真实感和亲切感。

(3)适当的幽默。幽默风趣的语言如果使用得当,可以活跃气氛、提升游兴,增加导游和游客之间的感情交流,使游客留下深刻而愉快的回忆。在某些情况下,幽默还可以帮助化解尴尬局面。幽默既是一种技巧,也是一种艺术,更是一种智慧,它在很大程度上是对修辞方法的综合运用,但又不同于一般意义上的修辞,而是以创造轻松愉快的氛围为目的的。幽默主要由语言的反常组合来实现,即语言组织与常识相违背,出乎人们的预料,如一语双关、正题歪解等,都是很好的方式。在使用幽默语言时应注意分寸,否则可能会让游客感到导游在"耍贫嘴"或显得低俗;同时,要杜绝"黄色幽默"和"黑色幽默"。

4.灵活多变

毫无灵活性地呆板解说只会使游客产生厌烦情绪。导游语言的灵活性是指在讲解时需要根据不同的人群、时间和地点做出调整,避免一成不变,应根据不同的对象决定讲解的内容、顺序、语言的方式、音量的大小等。要做到这一点,首先要了解游客的背景,做好准备工作,包括知识准备和心理准备,根据游客的年龄、职业、爱好、文化程度、宗教信仰等,选择适当的讲解方法和内容,使特定景点的讲解适应不同游客的文化修养和审美情趣。景点可能是死的、固定不变的,但人是活的、可变的,不同的人有不同的需求。比如,同样是少林寺,在向西方游客讲解时和面对国内游客时应有所不同,因而要避免"千人一词""千团一词",以免降低景点的文化内涵和魅力。此外,导游还需根据季节和天气的不同、观览条件的不同灵活调整讲解语言。

 同步案例

灵活应对天气变化的讲解

导游小王在带团游览湖泊景区时,需要给游客介绍湖水清澈见底的特点。平日天气晴朗时,小王通过"分明看见青山顶,船在青山顶上行"的诗句来解说,但有一次带团游览时,不巧下起了小雨,若按计划的诗句讲解,则有点不合时宜。这时,小王随机应变,改用"水光潋滟晴方好,山色空蒙雨亦奇"的诗句进行讲解。这一灵活变通不仅贴切地描述了湖泊在当前天气下的独特风光,还为游客带来了一种真实而别样的美感体验。

 **案例分析**

> 导游小王在面对天气变化时的灵活应对，充分展示了其专业素养和应变能力。他没有拘泥于原计划，而是根据天气变化及时调整讲解内容，确保了讲解内容始终与实际情况相符。这种灵活性不仅提升了游客的体验，让他们在不同天气条件下都能感受到湖泊的独特魅力，还通过选用贴切的诗句，向游客传播了中国传统文化中的诗词之美。小王的专业素养和应变能力不仅赢得了游客的赞赏，也塑造了导游在游客心中的形象，为后续的导游工作打下了坚实基础。

三、导游语言的"八有"原则

1. 言之有礼

所谓言之有礼，就是指导游言语要文雅、谦虚。在导游接待过程中，要尽量多地使用礼貌语言，如"大家好""早上好""请坐""请跟我来""请走这边""对不起""打扰了""麻烦您了""祝各位旅途愉快""再见"等。同时，说话声调、语气也要体现出礼貌。语调要轻松自然、富有情感，切忌用命令式的口吻，通常可用建议商量的语气来寻求游客的支持和合作。说话温和友好是有礼貌的表现，粗声大气是缺乏礼貌的表现。此外，导游还要应耐心地答复游客的提问，使游客感到被尊重。

2. 言之有物

导游讲解的内容要充实、有说服力，切忌空洞、夸夸其谈。如在参观一个游览点之前，在概括介绍其年代、背景、欣赏价值、面积等之后，导游在带团顺次游览时，应边看边讲，按物讲事，以物托事。导游要做到言之有物，一定要具有丰富的文化知识修养。知识面应既宽又杂，涵盖从天文到地理，特别是要对历史、地理、政治、经济、文化、建筑、艺术、宗教、美学、心理学、法律、民俗等有所了解。因此有人说，导游首先应当是一位博学的杂家。

3. 言之有据

导游要有责任心，对自己所讲的话要负责，切忌弄虚作假。导游的讲解必须有根有据，令人信服。遇到游客提问，要客观回答、实事求是，不得胡编乱造、张冠李戴。介绍事实时要根据出版物如实讲解，不能信口开河。即使讲解神话传说也应有根有据，并根据游客的理解能力，适当调整讲解的深度和详细程度。要做到言之有据，导游需要精通业务。首先要精通旅行业务，特别是众多旅行手续和规定；其次要了解游客的需求，如什么样的参观游览活动最吸引人，什么节日最受外国人欢迎，不同国家的游客要求有何不同，等等；最后要特别熟悉自己的工作程序和自己的业务范围，如全程导游要了解"全程陪同三部曲"，即调查准备阶段、陪同参观阶段、归纳提高阶段，而地方导游则应对本地开放单位、名胜古迹、历史沿革、特产风物、风土人情等了如指掌,并能用生动的语言表达出来。

4. 言之有情

导游的讲解不仅是与游客的信息交流,同时也是情感交流。优秀的导游在讲解时应投入感情,言语要友好,富有人情味,要让听者感到亲切、温暖。"感人心者,莫先乎情",语言中的情感成分能够引起双方愉悦性的互动。这种情感可以蕴含在具体的语言符号中,比如称呼游客为"先生""女士""您",而不说"你",或是直呼其名。导游在工作环节中有失误,给游客带来了麻烦时,应当郑重道歉;而接受他人道歉时最好表示宽容,可以说:"请别介意。"或者说:"我能理解。"此外,语言和表情结合,更能提升情感交流的效果。微笑能够迅速拉近导游和游客之间的距离。当导游出现在游客面前时,一个微笑往往能使他们产生好感。在旅途中,经常看到导游的微笑会使人心情舒畅。遇到麻烦时,适当地笑一笑也能缓和紧张的气氛。微笑是一种情绪语言,代表着理解和情感交流。当导游将游客视为自己的朋友时,就能巧妙地运用微笑这一情感交流工具。

5. 言之有理

我国宋代理学家朱熹曾给"礼"下过这样的定义:"礼即是理也。"也就是说,讲礼节、礼貌就是懂道理,讲理。导游在讲解过程中遇到问题时要讲道理,以理服人。例如,在临时变更游览行程,导游最好事先通知游客,通知时要坦诚地向游客说明情况,请求谅解,而不要等车往回开时,草草地说一句"时间来不及了,不去了"。变更行程时应该提醒游客做好思想准备。例如,导游在早餐的时候告诉大家行程有变化:"根据天气预报,明天要下雨,因此我们需要变换一下行程,今天上华山,明天参观博物馆。请大家别忘了换双鞋,戴上太阳帽,谢谢配合!"旅途中如有游客违反有关规定或发生激烈冲突而影响旅行时,导游应当对涉事游客进行批评,但须注意场合、方式和言之有理,以免引起更多的不愉快。有时,导游可以通过主动承担责任来批评别人。例如,当有人迟到导致整个旅行团队的行程延误时,导游可以在事后说:"刚才没能按时出发,很对不起大家。希望这样的情况不再发生。"迟到者会因导游的理解而不再迟到,那些未迟到的游客也会因导游的道歉而释然,更加自觉地遵守时间。

6. 言之有趣

导游讲解时注重生动有趣,能够让游客心情愉悦并留下深刻的游览印象。例如,在讲解景点的历史背景时,可穿插叙述传说、神话故事,增加趣味性。风趣是导游语言艺术性的重要体现,它使导游讲解锦上添花,使听者轻松愉快,使气氛活跃。

7. 言之有喻

导游应使用生动形象的导游语言,并结合游客的欣赏习惯,恰当运用比喻手法,降低游客理解难度,从而增加游览兴趣。例如,在介绍太湖石时,导游可利用形象生动的比喻,如在太湖石下放置香炉,香烟徐徐上升犹如群龙吐雾;从上向下浇水,则如群龙喷水,将太湖石"瘦、漏、透、皱"的特点展现给游客,让游客产生联想,更能理解和欣赏景观的美感。

8.言之有神

导游讲解应准确传达景观的内涵之美。为做到"言者有神,言必传神",导游在讲解时要精神饱满、声音清亮。

"八有"原则中,言之有理体现导游语言的思想性(亦称哲理性),言之有物、言之有据体现导游语言的科学性和知识性,言之有神、言之有趣、言之有喻体现导游语言的艺术性和趣味性,言之有理、言之有情则是导游的道德修养在导游讲解中的具体体现。一名优秀的导游应具备良好的语言驾驭能力,在讲解过程中恰当地运用导游语言的原则和要求,提供高质量的导游服务。每名导游都应自觉地加强修养,积累各类知识,增加词汇量,锻炼思维能力,提升临场发挥能力。

四、改掉不良的口语习惯

导游语言忌讳含糊不清、反复冗长、颠三倒四的啰嗦表达,同时减少使用艰涩、冷僻的词语,以及避免使用不良的习惯语与口头禅。

视频

第四届全国导游大赛现场讲解视频

任务二　导游服务讲解技能

一、导游讲解应遵循的原则

导游讲解是导游的一种创造性劳动,因而在实践中,导游讲解的方式、方法可谓千差万别,但这并不意味着导游在讲解中可以随心所欲、异想天开;相反,要保证导游讲解的质量,任何导游讲解方式、方法的创造或导游讲解艺术的创造都必须遵循一定的基本原则,符合导游讲解的基本规律。

(一)以客观为依据

客观事实是指独立于人的意识之外,又能为人的意识所反映的客观存在。它包括自然界的万事万物和人类社会的各种事物,其中有的是有形的,有的则是无形的,前者如名山大川、文物古迹,后者如社会制度、旅游目的地居民对游客的态度等。导游在进行导游讲解时,无论采用何种方法或技巧,都必须以客观事实为依据,即导游讲解必须建立在自然界或人类社会某种客观事实的基础上。例如,在向游客介绍新疆吐鲁番的交河故城时,虽然游客看到的只是残垣断壁和蜂窝状的黄土建筑,但导游可以此为基础来创造独特意境,通过讲解再现2000多年前交河城的盛景,既使游客惊叹,又让游客感到真实可信。

(二)针对性原则

所谓针对性,是指导游方法必须符合不同游客的实际需要,因人而异,有的放矢。导游进行导游讲解时,导游词内容的广度、深度及结构应该有较大的差异,导游讲的应是游客希望知道的、有能力接受并感兴趣的内容。如到我国西安旅游的外国游客,大多都要去秦始皇兵马俑博物馆参观,对于初次来华的游客,导游可以讲得简洁明了,让其了解兵马俑的规模、建造历史、文物价值;而对于多次来华旅游的外国游客则可以讲得深入一些,比如说2000多年以前的建造工艺、秦文化等。

导游词的安排,要符合游客的需要,要注意文化差异,讲解得太快、太深奥,游客是理解不了的。

(三)计划性原则

计划性是指按游客的要求、时间、地点等条件有计划地进行导游讲解。

游客的旅游时间是有限的,如何使他们在有限的时间内得到最大的满足,达到预期的目的,很大程度上依赖于导游的周密安排和精彩讲解。计划性原则要求导游在特定的工作环境和时空条件下,发挥主观能动性,注重科学性和目的性,巧妙而恰当地运用导游方法和技巧,使游客获得最佳旅游体验。日程安排和每个景点的导游方案是计划性原则的具体表现。导游讲解除受时间限制外,还受地点的限制。例如参观故宫博物院,一般的旅游团队需要3个小时,但有组织的专业团队有时需要2—3天时间;有的团队在北京只停留1—2天,参观故宫的时间只有1个小时,这对于这样一个规模大、内容丰富的景点来说时间过于紧张,这就需要导游根据特定的时间和地点调整导游讲解。时间充裕时可进行详细的讲解,扩大景点的选择范围;时间紧迫时,讲解需简明扼要,选择最具代表性的景点参观。因此,导游在导游讲解时,必须考虑时空条件,预先科学地进行安排,做到有张有弛、主次分明、动观与静观相结合、导与游相配合,确保讲解详细而不使人感到冗长,简明扼要而不使人感到仓促。

(四)灵活性原则

灵活性是指导游讲解要因人、因时、因地而异。导游讲解的内容可深可浅、可长可短、可断可续,一切需视具体情况而定,切忌千篇一律、墨守成规。

导游讲解之所以注重灵活性和变化性,原因在于游客的审美情趣各不相同,各旅游景点的美学特征也千差万别,加之大自然变化万千、阴晴不定,游览时的气氛、游客的情绪也在随时变化。因此,即使游览同一景点,导游也应根据季节的变化以及时间、对象的不同,联系实际进行讲解。如在雨雾天气游览西湖时,导游如果说:"雨雾天,我们很难看清远处的景物",就会大大影响游客的心境;导游如果换一种说法:"晴西湖不如雨西湖,雨西湖不如雾西湖,西湖什么时候都有不同的美,正所谓'欲把西湖比西子,淡妆浓抹总相宜',现在就让我们在音乐般美妙的淅淅沥沥的雨声伴奏下,欣赏淡妆的西湖吧!"效果就会大不相同。

　　导游讲解的原则体现了导游的本质,也反映了导游方法的规律性。导游应对其心领神会、灵活运用,将其自然而巧妙地运用于旅游接待和导游讲解中。

  同步案例

一次满足游客兴趣的讲解

　　导游周某带领一个美国旅游团到被誉为"奇秀甲江南"的豫园游览。在经过豫园旅游商城时,游客们对古色古香的建筑甚为赞叹。当他们来到"九曲桥"上时,面对桥下的荷花、曲曲折折的桥梁和周围的民族建筑,更加兴奋不已,不少人举起了相机。周某见他们对这里很感兴趣,便就"九曲桥"中"九"的含义、周围的建筑特点和中国一些民间风俗向他们进行讲解。这时突然从商城那边传来了清脆的唢呐声,只见4名穿着民族服装的人抬着一个花轿,随着唢呐声翩翩起舞,轿中的人乐个不停。该团游客立时被这种情景所吸引,纷纷转身观看,有些游客还情不自禁地走上前去拍照,周某意识到游客的注意力已经发生了转移,如果再继续讲下去,效果将会更差,于是巧妙地进行了应对。

  案例分析

　　导游周某针对景物和游客的兴趣所在进行讲解,不仅较好地介绍了景物,传播了中国传统文化知识,还关注了游客的需要,产生了较好的效果。这说明导游讲解要取得成效需因人、因地、因事制宜。

　　当游客的注意力发生转移后,周某没有招呼游客继续听他讲解,而是采取了顺水推舟的办法,获得了游客的赞扬。

二、导游讲解的要求

导游讲解的要求可以归纳为以下六点。

(一)强调知识性

优秀的导游讲解需具备丰富的内容,要求旁征博引、融会贯通、引人入胜。导游讲解的内容必须准确无误,令人信服。

导游讲解不应仅限于一般性介绍,还应注重深层次内容的挖掘,如对同类事物的鉴赏、对相关诗词的解析、对名家评论的介绍等,这样才能提高导游词的档次。

(二) 讲究口语化

导游语言是一种具有丰富表达力且生动形象的口头语言。这意味着在导游语言的创作中,要注意多用口语词汇和浅显易懂的书面语词汇,要避免难懂的书面语词汇和音节拗口的词汇,多用短句,以便讲起来顺口,听起来轻松。需要注意的是,口语化表达并不意味着忽视语言的规范化。

(三) 突出趣味性

为了提升导游讲解的趣味性,必须注意以下六个方面:①编织故事情节。在讲解景点时,要不失时机地穿插趣味盎然的传说和民间故事,以激起游客的兴趣和好奇心理。但是,选用的传说故事必须是健康的,并与景观密切相连。②语言生动形象,用词丰富多变。生动形象的语言能给游客留下深刻的印象。③恰当地运用修辞方法。导游讲解中,恰当地运用比喻、比拟、夸张、象征等手法,可使静止的景观变得生动鲜活,揭示事物的内在美,使游客沉浸陶醉。④语言幽默风趣。幽默风趣可为导游讲解锦上添花,使气氛轻松。⑤情感真挚。导游语言应是文明、友好和富有人情味的语言,应言之有情,游客感到亲切温暖。⑥随机应变,临场发挥。导游讲解成功与否,不仅与其知识是否渊博有关,还与其是否具备相关技能技巧有关。

(四) 重点突出

每个景点都有代表性的景观,每个景观又都从不同角度反映出它的特色内容。因此,导游讲解必须在照顾全面的情况下突出重点,面面俱到、没有重点的导游词是不成功的。

(五) 要有针对性

导游讲解不是以一代百、千篇一律的,它必须是从实际出发,因人、因时而异,要有的放矢,即根据不同的游客以及当时的情绪和周围的环境进行导游讲解。切忌不顾游客差异,导游讲解一成不变的现象。

(六) 重视文化品位

导游讲解应重视文化品位。一要强调思想品位。弘扬社会主义核心价值观是导游义不容辞的职责;二要讲究文学品位。导游讲解的语言应是规范的,文字应是准确的,结构应是严谨的,内容层次应是符合逻辑的,这是导游讲解的基本要求。如果在观景之外适当地引经据典,得体地运用一些诗词名句和名人警句,会使导游讲解的文学品位有所提高。

三、常用导游讲解方法

导游工作是一门艺术,而且是一门高难度、高技能的复杂艺术。不同的导游对导游艺术的理解不一样,对这门艺术的提炼和发挥也会不一样。导游讲解可能各具特色、机动灵活,但导游讲解也必须是原则性、知识性、趣味性和灵活性的有机结合。

一名合格的导游应正确掌握导游艺术,灵活运用导游方法,尤其是在现场导游时,对不同的对象必须采取不同的导游方法和技巧;把握游客的需求特点,对不同需求的游客进行语言上的引导,从而吸引游客的注意力,提高游客的观赏兴趣,使各类游客都能满意。

导游讲解应注意方法和技巧,科学实用的技巧和方法能够极大地提高讲解的效果。优秀的导游无不在工作实践中积极探索,寻求最佳的导游讲解方法,以提高技巧,增强讲解效果,提高讲解质量,提升游客的满意度。在实践中,导游们总结出了很多优秀的讲解方法和技巧,现择要介绍如下。

(一)平铺直叙法

平铺直叙法是指按时间、逻辑层次或因果关系对景点做概括介绍的方法。它适用于较小的参观景点,以及游客人数较少的情形。使用这种方法时,导游要言辞简洁,并辅以动听的语音语调、适当的面部表情和手势动作,以提高游客的兴趣。如在带领旅游团到王府井大街游览时,在游客下车之前,就可用平铺直叙法向游客介绍。

举例

> 王府井大街已有600多年的历史了,明代永乐帝迁都北京时,在此建了十个王府。到了清朝,王府已经不存在了,但王府之名却保留下来了。在这条街的南端有一口甜水井,因此人们将其称为王府井大街。现在,王府井已成为北京非常繁华的商业中心之一,在节假日顾客流量可达百万。你在此走一走,就可感受到北京的气息,了解到北京居民的生活方式。

(二)重点介绍法

对于某一景点,可以讲解的内容和方面有很多。重点介绍法就是对景点的讲解内容进行主次划分,在导游讲解时重点讲解景点的某些方面,对一些次要的方面进行略讲,不追求面面俱到。这要求导游熟知景点的情况和特点,根据不同的时空条件和对象区别对待,科学而周密地编排讲解内容,做到轻重搭配,重点突出,详略得当,疏密有致。导游讲解时一般要重点突出以下四个方面。

1. 突出具有代表性的景点景观

导游要能够确定某一景点中的代表性景观,提前做好讲解的计划。所选取的代表性景点景观必须具有独有的特征,对整体景观具有概括性或代表说明性。如在导游洛阳龙门石窟时,就应该把讲解的重点放在对奉先寺和卢舍那大佛的讲解上。奉先寺和卢舍那大佛的规模和气势、题材和造型,都是龙门石窟以及中国石窟造型艺术的典型代表。选取这两处进行讲解,景点本身就能够较强地吸引游客的关注,使游客产生浓烈兴趣。重点讲解奉先寺的建造、造型故事、人物选取和雕刻特点、历经的沧桑,这些会给游客留下较深刻的印象;尤其是可以讲解卢舍那大佛手臂被破坏的故事,可以增强游客的文物和旅游资源保护意识。

2. 突出景点的独特性

旅游资源的重要吸引力之一在于其独特性。独具特色的旅游景点是旅游目的地发展的基石,也是游客关注的焦点,导游讲解应注意发掘景点的独特性。作为历史悠久的文明古国,我国先人留下了大量的历史建筑遗存,因此我国的旅游安排也往往过分侧重于展示古建筑的辉煌,这可能导致旅途变得单调乏味,甚至出现了"中国之旅——白天看庙,晚上睡觉"的说法。尽管飞檐斗拱、雕梁画栋等细节对建筑专家而言具有极大的吸引力,需要详细讲解和说明,且专业细致的讲解能获得他们的赞赏,但普通游客可能对此并不感兴趣,过分强调建筑本身反而可能引起他们的反感。如果必须讲解建筑,导游应尽可能突出独特性,避免与其他建筑的雷同;或者简单讲解建筑,而重点突出讲解建筑的文化内涵。如对曲阜"三孔"进行导游时,就不要把讲解的重点放在对"孔府、孔庙、孔林"这些建筑的讲解上,而应把它们当作景物,讲解其历史,讲解孔子作为"万世师表"的地位,讲解儒家文化的兴衰。上海打造的"都市旅游",河南强调的"古、河、拳、根、花、红、绿"七个特点,都是对当地旅游独特性的总结,是值得重点讲解的内容。

3. 突出游客感兴趣的内容

"横看成岭侧成峰,远近高低各不同。"游客的兴趣爱好各不相同,同一景点,不同游客观赏的感受不同;同一游客在同一景点,在不同的心境下、不同的时间段,观赏的感受也会不同。导游讲解具有很强的引导性,但这种引导绝不是漫无边际、风马牛不相及的引导。导游讲解应因人而异,不能僵化,不能"以不变应万变",而应针对游客的兴趣点,组织不同的讲解内容,运用不同的讲解方法;要注意研究游客的职业和文化层次,重点讲解旅游团内大多数成员感兴趣的内容;要把握游客的心理变化和表情特征,及时调整讲解的重点,满足游客的需求。

例如,游览故宫时,导游应针对不同的游客突出不同的讲解重点。对于一般游客,导游可以侧重讲解故宫的宏大规模,穿插介绍其间发生的历史故事;对于专家,导游则要重点讲解故宫的价值、地位、历史和艺术,讲解中可能讲出中外不同时期的宫殿建筑对比,讲解宫殿建筑和民间建筑的不同,提高讲解的品位。又如,参观一座博物馆时,导游可将参观讲解的重点或放在青铜器上,或突出陶瓷,或侧重碑林,一切视博物馆的特色和游客的兴趣而定,避免蜻蜓点水式的讲解。

4.突出"之最"

导游讲解应突出景点最值得关注的方面,用最大、最小、最好、最古老、最新鲜等吸引游客,激发他们的游兴。这些"之最"可以是世界之最,也可以是中国之最、本地之最。例如,北京故宫是世界上规模最大的宫殿建筑群,洛阳白马寺是中国最早的佛教寺庙,黄河是世界上含沙量最高的河流等。如果没有"之最"的头衔,第二、第三也值得一提,如长江是世界第三长河。需要注意的是,在使用这种表述时,切忌无中生有、杜撰捏造,必须实事求是,同时讲解要准确,不能张冠李戴。

(三)分段串线讲解法

为使游客对某一景点形成清晰而全面的印象,导游讲解可以在明确讲解目标的基础上,将景点分成若干组成部分,结合不同的景点内容进行讲解,同时使分段讲解围绕景点构成一个整体,这就是所谓的分段串线讲解法。分段串线讲解法多用于较大的景点(因为较大的景点的讲解点较多),这种讲解方法将一处大景点分为前后衔接的若干部分来分段讲解,但要注意层次的划分和讲解中的内容分配,避免平铺直叙可能造成的逻辑混乱和讲解内容的无序堆砌。

讲解时,一般在前往景点的途中或在景点入口处的示意图前用平铺直叙法介绍景点(包括历史沿革、占地面积、欣赏价值等),并介绍主要景观的名称,使游客对即将游览的景点有个初步印象。游览前不需要讲解详细,而要简明扼要,激发游客的游览兴趣,使其产生"一睹为快"的欲望。然后在顺次游览时,进行分段导游讲解。需要注意的是,在讲解这一景区的景物时不要过多涉及下一景区的景物,但要在快结束这一景区的游览时适当地提示下一个景区,目的是引起游客对下一景区的兴趣,并使导游讲解具有连贯性。以嵩山景区为例,导游应在途中对嵩山景区的景点组成进行概括性介绍,如嵩山景区主要由人文景观嵩阳书院、中岳庙、少林寺、观星台以及自然景观三皇寨等构成,其突出的特点是自然景观和人文景观的聚集,汇集了儒释道文化,拥有名扬天下的少林功夫,地质构造极具代表性等。随后,当游客到达不同的游览点再进行针对性讲解,如嵩阳书院是儒家的讲学之地,导游在讲解之后可以提醒游客,马上就会游览道家圣地——中岳庙。

对不同的景点进行讲解时,仍然可以采用分段讲解法。如对嵩山景区的少林寺进行导游时,可以先概括性介绍少林寺的历史沿革、基本状况,随后游览到山门、寺院、塔林、达摩洞等景点时再分别介绍;也可以对少林寺的山门、大雄宝殿、方丈室、藏经阁等景点进行分段讲解。总之,分段讲解层次清晰、环环相扣,既可使讲解清楚明了,吸引游客的注意力,又可防止大段的无序讲解使游客厌倦疲劳。

(四)触景生情法

导游讲解应针对景点进行展开,可以围绕景点景物进行适度的阐述,也可以在景点景物的基础上进行合理的想象。触景生情法有两层含义：一是讲解由此及彼，充分发挥，利用所见景物营造意境，引人入胜；二是导游讲解的内容与所见景物和谐统一，实现情景交融，让游客感到景中有情、情中有景，并且通过讲解使游客浮想联翩，体会旅途的妙趣。例如，在导游南阳卧龙岗的过程中，当引导游客到诸葛草庐时，可以介绍诸葛草庐的历史变迁，讲解当地政府的文物保护措施，尤其应该借机讲述历史故事，即诸葛亮躬耕陇亩、刘备三顾茅庐、访得诸葛先生、茅庐之内三分天下的故事。诸葛草庐承载着深厚的历史文化底蕴，特别是诸葛亮"鞠躬尽瘁，死而后已"的高尚品德，值得来此处的游客掬一把怀古追念之泪。

总之，触景生情法要运用得当，讲解要生动自然，不可牵强附会，生拉硬扯；表达要得体，不能出格，不能为了追求幽默感和生动性而放弃准确性。

（五）问答法

导游讲解应善于活跃和带动气氛，注意游客的参与，为此导游讲解可采用问答法。在导游讲解时，导游可向游客提出问题或启发他们提问，活跃游览气氛，激发游客的想象思维，促使游客与导游之间产生思想交流，使游客获得参与感和自我成就感，同时也可避免导游"唱独角戏"，加深游客对所游览景点的印象。

导游讲解可以采用多种形式的问答法，其中主要有以下几种。

1. 自问自答法

为了吸引游客的注意力，导游讲解时可以自己先提出问题，并作适当停留，让游客猜想，促使他们思考，激发其兴趣，然后进行简洁明了的回答或生动形象的介绍，还可引申话题，给游客留下深刻的印象。如在讲解颐和园的"园中之园"——谐趣园时，导游可以提问：谐趣园中有几趣？这个问题，一般的游客是答不出来的，于是导游就可以自问自答。

2. 我问客答法

为提高游客的参与兴趣，导游讲解中应适当地设计一些提问，这些提问要有感而发，不能太难，使游客能够较轻松地回答出来。对于游客的回答，导游应有所估计，善于诱导，避免游客因回答不出来而感到尴尬。游客的回答不论对错，导游都不应打断，更不能嘲笑，而要给予鼓励。最后由导游讲解，并引出更多、更广的话题。如导游泰山时，导游可以提问：五岳是指哪几座山？一般情况下，游客都可以给出基本正确的答案，即使回答不完全或回答有误，游客的兴趣也可以由此调动起来，导游接下来可以对答案进行完善，并进一步提问：泰山在五岳中有哪些特点呢？提问后可稍作停顿，观察游客的反应，如游客反响强烈，积极回答，可等待游客回答后再讲解；如发觉游客难以回答，便可及时进行展开讲解，提升讲解效果。

3. 客问我答法

客问我答法有两种情况：一是游客主动提问，导游被动回答；二是导游通过讲解引导游客提问,然后进行回答。游客的提问可能是千奇百怪、形形色色的,可能是高深的,也可能是幼稚可笑的,无论是哪一种提问,导游都应予以认真地对待和回答。游客提出问题,说明游客融入了旅游的氛围中,导游应欢迎他们提问题。对于提问,导游绝不能置若罔闻,不要嘲笑游客,更不能显示出不耐烦。同时,回答提问应讲究语言艺术,善于有选择地将回答和讲解有机结合起来,不要问什么回答什么;一般只回答一些与景点有关的问题,注意不要让游客的提问打乱你的安排。在长期的导游实践中,导游要认真倾听游客的提问,善于思考,掌握游客提问的一般规律,总结出一套"客问我答"的导游技巧,以随时满足游客的好奇心理。

4. 客问客答法

客问客答法是问答法中难度较大的方法,导游如果使用得当,不仅能调动游客的积极性,还能活跃团队内的气氛。

客问客答法一般是在导游使用以上"三法"的过程中产生的。当游客向导游提出问题后,导游不马上给予解答,而是故意让游客来回答。如果回答正确,游客心中自然高兴;如果回答不对,当导游讲出正确答案时,游客也会欣然接受,这样获得的知识往往更容易让人记忆深刻。

同时,导游运用客问客答法的时间、地点和团队气氛要把握好,否则会适得其反。一般在旅游团队中游客玩得高兴时,或者对某些问题颇感兴趣时,效果会更好;当游客处于疲倦和无聊之中时,对回答问题之类是不感兴趣的。

由于旅游团队的层次各有不同,导游在掌握客问客答法时要注意问题的内容和性质。对于知识性、趣味性和健康性等方面的问题,导游可与游客尽情讨论,但对于类似攻击、污蔑、低级、庸俗等不文明的问题出现时,导游要据理驳斥,做到有理有节,同时还要积极疏导,使问题解决在"萌芽"之中。

(六)虚实结合法

导游讲解是一门艺术,讲解应故事化,追求生动活泼。导游讲解应将现实的景物和景物所拥有的文化内涵有机结合起来,适当穿插典故、神话传说和民间故事,拓展讲解的空间和深度。这就是导游在讲解中的"虚实"结合法。

"虚实"结合法讲解应以"实"的景点景物为基本点,对景物的实体、实物、史实、艺术价值等作出生动翔实的讲解;为提高讲解的趣味性、知识性和说服力,恰当而适度地辅以"虚","虚"是辅助手段,不能喧宾夺主。"虚""实"必须有机结合,"虚"为"实"服务,以"虚"烘托情节,努力将无情的景物变成有情的导游讲解。例如,游览古都开封时,讲解龙亭前的"潘杨二湖",就不能只讲解湖的位置和面积,不能只讲解在湖水的衬托下,龙亭显得如何高大巍峨,如果这样讲解,就显得相对枯燥。讲解中如果提醒游客特别注意"潘杨二湖"湖水的颜色,讲一段"杨家将保家卫国,浴血疆场",因此"杨湖颜色血红"的故事,定会激发游客的探寻兴趣,当他们真的发现湖水颜色同导游的讲解一致时,会惊奇欣喜,游兴大增。

（七）类比换算法

受文化背景和生活经历的限制，游客可能对某些景点难以感悟和认同。为促进游客观赏中的审美，导游讲解可以使用类比换算法。类比换算法就是用旅游者熟悉的事物与眼前景物比较，便于他们理解，使他们感到亲切，从而达到事半功倍的导游效果。

类比换算法分为同类相似类比和同类相异类比两种，不仅可在物与物之间进行比较，还可做时间上的比较和换算。同类相似类比是在讲解时，选取游客较为熟悉的人物或事物为类比对象，对不同时间，不同地点的具有相似性的事物或人物进行比较，便于游客理解并使其产生亲切感。例如，引导日本游客参观乾陵壁画时，导游指着侍女壁画对游客说："中国盛唐时期美女的特征和在日本高松冢古坟里发现的壁画非常相似。"日本游客仔细一看，发现的确如此，经过类比，从而对乾陵壁画有了具体的了解。

同类相异类比则是选取游客较为熟知的景物或人物后，对比两者在质量、水平、风格、价值等方面的不同。例如，中国长城与英国哈德良长城之比，中国故宫和日本皇宫之比等。但是，使用时要谨慎，绝不能伤害旅游者的民族自尊心。此外，导游讲解还可选取游客较为熟知的历史时代的代表人物和代表景物进行对比。

（八）制造悬念法

导游讲解时，可以根据不同的情况，有意识地创设一些意境，或提出一些令人感兴趣的话题，但故意引而不发，激起旅游者急于知道答案的欲望，使其产生悬念，这种方法称为制造悬念法，俗语称"吊胃口""卖关子"。"卖关子"的关口必须选择得当，"卖关子"之前的讲解必须引人入胜，足以激发游客产生强烈的思考愿望，引起游客听下去的兴趣。制造悬念的方法很多，如问答法、引而不发法、引人入胜法、分段讲解法等。这些方法都可能激起旅游者对某一景物的兴趣，引起遐想，使人急于知道结果，从而制造出悬念。

制造悬念是导游讲解的重要手法，在活跃气氛、制造意境、提高旅游者游兴、提高导游讲解效果等诸方面都能起到重要作用，所以导游比较喜欢用这一手法，但是，再好的导游方法也不能滥用，"悬念"不能乱造，以免起反作用。

（九）画龙点睛法

写作、作画讲求"画龙点睛"之笔，导游讲解也需要"画龙点睛"之语。导游讲解中可以用凝练、贴切的语句对所游览的景点景物进行介绍，总结概括其独特之处，给旅游者留下突出印象。"画龙点睛"可以是总结语，也可以是引导语，贵在点出景物的精髓。例如，旅游团游览云南后，导游可用"美丽、富饶、古老、神奇"来赞美云南风光；参观南京后，可用"古、大、重、绿"四字来描绘南京风光特色；总结青岛风光特色，可用"蓝天、绿树、红瓦、沙滩、碧海"五种景观来概括。又如，游览颐和园后，旅游者可能会对中国的园林大加赞赏，这时导游可指出，中国古代园林的造园艺术可用"抑、透、添、夹、对、借、障、框、漏"九个字概括,并帮助游客回忆在颐和园中所见到的相应景观。这种做法能够加深游客对颐和园的印象,起到画龙点睛的作用。

除上述方法,导游讲解方法还有许多。在具体工作中,导游应善于总结,融合各种导游方法和技巧,结合自己的特点,形成独具特色的导游风格和导游方法,并视具体的时空条件和对象,灵活、熟练地运用导游方法,从而提供良好的导游服务。

视频

第五届全国导游大赛 现场讲解视频

项目小结

导游服务的目的是满足游客的审美和愉悦身心的需要。游客到达一座城市,有了解这座城市的需要。导游的工作就是努力地满足游客的这种求知、求异、求新、求奇的审美需求。掌握导游讲解要领,熟练地运用导游服务技能为游客服务,对于导游来说是十分必要的。

本项目针对学生讨论和模拟导游活动情况,进行总结,指导学生学习并掌握导游服务讲解的基本技能。

项目训练

分小组模拟导游讲解,学生分别扮演导游和游客,扮演游客的学生在导游讲解时提出问题,扮演导游的学生要正确应对。

项目四
导游服务方式

项目目标

知识目标

掌握旅行常识及相关知识。
了解旅游接待计划的内容。
掌握导游接待工作的程序和要求。

能力目标

能够做好旅游接待准备工作。
能够做好游客迎接工作。
能够为游客提供入住服务。
能够为游客提供景点讲解、餐饮、购物、游览等服务。
能够做好送站服务及善后服务。

素质目标

具有知行合一的职业素养。

知识框架

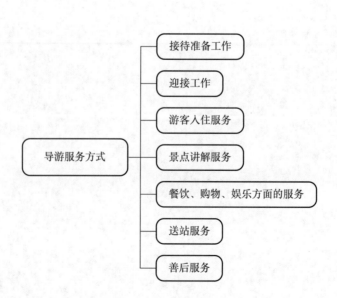

项目引入

马马虎虎铸大错

5月15日14:30,厦门导游小刘正在家中休息,突然接到旅行社的电话,称其应接的旅游团已经抵达厦门高崎国际机场,游客正在机场大厅等待。小刘的表情立刻严肃起来,心中不免纳闷,明明记得接待计划上的团队抵达时间是21:00,怎么会提前抵达呢?

事情的经过是这样的:5月13日小刘接到旅行社的委托,接待5月15日的10人散客团,该团由上海飞来,在厦门共有三天的行程。小刘在阅读接待计划时,将9C8863航班看成了9C8837,错将接团时间定为5月15日21:00,导致该团抵达后无人接待,游客等候多时不见导游,便打电话到旅行社询问。

小刘急忙打电话与接团司机联系,请他直接去机场,自己从家打车赶去机场。一路上多次与全陪导游电话联系,安排旅游团耐心等待。50分钟后,小刘赶到机场,他迅速找到焦急等待的游客,诚恳道歉,清点人数后带领旅游团登车出发。

思考:

小刘在工作中出现了哪些失误?需要注意些什么?

任务一 接待准备工作

一、熟悉旅游接待计划

接待游客前,导游应熟悉旅游接待计划及相关资料(见表4-1、表4-2),掌握游客的基本情况、行程安排、特殊要求和注意事项等细节内容,注意其重点和特点。

表4-1 ×××旅行社派团单

组团旅行社		团号			人数		
抵离时间		用车安排			游客信息		
日期		行程安排		用餐地点		住宿酒店名称	
			早:	午:	晚:		
备注							
接待部门		地陪导游			计调		

旅行社名称(盖章):

表4-2　×××旅行社接待通知单

旅游接待通知单

_____导游

特委派你接待团号为_____团队，请仔细阅读派团单，并提前与司机及领队联系，一经签字，导游将承担由于自身过失造成的团队责任。

导游		团号	
旅游路线			
旅游天数		退休老人	
客源地		儿童	
团队性质： □散拼　□团队 □港澳　□语种_____		婴儿	
		总人数	
项目内容：			

导游签字：

时间：××××年××月××日

导游在接受游客的接待任务后，首先熟悉和研究接待计划，熟悉游客的情况，研究其性质、特点和人员构成，从而确定接待计划的重点和服务方向。通过旅游接待计划，导游应了解团队性质、人员构成、旅游目的、特殊要求、旅游服务设施、旅游接待服务、旅游线路等信息。

二、准备物品与资料

导游应做好证件、票据、导游旗等物品的准备，如向旅行社有关部门借用手提喇叭、旅行社标志牌（旗），领取导游图和餐馆、景点、娱乐场所的结账单以及少量现金，带好导游证、胸卡、名片、记事本等；同旅行社计调部门联系，核实游客将入住的酒店或旅馆、游客用餐地点、参观单位的预订、游客行李运送、游客离开当地前往下一站所乘交通工具及接站，以及市内活动时所用车辆的落实情况；同司机联系，提供活动日程并确定出发接站的时间和地点。

接收游客资料时应做好核对登记，以确保游客的相关资料和票据是可用的。资料交接记录应予保存。

三、做好知识准备

导游应根据旅游行程安排及游客的基本情况，熟悉旅游目的地相关旅游资源、风土人情、法律法规等专业知识，做好知识准备。

1. 专业知识准备

（1）根据接待计划，做好游览项目有关知识和资料的准备，尤其是新开放景点知识的准备。准备过程中应注意知识的更新，及时掌握最新信息。

（2）接待有专业要求的团队，应做好相关专业知识和专有名词术语、词汇的准备。

（3）做好当前热门话题、国内外重大新闻以及游客可能感兴趣的话题的准备。

（4）做好客源国家（地区）有关知识的准备。

2. 语言准备

（1）若接待的是入境游客，地陪导游还要做好语言翻译和外语词汇的准备。

（2）做好语音、语调和用词等表达技巧方面的准备，注意表达清楚、生动和流畅。

四、做好心理准备

（1）导游在接待每一个旅游团之前都要做好常变常新的准备。对游客来说，他们是初次到本地旅游，导游应以迎接新来游客的心态做好各项服务工作。为此，在接待旅游团之前，导游首先应调整好自己的心态和情绪，尽快进入为游客竭诚服务的状态。

（2）导游服务涉及的游客多、过程长、项目多，因此，各种不确定因素也很多。有时候，无论导游做了多么充分的准备，也有可能会出现无法预料的情况，从而影响旅游行程。有时候，尽管导游已尽其所能地为旅游团提供热情周到的服务，但仍然不被其中一些游客理解，甚至会遭到无端投诉。因此，导游应对旅游过程中可能出现的困难以及游客可能产生的不满有心理准备，只有这样，当遇到真正的困难之时，导游才可以平和、沉着应对，从而顺利完成接待任务。

五、联络沟通

导游应与相关接待者建立联系，并保持有效沟通，以确保旅游接待的相关事宜得到妥善安排。

1. 全陪导游

（1）与地接社联系，核对旅游接待计划，了解接待工作安排情况。

（2）与游客联系，建立联系方式，提醒出发时间、地点等旅游行程注意事项。

（3）与旅游客车司机取得联系，确定会面时间和车辆停放位置。

2. 地陪导游

（1）落实游客的交通、食宿、票务、活动等事宜。

（2）确认游客所乘交通工具及其准确抵达时间。

（3）与旅游客车司机取得联系，确定会面时间和车辆停放位置，遵循"30分钟要求"，提前前往接站地。

任务二 迎接工作

一、出发前注意事项

导游在执业过程中应携带电子导游证、佩戴导游身份标识,并开启导游执业相关应用软件,提前到达游客出发(迎接)地点,持旅行社标识迎候,且应预备好欢迎词、详细的旅游行程安排以及关于文明旅游等方面的注意事项说明。

二、游客抵达前的业务安排

1. 确认游客所乘交通工具抵达的准确时间

接待游客当天,导游应提前与游客的全陪导游或领队联系,了解游客所乘交通工具的运行情况,尤其是在天气恶劣的情况下,应随时掌握游客的动向,确认其抵达的准确时间。此外,导游还可以通过查询航班、火车动态信息的App,或从机场(车站、码头)问询处获取游客所乘交通工具到达的准确时间。

2. 与旅游车司机联系

确定游客所乘交通工具的准确到达时间以后,导游应与旅游车司机联系,与其商定出发时间,确保旅游车提前半小时抵达接站地点,并告知司机游客的活动日程和具体时间。导游到达接站地点后,应与司机进一步商定旅游车具体的停车位置。

3. 与行李员联系

若为游客配备了行李车,导游应提前与行李员联系,告知游客的组团旅行社名称、人数和行李运送地点。

4. 再次核实航班(车次)抵达的准确时间

导游在到达接站地点后,应再次通过App、问询处或航班(车次)抵达显示牌确认航班(车次)抵达的准确时间。如获悉所接航班(车次)晚点,但推迟时间不长,地陪导游可留在接站地点继续等候游客;如推迟时间较长,应立即将情况报告接待旅行社有关部门,听从安排。

5. 持接站牌迎候游客

游客所乘交通工具抵达后,导游应在游客出站前,通过电话、微信或短信联系对方,并持接站牌站立在出口醒目的位置,面带微笑,热情迎候游客。接站牌上要写清团名、团号、领队或全陪导游的姓名,接小型游客团或无领队、无全陪导游的游客要写上游客的姓名。

三、认找游客

游客出站时,地陪导游应尽快认找所接游客。认找的方法是,地陪导游站在明显的位置举起接站牌或导游旗,以便领队、全陪导游(或游客)前来联系,与此同时地陪导游应通过手机与全陪导游或领队联系,了解游客出站情况。此外,导游还可根据游客的特征、组团旅行社的徽记、团队人数等分析判断或上前委婉询问,问清该团团名,领队、全陪游客的姓名,以及游客人数,以防错接。

认找旅游团

四、认真核实人数

接到游客后,地陪导游要向领队(或游客)做自我介绍,并与领队和全陪导游核对实到人数。如与计划的人数不符,要及时通知旅行社,以便安排住宿、餐饮上的变更。如所接游客无领队和全陪导游,地陪导游应与游客成员核对团名、人数及团员姓名。

五、集中检查行李

若游客是乘飞机抵达,地陪导游应协助该团游客将行李集中放到指定位置,提醒他们检查各自行李物品的件数以及是否有损坏。

若游客配备了行李车,地陪导游应与领队、全陪导游、接待旅行社行李员一起清点和核对行李件数,并请全陪导游填写行李卡,卡上应注明团名、人数、行李件数、所入住的酒店。行李卡一式两份,由全陪导游和行李员双方签字。

六、集合登车

地陪导游要提醒游客带齐行李物品,引导游客前往旅游车停放处。旅游车司机应当打开大巴底层的行李柜或汽车后备厢,帮助游客码放行李。地陪导游要站在车门旁,搀扶或协助游客上车。游客上车后,地陪导游应帮助游客将放在行李架上的手提行李整理齐顺,尤其注意行李架不得存放大型或重型行李,以免意外掉落砸伤游客。待游客坐定后,地陪导游要做好的第一件事是礼貌地清点人数,清点无误后方可示意司机开车。

导游途中讲解时,应提醒司机放慢车速并保持匀速前进状态。当汽车高速行驶时,禁止导游在车内站立讲解。

七、致欢迎词

致欢迎词是导游给游客留下良好第一印象的重要环节,一般应控制在5分钟左右。

欢迎词的内容应视游客的性质及文化水平、职业、年龄、居住地区等情况而有所不同,要有激情、有特点、有新意、有吸引力,快速把游客的注意力吸引到自己身上来,给游客留下深刻印象。欢迎词一般包括以下内容。

(1) 问候语：真诚问候游客，如"各位来宾、各位朋友，大家好！"
(2) 欢迎语：代表所在旅行社、本人及司机欢迎游客光临本地。
(3) 介绍语：介绍自己的姓名及所属单位，介绍司机。
(4) 希望语：表达提供服务的诚挚愿望。
(5) 祝愿语：预祝游客旅游愉快顺利。

八、调整时间

这项工作是针对刚刚入境的国际游客而言的。导游在致完欢迎词后要向游客介绍两国的时差，并请游客调整好时间。

模拟致欢迎词

资料库

部分城市与北京时差如表 4-3 所示。

表 4-3 部分城市与北京时差

城市名称	与北京时差（小时）	城市名称	与北京时差（小时）
Wellington 惠灵顿 [新西兰]	+4	Ankara 安卡拉 [土耳其]	-6
Canberra 堪培拉 [澳大利亚]	+2	Cairo 开罗 [埃及]	-6
Sydney 悉尼 [澳大利亚]	+2	Cape Town 开普敦 [南非]	-6
Pyongyang 平壤 [朝鲜]	+1	Frankfurt 法兰克福 [德国]	-7
Tokyo 东京 [日本]	+1	Paris 巴黎 [法国]	-7
Manila 马尼拉 [菲律宾]	0	Rome 罗马 [意大利]	-7
Singapore 新加坡 [新加坡]	0	London 伦敦 [英国]	-8

续表

城市名称	与北京时差（小时）	城市名称	与北京时差（小时）
Bangkok 曼谷 [泰国]	-1	Rio de janeiro 里约热内卢 [巴西]	-11
Djakarta 雅加达 [印度尼西亚]	-1	New York 纽约 [美国]	-13
New Delhi 新德里 [印度]	-2.5	Los Angeles 洛杉矶 [美国]	-16
Moscow 莫斯科 [俄罗斯]	-5	Hawaii 夏威夷 [美国]	-18

九、首次沿途导游

地陪导游要认真做好首次沿途导游,这不仅可以满足游客初到一地的好奇心和求知欲,而且也是自己展现气质、学识、语言水平的大好时机,有利于导游树立良好形象,增进游客对导游的信任感,为此后旅游活动的顺利开展打好基础。首次沿途导游的内容主要包括以下几点。

1. 本地概况介绍

地陪导游应在行车途中向游客介绍本地(本市)的概况,包括地理位置、行政区划、气候、人口、主要物产、居民生活、文化传统、土特产品、历史沿革等。

2. 风光风情讲解

地陪导游应在行车途中对道路两边的人、物、景做好讲解,以满足游客初到一地的求知欲。讲解应简明扼要,语言节奏要明快清晰,景物取舍要恰当,要见人说人、见物说物,与游客的观赏同步。可适当采用类比的方法使游客听后有亲切感和对比感。为此,导游要反应灵敏,把握好时机。

3. 介绍入住的酒店

在旅游车到达酒店之前,地陪导游还应向游客介绍他们将要入住的酒店的基本情况,包括酒店的名称、位置、距机场(车站、码头)的距离、星级、规模、主要设施设备与使用方法以及入住手续和注意事项等(如途中行车距离短,这部分内容也可在游客进入酒店后介绍)。

十、宣布当日或次日的活动安排

在首次沿途导游后,地陪导游应尽快与领队、全陪导游商量当日或次日的活动安排,包括叫早时间、早餐时间和地点、集合时间和地点、旅行线路等,商定后地陪导游应向游客宣布当日或次日的活动安排,并提醒游客做好必要的参观游览准备。

十一、宣布集合时间、地点和停车地点

旅游车驶进酒店后,地陪导游应在游客下车前向其讲清下次集合的时间地点(一般在酒店大堂)和停车地点,让游客记住旅游车的颜色、车型和车牌号,并提醒他们将手提行李和随身物品带下车,并告知司机第二天早餐和游客出发的时间。

任务三　游客入住服务

《导游服务规范》(GB/T 15971—2023)要求,旅游者抵达酒店时,导游应按要求协助办理住店手续,妥善处理入住过程中出现的问题,提醒安全注意事项。

一、协助办理入住手续

游客进入酒店后,地陪导游应安排游客在大堂指定位置休息。尽快向酒店前台讲明团队名称、订房单位,请领队或全陪导游收齐游客证件,与游客名单表一起交给酒店前台,尽快协助领队或全陪导游办理好住店登记手续。拿到客房号和住房卡(钥匙)后,请领队根据准备好的住房名单分发房卡,并把分房情况迅速登记在分房名单表上,再请酒店前台人员将登记的分房名单表复印两份,一份交酒店保存,另一份地陪导游留存,以便掌握领队、全陪导游和游客的房间号。此外,地陪导游还应在前台处领取印有酒店名称、地址和电话的酒店卡片分发给游客。

如旅游团无领队,可请团长分房;如旅游团既无领队又无团长,则请全陪导游分房。

地陪导游若留宿酒店,应将自己的房号告知领队和全陪导游;若不留宿酒店,在离开酒店前应将自己的电话号码告知全陪导游和领队,以便联系。

二、介绍酒店设施

入住酒店后,地陪导游应向全团介绍酒店的主要设施,包括外币兑换处、餐厅、娱乐场所、商品部、公共卫生间等的位置以及在店内如何使用Wi-Fi、网络连接,并说明住店注意事项,提醒游客可将贵重物品交前台保管(若客房内未设置保管箱),告知客房

内收费项目(如小酒吧、长途电话)、酒店安全通道位置以及房间安全注意事项(如睡觉前关好门窗、不躺在床上吸烟等)。

三、带领游客用好第一餐

游客进入房间之前,地陪导游要向游客介绍该团就餐餐厅的地点、时间、就餐形式。待全体团员到齐后,带领他们进入餐厅,向领座服务员问清本团的桌次后,再带领游客到指定的餐桌入座,告知游客用餐的有关规定,如哪些饮料包括在团费内,哪些不包括在团费内,若有超出规定的服务要求,费用由游客自理,以免产生误会。在用餐前,地陪导游还要将领队介绍给餐厅经理或主管服务员,核实餐厅是否根据该团用餐的特殊要求和饮食忌讳安排团餐。如果是自助餐,地陪导游应提醒游客适量取餐,避免浪费,不把食物、饮料带离就餐区。

我国地域辽阔,各地的饮食口味差别很大。有人用八个字总结了我国各地在饮食口味上的差别,即"南甜北咸,东辣西酸",虽不全面,但基本上能够反映各大区域在口味上的总体特点,至于具体的口味上的差别就更多了。了解游客的口味是导游一项重要的工作技能,要提高服务质量,导游就要与餐饮行业的员工一起,在研究游客口味上下功夫。虽说"众口难调",但如果导游"知难而进",让游客都吃得满意、吃得有乐趣,则会给游客留下美好的印象。

资料库

西方部分国家饮食特点

1. 美国人的主要饮食特点

(1)美国人的主食是肉类和鱼类,副食是粮食,一日三餐比较随便,没有过多讲究。

(2)美国人喜欢咸中带甜的菜肴,喜吃甜食,口味清淡;水果经常是菜肴中不可缺少的配料;普遍喜欢海味和蔬菜。

(3)美国人一日三餐一般会喝饮料,正餐多配葡萄酒、啤酒或牛奶,烈酒则在酒吧饮用;餐后喜吃甜品、喝茶或咖啡;饮料喜欢加糖和冰块。

2. 英国人的主要饮食特点

(1)英国人的主要食品是肉类、鸡蛋、面食、牛奶等。

(2)在菜系上,英国人以英法菜系为主,讲究口味清淡。菜肴讲究量少质精、花样繁多且注意营养。

(3)英国人喜欢家庭式用餐,极少光顾餐厅。一般家庭一日四餐,晚餐是一天中最丰盛、最讲究的;喜饮各种酒,并注意酒与相应食品的搭配;肉类烹饪讲究火候;餐后要饮用甜酒、咖啡或红茶。

3.德国人的主要饮食特点

（1）德国人主食为黑麦、小麦和土豆，面包是德国人最喜爱的食品，他们还喜欢吃奶酪、香肠，配以蔬菜沙拉和水果。

（2）德国人吃饭讲究实惠。早餐简单，晚餐丰盛，以吃肉为主，一般都有汤菜。

（3）德国人口味喜清淡、甜酸，不爱吃油腻食品，不爱吃辣。德国人最爱喝啤酒，也爱喝葡萄酒。

四、处理游客入住后有关问题

地陪导游在游客入住后半小时内最好不要离开，以便提供服务，满足游客的要求。游客进门时可能遇到门锁打不开的问题，进房后可能遇到浴室没有热水、房间不干净或有虫害、电话线或网络线不通等问题，地陪导游应及时与酒店联系，迅速解决，并向游客说明情况和表示歉意，确保游客带着自己的行李进入房间。

五、照顾行李进房

地陪导游要等到该团行李运抵酒店时与行李员、领队、全陪导游一起核对行李，然后将行李交给酒店行李员，督促其尽快将行李送到游客的房间。若个别游客未拿到行李或拿到的行李有破损，地陪导游应尽快查明原因，采取相应的措施。

六、确定叫早时间

地陪导游在结束当天活动离开酒店之前，应与领队确定第二天的叫早时间，请领队通知全团，并将商定的叫早时间通知给酒店前台。

七、核对商定日程

在游客抵达目的地前，地陪导游应通过微信、QQ或电话与全陪导游、领队就旅游活动日程进行初步沟通，当游客抵达后，地陪导游应与全陪导游、领队就活动日程进行面对面的正式核对商定，并形成各方认可的正式书面文稿。

核对商定日程是游客抵达后的一项重要工作，标志着两国（或两地）导游（领队）开始实质性的合作共事。

在游客抵达后，地陪导游应尽快进行核对商定日程的工作。如果团队抵达后直接去游览点，核对商定日程的时间、地点一般可选择在机场或行车途中；如果团队先前往酒店，一般可选择在首次沿途导游途中进行，也可在酒店入住手续办理完毕后进行，地点宜在公共场所，如酒店大堂等。

商谈日程的对象应根据游客的性质而定,对于一般旅游团,地陪导游应与领队、全陪导游商谈日程;对于重点团、专业团、交流团,除领队、全陪导游外,地陪导游还应请团内有关负责人一起参加商谈日程;如果游客没有领队,地陪导游可与全团游客一起商定日程。

任务四　景点讲解服务

参观游览是团体游客出游的主要目的,是游客消费旅游产品的主要组成部分,因此带领游客参观游览是地陪导游服务工作的中心环节。地陪导游的服务应使游客参观游览的全过程安全、顺利,使他们能够详细了解参观游览对象的特色、历史背景等,并能解答游客其他感兴趣的问题。为此,地陪导游必须认真准备、精心安排、热情服务、主动讲解。

一、出发前的服务

1. 做好出发前的准备

(1) 准备好导游旗、电子导游证、导游身份标识和必要的票证。

(2) 与司机联系,督促其做好出车的各项准备工作。

(3) 落实午餐和晚餐的预订情况。

2. 提前到达出发地点

地陪导游至少提前10分钟到达集合地点。地陪导游提前到达的作用如下。

(1) 这是地陪导游工作负责任的表现,会给游客留下很好的印象。

(2) 地陪导游可利用这段时间礼貌地招呼早到的游客,向他们征询服务的意见和建议。

(3) 在时间上留有余地,以身作则遵守时间提前做好出发前的有关工作,应对可能出现的紧急突发情况。

3. 核实实到人数

若发现有的游客未到,地陪导游应向全陪导游、领队或其他游客问明原因,设法及时找到;若有的游客想要留在酒店或不随团活动,地陪导游要问清情况并妥善安排,必要时报告酒店有关部门。

4. 提醒注意事项

地陪导游要在出发前向游客报告当日的天气情况,并讲明游览点的地形、行走线路的长短等,使游客心中有数。必要时提醒游客带好衣服、雨具和替换鞋子等。

5. 准时集合登车

游客到齐后,地陪导游应站在车门一侧,一边热情地招呼游客上车,一边扶助老弱者登车。待游客全部上车坐好后,地陪导游要再次清点人数,并检查游客的随身物品是否放置妥当,待所有游客坐稳后,请司机开车出发。

二、赴景点途中的服务

1. 重申当日活动安排

开车后,地陪导游要向游客重申当日的活动安排,包括参观景点的名称、至游览点途中所需时间、用餐时间和地点等,视情况介绍当日国内外重要新闻。

2. 沿途风光导游

在前往景点的途中,地陪导游应介绍沿途的主要景物,向游客介绍当地的风土人情、历史典故等,并回答游客提出的问题,以加深游客对旅游目的地的了解。讲解中要注意所见景物与介绍"同步",并留意游客的反应,以便对其中的景物做更为深入的讲解。

3. 介绍旅游景点

抵达景点前,地陪导游应向游客介绍该景点的简要概况,尤其是其形成原因、价值和特色。介绍要简明扼要,目的是满足游客事先想了解景点有关知识的心理,激发其游览该景点的欲望。

4. 活跃气氛

如果前往景点的路途较长,地陪导游可同游客讨论一些他们感兴趣的热点问题或组织适当的娱乐活动,如猜谜语、讲故事等,以活跃途中气氛。

三、抵达景点后的导游服务

1. 交代游览中的注意事项

(1)抵达景点时,地陪导游在下车前要讲清和提醒游客记住旅游车的型号、颜色、标志、车号和停车地点以及开车时间。尤其是下车和上车不在同一地点时,地陪导游更应提醒游客注意。

(2)在景点示意图前,地陪导游应讲明游览线路、游览所需时间以及集合时间和地点等。

(3)地陪导游还应向游客讲明游览参观中的注意事项,如禁止吸烟、不能拍照等。

2. 游览中的导游讲解

(1)抵达景点后,地陪导游要对景点有关景物进行导游讲解。它是地陪导游传播当地文化的主要途径,因此讲解前应对讲解的内容预先有所构思和计划,即先讲什么、后讲什么,中间穿插什么典故和趣闻故事,以及哪些多讲、哪些少讲,都应根据游客的情况和计划的游览时间长短来确定,但是主要内容应包括景点的历史背景、特色、地位和价值等。此外,地陪导游还应结合有关景物或展品宣传环境和文物保护知识。

(2)讲解的语言要生动、优美、富有表现力,不仅使游客增长知识,还能使游客得到美的享受。

(3)在景点导游过程中,地陪导游应保证在计划的时间与费用内,能使游客充分地游览、观赏,注意做好导游与讲解的结合、适当集中与分散的结合、劳逸结合,以及对老弱病残游客的关照。

3. 注意游客安全

地陪导游应留意游客的动向,防止游客走失和治安事故的发生。在景点导游讲解中,地陪导游应时刻观察周围的环境和注意游客的动向,使游客自始至终围绕和跟随在自己周围。为防止游客走失,地陪导游要与领队、全陪导游密切配合,随时清点人数。为防止游客发生意外事故,地陪导游还应注意和提醒游客在游览中提高警惕,防止小偷小摸等治安事件发生。

四、回程中的导游服务

一天的旅游活动结束后,在返回酒店的途中,地陪导游应做的主要工作如下。

1. 回顾当天活动

返程中对当天参观内容做简要小结,必要时可做补充讲解,并回答游客的有关问题,加深游客对当日活动的印象。

2. 进行风光导游

为了让游客能看到更多的景物,地陪导游应尽量避免游客由原路返回。在返回途中要对沿途的景物做必要的介绍。如果游客经过一天的参观游览活动显露出疲惫之态,地陪导游可在做完一天旅游活动的简要回顾之后安排游客休息。

3. 提醒注意事项

若当晚无活动安排,游客可能会自行外出活动,地陪导游要事先提醒游客最好结伴同行,并记下酒店的信息,以防迷路。

4. 宣布次日活动日程

返回酒店下车前,地陪导游要告知游客当日晚上和次日的活动日程、出发时间、集合地点等。提醒游客下车时带好随身物品,并率先下车,站在车门一侧照顾游客下车,随后将游客送回酒店。

5. 安排叫早服务

若游客需要叫早服务,地陪导游应安排妥当。与全陪导游、领队确认当日工作完成后方可离开酒店。

景点讲解
视频

任务五　餐饮、购物、娱乐方面的服务

游客出门旅游,参观游览活动固然是最主要的内容,但是游客所需要的餐饮服务、购物服务、娱乐活动等,也是整个旅游活动的必要组成部分。食、购、娱等环节的恰到好处的安排,能使旅游活动变得丰富多彩,加深游客对旅游目的地的印象。因此,在安排食、购、娱等旅游活动时,地陪导游同样应该尽心尽力,提供令游客满意的服务。

一、餐饮服务

1. 计划内团餐的服务

(1) 对于安排游客在酒店外用午、晚餐,地陪导游要提前按照合同规定予以落实,对用餐地点、时间、人数、标准、特殊要求、饮食禁忌与供餐单位逐一进行核实和确认。

(2) 用餐时,地陪导游应引领游客进入餐厅,然后清点人数,介绍餐厅的有关设施、菜肴特色、酒水类别和洗手间位置,告知餐饮标准与自费项目。

(3) 向领队告知全陪导游、地陪导游的用餐地点与用餐后全团的出发时间。

(4) 用餐过程中,地陪导游要巡视旅游团用餐情况1—2次,解答游客在用餐中提出的问题,并监督、检查餐厅是否按标准提供服务,以及解决可能出现的问题。

(5) 用餐后,地陪导游要严格按照实际用餐人数、标准和饮用酒水数量,与餐厅结账,并索要正规发票。

2. 自助餐的服务

自助餐是旅游团队用餐常见的一种形式,游客可以根据自己的口味,各取所需,因此深受游客欢迎。在用自助餐时,地陪导游要强调自助餐的用餐要求,告知游客注意节约,不可将饭菜打包带走。

3. 风味餐的服务

风味餐是广受游客欢迎的一种用餐形式,以品尝具有地方特色的风味佳肴为主,形式自由、不排座次。

品尝风味餐分为计划内和计划外两种。前一种是旅游接待计划中安排好的,地陪导游与游客一起参与。在品尝风味餐之前,地陪导游要做好落实工作,用餐时要介绍风味餐的特色;后一种是旅游接待计划中未予安排而由游客自费预订的,如游客邀请地陪导游参加,地陪导游可视情况决定是否前去。如果接受了游客的邀请,地陪导游要注意不能反客为主。

风味餐作为当地的一种特色餐食、美食,是当地传统文化的组成部分,宣传、介绍风味餐是弘扬民族饮食文化的活动。因此,在游客品尝风味餐时地陪导游应予以必要的介绍,如风味餐(如北京的烤鸭、四川的火锅、湖北的武昌鱼等)的历史、特色、人文精神及吃法等,能使游客既饱口福,又饱耳福。

举例

四川火锅

各位游客朋友,大家好,欢迎你们来到四川。我们四川啊,不仅有美景,更有美食。今天我就带大家去品尝一下四川美食的代表——火锅。

四川火锅,以麻、辣、鲜、香著称,它来源于民间,无论是贩夫走卒,还是达官显贵,抑或是才华横溢的文人骚客、勤勉致富的商贾农工,都被四川火锅的魅力深深吸引,其消费群体之广泛、消费频次之高,皆是其他地方的火锅难以比拟的。

四川火锅大约出现在清代道光年间。经过多方考证,它真正的发源地是泸州的小米滩。炊具仅一瓦罐,罐中盛水(汤),加以各种蔬菜,再添加辣椒、花椒祛湿。当时,长江边上的船工们跑船常宿于小米滩。停船即生火做饭驱寒,火锅的美味让船工们赞不绝口,就这样一传十,十传百,火锅的美名在长江边各码头传开了。

四川火锅有以下特点。

一是鲜香味美。在火力作用下,火锅中的汤卤处于滚沸状态,食者边烫边食,热与味结合,"一热当之鲜";加之汤卤调制十分讲究,含有多种谷氨酸和核苷酸,在汤卤中相互作用,产生十分诱人的鲜香味;再加上选用上乘的调料,以及新鲜的菜品、味碟,真是鲜上加鲜,令人回味无穷。

二是用料广泛。从传统的毛肚火锅的"牛杂"到今天的飞禽、走兽、山珍、海味等原料,四川火锅的品种可以说数不胜数了。用一句话概括就是凡是能吃的食物都可以在火锅中煮或烫食。

三是制作精细。除了调味的选用必须上乘,汤料的熬制、原料的加工、味碟的配备和菜品的摆放等都十分讲究。

四是养身健体。由于精选的食材及其独特的烹饪方式,火锅对身体有一定积极影响。例如,食用过程中若能促使身体微微出汗,对于缓解感冒症状具有一定的辅助疗效,同时能有效祛除体内湿气。特别是火锅中常加入的富含较高营养价值的食物,如鱼头、甲鱼等,更是为身体提供了丰富的营养补给。此外,药膳火锅的兴起,更是将养生与美食完美融合,不仅有助于保健强身,还能在一定程度上辅助治疗某些疾病,体现了食疗的独特魅力。

好了，各位游客朋友，听我说了那么多大家早已按捺不住了吧，现在就跟着我走吧，我带你们一起去品尝最正宗的四川火锅。

4.宴请服务

宴请活动包括宴会、冷餐会和酒会等。作为地陪导游，要重视宴请礼仪，着装得体，按照就餐安排的座次入座。要正确处理好自己与游客的关系，既要与游客共乐而又不能完全放松自己，举止礼仪不可失常。

二、购物服务

旅游购物是游客旅游行程中的一项重要内容，也是增加旅游目的地旅游收入的一条重要渠道，地陪导游应严格遵守《中华人民共和国旅游法》的规定，根据接待计划规定的购物次数、购物场所和停留时间带领游客购物，不擅自增加购物次数和延长停留时间，更不得强迫游客购物。对于不愿参加购物活动的游客，要做出妥善安排，如就近参观其他景点，或安排到环境较好的地点休息等候等。导游不得私自收取商家给予的购物"回扣"。

游客购物时，地陪导游应向全团说明停留时间和有关购物的注意事项，并介绍本地商品的特色。入境游客购物时，地陪导游不仅要承担翻译工作，并做好商品的促销，而且当游客要求办理托运时要向他们介绍托运的手续以及海关对游客携带物品出境的有关规定，并予以相应的协助。对商店不按质论价、以次充好、销售伪劣商品和不提供标准服务的行为，地陪导游应向商店负责人反映，或通过旅行社进行交涉，以避免以后出现此类问题。

对在景点游览中遇到小贩强拉强卖的情况，地陪导游有责任提醒游客不要上当受骗，不能放任不管。

三、娱乐服务

1.计划内的文娱活动

（1）对计划内安排的文娱活动节目，地陪导游应陪同前往，并向游客简单介绍节目内容和特点。

（2）到达演出场所后，地陪导游要引领游客入座，并自始至终和游客在一起，介绍有关演出设施，解答游客的问题。

（3）在游客观看演出过程中，对入境游客，地陪导游要做好剧情介绍和必要的翻译工作。

（4）演出结束后，要提醒游客不要遗留物品并带领游客依次退场。

（5）在大型娱乐场所，地陪导游要提醒游客不要走散，随时注意游客的动向与周围的环境，了解出口位置，以便发生意外情况时能及时带领游客撤离。

2.计划外的文娱活动

对游客要求观看的计划外的文娱节目,地陪导游应告知演出时间、地点和票价,可协助他们购票,但一般不陪同前往。如果游客要观看格调低下的不健康的文娱节目,地陪导游应礼貌劝阻。

任务六　送站服务

游客结束本地的参观游览活动后,地陪导游应做到使游客安全、顺利离站,遗留的问题能得到及时和有效的处理。

送站服务是导游工作的尾声,地陪导游应善始善终,如接待过程中曾发生过不愉快的事情,应尽量做好弥补工作;要想方设法把自己的服务工作推向高潮,使整个旅游过程在游客心目中留下深刻印象

一、送行前的工作

(一)核实交通票据

(1)游客离开的前一天,地陪导游应认真核实游客离开的机(车、船)票,包括团名、团号、人数、全陪导游姓名、去向、航班(车次、船次)起飞(开车、起航)时间(时间要做到四核实:核实计划时间、核实时刻表时间、核实票面时间、核实问询时间)、在哪个机场(车站、码头)离开等事项,然后移交给全陪导游。如果航班(车次、船次)和时间有变更,地陪导游应询问计调部门是否已通知了下一站接待的导游,以免造成漏接。了解本地和下一站次日的天气情况,以向游客做适当提示。

(2)若是乘飞机离境的游客,地陪导游除了要核实机票的上述内容,还应掌握该团机票的种类,并提醒领队和游客提前准备好海关申报单,以备海关查验。

(二)商定出行李时间

(1)地陪导游应先了解旅行社行李员与酒店行李员交接行李的时间(或按旅行社规定的时间),然后与酒店礼宾部商定地陪导游、全陪导游、领队与酒店行李员四方交接行李的时间。

(2)在上述四方交接行李时间商定后,地陪导游再与领队、全陪导游一起商定游客出行李的时间,商定后再通知游客,并向其说明有关行李托运的具体规定和注意事项(如不要将贵重物品放在行李中)。

(3)如果没有安排行李车,游客行李随车运送,地陪导游通知游客出发时间时一并提醒游客带上行李即可。

（三）商定集合出发时间

由于司机对路况比较熟悉，所以出发时间一般由地陪导游首先与司机来商定，然而为了安排得更合理，地陪导游还应与领队、全陪导游商议，商定后应及时通知游客。

（四）商定叫早和早餐时间

地陪导游应与领队、全陪导游商定叫早和早餐时间，并及时通知酒店有关部门和游客。如果该团是乘早班飞机或火车离开，需要改变用餐时间、地点和方式（如带盒饭），地陪导游要及时做好有关安排。

（五）提醒结账

（1）游客离店前，地陪导游应提醒、督促游客尽早与酒店结清其有关账目，如洗衣费、长途电话费、食品饮料费等。若游客损坏了客房设备，地陪导游应协助酒店妥善处理赔偿事宜。

（2）地陪导游应将游客的离店时间及时通知酒店总台，提醒其及时与游客结清账目。

（六）及时归还证件

一般情况下，地陪导游不应保管游客的证件，用完后应立即归还游客或领队。尽管如此，离店前一天，地陪导游还应检查自己的物品，看是否保留有游客的证件、票据等，如有应立即归还。

游客离开时若有旅行社的负责人来送行，地陪导游应向领队、游客和全陪导游做介绍，并认真做好欢送的具体组织工作。

二、离店服务

（一）集中交运行李

如旅游团配备行李车，旅游团行李集中后，地陪导游要按商定好的时间与领队、全陪导游和酒店行李员共同确认托运的行李件数，并检查行李箱是否上锁、捆扎是否牢固、是否破损等，然后交给酒店行李员，并填写行李交运卡。期间也需请游客核实自己的行李。

（二）办理退房手续

旅游团离开酒店前，地陪导游可将游客的房卡（钥匙）收齐交到酒店总服务台（也可由游客自交），并及时办理退房手续（或通知有关人员办理）。在办理退房手续时，要认真核对游客的用房数,无误后按规定结账签字。地陪导游应注意酒店客房住宿结算时间的规定(《中国旅游酒店行业规范》规定:酒店应在前厅显著位置明示客房价格和住宿时间结算方法,或者确认已将上述信息用适当方式告知客人),避免出现未按时退房的情况。

(三)集合登车

(1)出发前,地陪导游应询问游客是否结清了酒店的账目;提醒游客检查是否有物品遗留在酒店;请游客将房卡交到总服务台(房卡由游客自行交予酒店的情况下)。

(2)引领游客登车。游客上车后,地陪导游要协助他们放好随身行李,待他们入座后,地陪导游要仔细清点实到人数。游客到齐后,要提醒游客再清点一下包括证件在内的随身携带的物品,若无遗漏则开车离开酒店。

三、送行服务

(一)致欢送词

在旅游车至机场(车站、码头)的途中,如有需要,地陪导游可酌情对沿途景物进行讲解。快到机场(车站、码头)时或在机场(车站、码头),地陪导游要致欢送词,以加深与游客的感情。致欢送词的语气应真挚,富有感染力。欢送词主要包括以下内容。

模拟致
欢送词

(1)回顾语:对游客在本地的行程包括吃、住、行、游、购、娱等各方面做一个概要性的回顾,目的是加深游客对这次旅游经历的体验。

(2)感谢语:对游客及领队、全陪、司机的合作表示感谢。

(3)惜别语:表达惜别之情。

(4)征求意见语:诚恳地征询意见和建议。

(5)致歉语:旅游活动中有不尽如人意之处,可借此机会表示歉意。

(6)祝愿语:表达美好的祝愿,期待再次相逢。

致完欢送词,地陪导游可将"旅游服务质量评价意见表"(见表4-4)分发给游客。请其现场填写,在游客填写完毕后如数收回,向其表示感谢。游客还可以通过在线平台评价旅游服务质量。

(二)提前到达机场(车站、码头),照顾游客下车

地陪导游在带领旅游团前往机场、车站或码头时,必须确保预留足够的时间。具体而言,根据规定,若乘坐出境航班,应提前至少3小时到达,或按照航空公司的具体要求时间到达;乘坐国内航班则需提前至少2小时;而乘坐火车或轮船,则需提前至少1小时到达,以确保行程的顺利进行。

表 4-4 旅行社旅游服务质量评价意见表

亲爱的女士、先生：

为提高旅游产品质量，我们将非常感谢您对我们提供的服务提出宝贵意见。您的反馈是对我们工作的大力支持。谢谢！

填卡说明：

(1) 请您准确填写团号和抵达日期。

(2) 请您在所列项目中您同意的评价等级栏内打"√"标记。

(3) 请您将填好的卡片交还导游。

团号：_____   抵达日期：_____

项目	评价	很满意	满意	一般	不满意
餐饮	服务				
	餐饮质量				
	环境卫生				
住宿	宾馆服务				
	设施设备				
	环境卫生				
游览参观	环境秩序				
	环境卫生				
行车	司机服务				
	车况				
	卫生				
购物	商店服务				
	商店管理				
	商品质量				
导游	服务				
	讲解				

全陪导游签名：_____   领队签字：_____

旅游车到达机场（车站、码头）后，下车时，地陪导游要提醒游客带齐随身行李物品，并照顾游客下车，等游客全部下车后，要再检查一下车内有无游客遗留的物品。

（三）办理离站手续

(1) 大多数旅游团都是行李随旅行车同载，下车后请游客拿取各自的行李，带领游客进入机场（车站、码头）的大厅等候。

(2) 地陪导游如有提前取好的票据，清点无误后交给全陪导游（无全陪导游的团交给领队),请其清点核实。如没有提前办理票据,地陪导游可协助游客持有效证件办理取票或登机手续。

(3) 送国内游客,地陪导游应协助办理离站手续;送出境游客,地陪导游应在核实行李后,将行李交给每位游客,由游客自己办理行李托运手续。必要时可协助游客办理购物退税手续,并向领队或游客介绍办理出境手续的程序,将游客送往安检区域。

(4) 若游客行李由行李车运送,地陪导游到达机场(车站、码头)后应迅速与旅行社行李员取得联系,将其交来的交通票据和行李托运单或行李卡逐一点清、核实后,交给全陪导游或领队,并请其当面清点核实。

当客进入安检区域时,地陪导游应热情地与他们告别,并祝一路平安,游客过安检口进入隔离区后,地陪导游方可离开。

(四) 与司机结账

送走游客后,地陪导游应按旅行社的规定与司机办理结账手续,或在用车单据上签字,并保留单据。

任务七 善后服务

送走旅游团后,地陪导游还需要做好游客的善后服务以及旅行社要求的陪团结束后的有关工作。前者关系到地陪导游的接待工作是否有始有终,后者则涉及地陪导游对旅行社交付的工作是否圆满完成。

1. 处理遗留问题

送走旅游团后,地陪导游应认真、妥善地处理好旅游团的遗留问题,按有关规定办理游客托办的事宜,必要时请示领导后再办理。

2. 结账

地陪导游要按旅行社的具体要求,在规定的时间内,填写清楚有关的接待和财务结算表格,连同保留的单据、活动日程表等按规定上交有关人员,并到财务部门结清账目。

3. 接团小结

地陪导游应养成总结接团工作的良好习惯,认真填写导游日志,实事求是地汇报接团情况,尤其是突发事件。这样既有利于地陪导游业务水平的提高,又有利于旅行社及时掌握情况和发现不足,以便不断提高接待质量。

(1) 由于自身原因导致接团中出现问题的,要认真思考,积极调整,总结提高。

(2) 涉及相关接待单位,如餐厅、酒店、车队等方面的意见,地陪导游应主动说明真实情况,由旅行社有关部门向这些单位转达游客的意见。

(3) 涉及一些游客意见较大或比较严重的问题时,地陪导游要将其整理成书面材料,内容要翔实,尽量引用原话,并注明游客的身份,以便旅行社有关部门和相关单位进行交涉。

(4) 若发生重大事故,应实事求是地书写事故报告,及时向旅行社和组团旅行社汇报。

4. 提交物品

地陪导游应提交导游日志及旅游服务质量评价表,并及时归还在旅行社里所借物品。

导游作为城市文化的传播者和游客体验的引导者,其服务方式直接影响到游客的旅行体验和满意度。

本项目针对学生讨论和模拟导游活动情况,进行总结,指导学生学习并掌握导游服务的基本规范和质量标准。

分小组模拟导游带团的各个环节,包括接待准备工作,迎接工作,游客入住服务,景点讲解服务,餐饮、购物、娱乐方面的服务,送站服务,善后服务。

问题:

在游览鼓浪屿时,游客提出要到同安影视城游览,地陪导游向他们做了解释,但游客一再坚持要求变更旅游计划,导游小崔面对个别游客提出的要求该如何处理?

项目五
游客生活服务及突发应急事故处理

知识目标

掌握导游在游客生活服务方面要求的处理原则,如餐饮、住宿、娱乐、购物、游览等方面个别要求的处理。

掌握导游在突发应急事故方面的处理原则。如漏接、错接和误机(车、船)事故,以及对游客伤亡事故的处理;漏接、错接和误机(车、船)事故、对旅游计划和行程变更、游客证件、行李、钱物遗失和游客走失的处理;游客晕车(机、船)、中暑、游客患病、游客不当言行的处理,以及对旅游交通事故、治安事故、火灾事故,以及溺水、食物中毒等事故的处理。

熟悉地震、洪湖水、泥石流、台风、海啸等重大自然灾害的避险方法。

能力目标

具备独立工作能力,代表旅行社履行合同义务,完成旅游接待任务。

具备组织协调能力,善于协调、处理与相关接待者、游客之间的关系。

具备按照要求引导游客文明旅游的能力,节约资源,保护生态环境。

具备人际交往能力,与游客相处融洽。

具备旅游突发事件防范和应急处理能力,按照要求进行安全提示和监督。

具备社会适应能力,紧跟产业发展步伐,顺应旅游新业态,创新导游服务。

素质目标

具备较强的社交活动能力、组织协调能力。

具有协作、互助的团队精神。

具有强烈的"爱岗、敬业、安全、周到"的专业意识和职业道德。

具有服务意识,热爱导游职业。

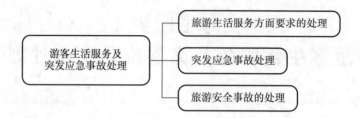

全陪导游小熊和一个来自德国的旅游团乘坐长江豪华游船游览长江三峡，一路上相处十分愉快。游船上每餐的中国菜肴十分丰盛，且每道菜没有重复。但一日晚餐过后，一游客对小熊说："你们的中国菜很好吃，我每次都吃得很多，不过今天我的肚子有点想家了，你要是吃多了我们的面包和黄油，是不是也想念中国的大米饭？"旁边的游客也笑了起来。虽说是一句半开玩笑的话，却让小熊深思了一个晚上。

思考：

如果你是小熊，你应该如何做？

任务一 旅游生活服务方面要求的处理

吃、住、购、娱是旅游活动的主要组成部分，也是旅程顺利进行的基本保证。导游应高度重视游客在这些方面的个别要求，认真、热情、耐心地设法解决。

一、餐饮方面个别要求的处理

"民以食为天。"跨国界、跨地区的游客对餐饮的要求各不相同，因餐饮问题引起的游客投诉屡见不鲜。下面就常见的六种情况讲述导游面对此类问题的处理方法。

（一）对特殊饮食要求的处理

由于宗教信仰、生活习惯、身体状况等原因，有些游客会提出饮食方面的特殊要求，例如，不吃荤，不吃油腻、辛辣食品，不吃猪肉或其他肉食，甚至不吃盐、糖、味精等。对游客提出的特殊要求，要区别对待。

1. 事先有约定

若所提要求在旅游协议书有明文规定,接待方旅行社须早做安排,地陪导游在接团前应检查落实情况。

2. 抵达后提出

若旅游团抵达后或到定点餐厅后,游客临时提出要求,则需视情况而定。一般情况下,地陪导游应立即与餐厅联系,在可能的情况下尽量满足游客要求;如情况复杂,确实有困难满足不了其特殊要求,地陪导游则应说明情况,协助游客自行解决。如建议游客到零点餐厅临时点菜或带他去附近餐厅(最好是旅游定点餐厅)用餐,并告知游客餐费自理。

(二)要求换餐

部分外国游客不习惯中餐的口味,在几顿中餐后要求改换成西餐;有的外地游客想尝尝当地小吃,要求换成风味餐。诸如此类要求,处理时考虑如下几方面。

(1) 首先要看是否有充足的时间换餐。如果旅游团在用餐前3个小时提出换餐的要求,地陪导游应尽量与餐厅联系,但需事先向游客讲清楚;如能换妥,差价由游客自付。

(2) 询问餐厅能否提供相应服务。若计划中的供餐单位不具备供应西餐或风味餐的能力,应考虑换餐厅。

(3) 如果是在接近用餐时间或到餐厅后提出换餐要求,应视情况而定。若该餐厅有该项服务,地陪导游应协助解决;如果情况复杂,餐厅又没有此项服务,一般不应接受此类要求,但应向游客做好解释工作。

(4) 若游客仍坚持换餐,地陪导游可建议其到零点餐厅自己点菜或单独用餐,并告知游客餐费自理且原餐费不退。

(三)要求单独用餐

由于旅游团的内部矛盾或其他原因,个别游客要求单独用餐。此时,导游要耐心解释,并告诉领队,请其调解;如游客坚持,导游可协助与餐厅联系,但要告知游客餐费自理且综合服务费不退。

游客因外出自由活动、访友、疲劳而不随团用餐,导游应同意其要求,但要说明餐费不退。

(四)要求在客房内用餐

若游客生病,导游或酒店服务员应主动将饭菜端进房间以示关怀。若是健康的游客希望在客房用餐,应视情况办理;如果餐厅能提供此项服务,可满足游客的要求,但须告知服务费标准。

（五）要求自费品尝风味餐

旅游团要求外出自费品尝风味餐，导游应予以协助，可由旅行社出面，也可由游客自行与有关餐厅联系订餐。风味餐订妥后旅游团又不想去，导游应劝他们在约定时间前往风味餐厅，并说明若不去用餐须赔偿餐厅的损失。

（六）要求推迟就餐时间

游客若因生活习惯不同，或在某旅游地游兴未尽而要求推迟用餐时间，导游可与餐厅联系，视具体情况处理。一般情况下，导游要向游客说明餐厅有固定的用餐时间，劝其遵守用餐时间，过时用餐需另付服务费。若餐厅不提供过时服务，最好按时就餐。

二、住房方面个别要求的处理

旅游过程中，酒店是游客临时的家。对于游客在住房方面的要求，导游一定要尽力协助解决。

（一）要求调换酒店

团体游客到一地旅游时，享受什么星级的酒店在旅游协议书中有明确规定，有的在什么城市入住哪家酒店都写得清清楚楚。如果接待旅行社向旅游团提供的客房低于标准，或用同星级的酒店替代协议中标明的酒店，游客可能会提出异议。

如果接待旅行社未按协议安排酒店或协议中的酒店确实存在卫生、安全等问题而致使游客提出换酒店，地陪导游应随时与接待旅行社联系，接待旅行社应负责予以调换。如确有困难，按照接待旅行社提出的具体办法妥善解决，并向游客说明理由，提出补偿方案。

（二）要求调换房间

如果游客提出调换房间，根据游客提出的不同理由，有不同的处理方法。

（1）若由于房间不干净，如有蟑螂、臭虫、老鼠等，游客提出换房应立即满足，必要时应调换酒店。

（2）由于客房设施尤其是房间卫生达不到清洁标准，应立即打扫、消毒，如游客仍不满意，坚持换房，应与酒店有关部门联系予以满足。

（3）若游客对房间的朝向、层数不满意，要求调换另一朝向或另一楼层的同标准客房，不涉及房间价格并且酒店有空房，可与酒店客房部联系，适当予以满足，或请领队在团队内部进行调整；无法满足时，应做耐心解释，并向游客致歉。

（4）若游客要住高于合同规定标准的房间，如有，可予以满足，但应告知游客要交付酒店的退房损失费和房费差价。

(三)要求往单间

团队旅游一般安排住标准间或三人间。由于游客的生活习惯不同或因同室游客之间闹矛盾,而要求住单间,导游应先请领队调解或内部调整;若调解不成,酒店如有空房,可满足其要求。但导游必须事先说明,房费由游客自理(一般由提出方付房费)。

(四)要求延长住店时间

由于某种原因(生病、访友、改变旅游日程等)而中途退团的游客提出延长在本地的住店时间,导游可先与酒店联系,若酒店有空房,可满足其要求,但延长期内的房费由游客自理。如原酒店没有空房,导游可协助游客联系其他酒店,房费由游客自理。

(五)要求购买房中物品

如果游客看中客房内的某种摆设或物品,要求购买,导游应积极协助,与酒店有关部门联系,满足游客的要求。

三、游客在交通方面个别要求的处理

交通是衔接旅游行程的纽带,一般情况下行程都是事先预订好的,不方便更改,但在实际工作中仍会有游客提出个别要求。

(一)要求更换交通工具类型

旅途中票务预订、退换非常烦琐,短时间内很难满足,如火车改为飞机或普通列车改为动车、高铁等。这种要求除非在自然灾害、误车(机、船)等特殊情况下,一般都不能答应更换。更改出行时间与上述处理方式相同。

(二)要求提高交通工具等级

游客可能会要求提高交通工具等级,包括提高舱位、座位等级等。导游遇到这种要求应首先与接待旅行社计调部联系,若有所要求等级的舱位、座位,可帮忙更换,但差价及相关费用需游客自理。

四、娱乐活动方面个别要求的处理

(一)要求调换计划内的文娱节目

凡在计划内注明有文娱节目的旅游团,一般情况下,地陪导游应按计划准时带游客到指定娱乐场所观看文艺演出。若游客提出调换节目,地陪导游应针对不同情况,本着"合理且可行"的原则,做出如下处理。

(1)如全团游客提出更换,地陪导游应与接待旅行社计调部门联系,尽可能调换,但不要在未联系妥当之前许诺;如接待旅行社无法调换,地陪导游要向游客耐心解释,并说明票已订好,不能退换,请其谅解。

(2)部分游客要求观看别的演出,处理方法同上。若游客要求分路观看文娱演出,在交通方面导游可做如下处理:如果两个演出点在同一线路,导游要与司机商量,尽量为少数游客提供方便,送他们到目的地;若不同路,则应为他们安排车辆,但车费需游客自理。

(二)要求自费观看文娱节目

游客要求自费观看文娱节目,在时间允许的情况下,导游应积极协助。以下两种方法地陪导游可酌情选择。

(1)与接待旅行社有关部门联系,请其报价。将接待旅行社的对外报价(其中包括节目票费、车费、服务费)告知游客,并逐一解释清楚。若游客认可,地陪导游应向接待旅行社预订,同时要陪同前往,将游客交付的费用上交接待旅行社并将收据交给游客。

(2)协助解决,提醒游客注意安全。地陪导游可帮助游客联系购买节目票,请游客自乘出租车前往,一切费用由游客自理。地陪导游应提醒游客注意安全,并牢记酒店地址。

如果游客执意要去大型娱乐场所或情况复杂的场所,地陪导游须提醒游客注意安全,必要时陪同前往。

(三)要求前往不健康的娱乐场所

如果入境游客要求去不健康的娱乐场所,导游应断然拒绝,并为游客介绍中国的传统观念和道德风貌,严肃指出不健康的娱乐活动在我国是禁止的。

五、购物方面个别要求的处理

购物是旅游活动的重要组成部分,游客往往会有各种各样的特殊要求,导游要不怕麻烦、不图私利,设法予以满足。

(一)要求单独外出购物

(1)在自由活动时间尽力帮助游客,当好购物"参谋",如建议去哪家商场、联系出租车、写中文便条等。

(2)在离开本地当天要劝阻游客,以防误机(车、船)。

(二)要求退换商品

游客购物后发现是残次品或对物品不满意,要求导游帮其退换,导游应积极协助,必要时陪同前往。

（三）要求再次前往某商店购物

游客欲购买某一商品,出于"货比三家"的考虑或对商品价格、款式、颜色等犹豫不决,当时没有购买。后来经过考虑又决定购买,要求地陪导游帮助。对于这种情况,地陪导游应热情帮助,如有时间可陪同前往,车费由游客自理。若因故不能陪同前往,可为游客写张便条,写清商店地址及欲购商品的名称,请其乘出租车前往。

（四）要求购买古玩或仿古艺术品

入境游客希望购买古玩或仿古艺术品,导游应带其到正规文物商店购买,买妥物品后要提醒他保存发票,不要将物品上的火漆印(如有的话)去掉,以便海关查验;入境游客要在地摊上选购古玩,导游应劝阻,并告知中国的有关规定;若发现个别入境游客有走私文物的可疑行为,导游须及时报告有关部门。

（五）要求购买中药材

如果入境游客想买中药材,并携带出境,导游应告知中国海关的有关规定。

六、要求自由活动的处理

旅游行程安排中往往有自由活动时间,在集体活动时间内也有游客要求单独活动。导游应根据不同情况,妥善处理。

（一）应劝阻游客自由活动的几种情况

（1）如果旅游团计划去另一地游览,或旅游团即将离开本地时,导游要劝其随团活动,以免误机(车、船)。

（2）如果地方治安不理想、复杂、混乱,导游要劝阻游客外出活动,同时必须实事求是地说明情况。

（3）不宜让游客单独骑自行车去人生地不熟、车水马龙的街头游玩。

（4）游河(湖)时,如果游客提出希望划小船或在非游泳区游泳的要求,导游不能答应,不能置旅游团于不顾而陪少数人去划船、游泳。

（5）如果游客要求去不对外开放的地区、机构参观游览,导游不得答应此类要求。

（二）允许游客自由活动时导游应做的工作

1.要求全天或某一景点不随团活动

有些游客或已游览过某一景点不想重复,因而不想随团活动,要求不游览某一景点或一天、数天离团自由活动。如果其要求不影响整个旅游团的活动,可以满足其要求并提供必要帮助。

（1）提前说明如果不随团活动，无论时间长短，所有费用不退，需增加的各项费用自理。

（2）告诉游客用餐的时间和地点，以便其归队时用餐。

（3）提醒其注意安全，保护好自己的财物。

（4）提醒游客带上酒店名片（名片上有中英文酒店名称、地址、电话）备用。

（5）为游客写张便条，注明游客要去的地点的名称、地址，以备不时之需。

2.到游览点后要求自由活动

到某一游览点后，若有个别游客希望不按规定的线路游览而希望自由游览，若条件许可（景区游客不太多、秩序不乱），可满足其要求。导游要提醒其集合的时间和地点及旅游车的车号，必要时留便条，上写集合时间、地点和车号以及酒店名称和电话号码，以备不时之需。

3.晚间要求单独行动

导游应建议游客不要走得太远，不要携带贵重物品（可寄存在前台），不要去秩序乱的场所，不要太晚回酒店等。

七、游客要求转递物品的处理

如果游客要求旅行社或导游帮其转递物品，一般情况下，导游应建议游客将物品或信件亲手交给或邮寄给收件部门或收件人，若确有困难，可予以协助。转递物品和信件，尤其是转递重要物品和信件，或向外国驻华使、领馆转递物品和信件，手续要完备。

（1）必须问清何物。若是应税物品，应敦促其纳税。若转移物品是食品应婉言拒绝，请其自行处理。

（2）请游客写委托书，注明物品名称、数量，并当面点清、签字，留下详细通信地址及电话。

（3）将物品或信件交给收件人后，请收件人写收据并签字盖章。

（4）将委托书和收据一并交旅行社保管，以备后用。

（5）若是转递给外国驻华使、领馆及其人员的物品或信件，原则上不能接收。在推脱不了的情况下，导游应详细了解情况并向旅行社领导请示，经请示同意后将物品和信件交旅行社有关负责人，由其转递。

八、要求探视亲友活动的处理

游客到达某地后，可能有探望当地亲戚或朋友的需求，导游应设法予以满足，并根据以下情况进行处理。

（1）如果游客知道亲友的姓名、地址，导游应协助联系，并向游客讲明具体的乘车路线。

（2）如果游客只知道亲友姓名或某些线索，地址不详，导游可通过旅行社请公安户籍部门帮助寻找，找到后及时告诉游客并帮其联系；若旅游期间没找到，可请游客留下联系电话和通信地址，待找到其亲友后再通知游客。

（3）如果海外游客要会见中国同行，进行业务洽谈、工作联系或其他活动，导游应向旅行社汇报，在领导指示下给予积极协助。

（4）如果导游发现个别中国人与游客之间以亲友身份为掩护进行不正常往来，或游客会见的人员较可疑，应及时向旅行社汇报。

（5）如果外国游客要求会见在华外国人或驻华使、领馆人员，导游不应干预；如果游客要求协助，导游可给予帮助；若外国游客盛情邀请导游参加使、领馆举办的活动，导游应先请示领导，经批准后方可前往。

九、要求亲友随团活动的处理

游客到某地希望会见亲友，但时间有限又不舍得放弃旅游活动，因此向导游提出随团的要求，导游要做到以下几点。

（1）首先要征得领队和旅游团其他成员的同意。

（2）与接待旅行社有关部门联系，若无特殊情况，可请随团活动的人员准备好有效身份证件到接待旅行社填写表格，交纳费用，办完随团手续后方可随团活动。

（3）若因时间关系无法到旅行社办理相关手续，可与接待旅行社有关部门电话联系，得到允许后代为查阅证件，收取费用。同时，应尽快将收据交给游客。

（4）若是外国驻华使馆人员或外国记者要求随团活动，应请示接待领导，按照我国政府的有关规定办理。

十、中途退团的处理

（一）因特殊原因提前离开旅游团

游客因患病、家中出事、工作急事，或因其他特殊原因，要求提前离开旅游团、中止旅游活动，经接待方旅行社与组团旅行社协商后可予以满足。对于未享受的综合服务费，按旅游协议书规定，或部分退还，或不予退还。

（二）无特殊原因执意退团的

游客无特殊原因,只是某个要求得不到满足而提出提前离团的,导游要配合领队做说服工作,劝其继续随团旅游;若接待方旅行社确有责任,应设法弥补;若游客提出的是无理要求,要耐心解释;若劝说无效,游客仍执意要退团,可满足其要求,但应告知其未享受的综合服务费不予退还。

（三）外国游客提前离开中国

外国游客不管因何种原因要求提前离开中国,导游都要在旅行社领导指示下协助游客进行重订航班,办理分离签证及其他离团手续,所需费用游客自理。

十一、延长旅游期限的处理

游客要求延长旅游期限一般有以下两种情况。

（一）由于某种原因中途退团,但本人继续在当地逗留需延长旅游期限

对无论何种原因中途退团并要求延长在当地旅游期限的游客,导游应帮其办理一切相关手续。对那些因伤病住院,不得不退团并须延长在当地居留时间者,除了办理相关手续,导游还应前往医院探视,并帮助解决患者或其陪同家属在生活上的困难。

（二）不随团离开或出境

旅游团的游览活动结束后,由于某种原因,游客不随团离开或出境,要求延长逗留期限,地陪导游应酌情处理:若不需办理延长签证的一般可满足其要求;无特殊原因游客要求延长签证,原则上应婉拒;若确有特殊原因需要留下但需办理签证延期的,地陪导游应请示旅行社领导,向其提供必要的帮助。

(1)办理延长签证手续的具体做法:先到旅行社开证明然后陪同游客持旅行社的证明、护照及集体签证到公安局外国人出入境管理处办理分离签证手续和延长签证手续,费用游客自理。

(2)如果离团后继续留下的游客需要帮助,一般可帮其做以下工作:协助其重新订机票、火车票、酒店等,并向其讲明所需费用自理;如其要求继续提供导游或其他服务,则应与接待旅行社另签合同。

(3)离团后的一切费用均由游客自理。

任务二　突发应急事故处理

一、计划或活动日程变更的处理

(一)旅游团(者)要求变更计划行程

旅游过程中,旅游团(者)提出变更路线或日程的要求时,导游原则上应按合同执行,若有特殊情况应上报组团旅行社,根据组团旅行社的指示做好工作。

(二)客观原因需要变更计划和日程

旅游过程中,因客观原因、不可预料的因素(如天气、自然灾害、交通问题等)需要变更旅游团的旅游计划、线路和活动日程时,一般会出现三种情况,针对不同情况要有灵活的应变措施。

1. 缩短或取消在某地的游览时间

(1)旅游团(者)的抵达时间延误,造成旅游时间缩短。仔细分析因延误带来的困难和问题,并及时向接待旅行社外联或计调部门报告,以便将情况尽快反馈给组团旅行社,找到补救措施;在外联或计调部门的协助下,安排落实该团交通、住宿、游览等事宜,提醒有关人员与酒店、车队、餐厅联系,及时办理退房、退车、退餐等一切相关事宜;地陪导游应立即调整活动日程,压缩在每一景点的活动时间,但尽量保证不减少计划内的游览项目。

(2)旅游团(者)提前离开,造成游览时间缩短。①立即与全陪导游、领队商量,采取尽可能的补救措施。②立即调整活动时间,抓紧时间将计划内游览项目完成;若有困难,无法完成计划内所有游览项目,地陪导游应选择最有代表性、最具特色的重点旅游景点,让游客对游览景点有一个基本的了解。③做好游客的安抚工作,不要急于将旅游团(者)提前离开的消息告诉旅游团(者),以免引起骚动。④待与领队、全陪导游制定新的游览方案后,找准时机先向旅游团中有影响力的游客实事求是地说明困难,诚恳地道歉,以求得谅解,并将变更后的安排向他们解释清楚,争取他们的认可和支持,最后分头做其他游客的工作。⑤地陪导游应通知接待旅行社计调部门或有关人员办理相关事宜,如退房、退餐、退车等。⑥给予游客适当的补偿,必要时经接待旅行社领导同意可采取加菜、送风味餐、赠送小纪念品等物质补偿的办法。⑦如果旅游团的活动受到较大的影响,游客损失较大而引起强烈不满时,可请接待旅行社领导出面表示歉意,并提出补偿办法。⑧若旅游团(者)提前离开,全陪导游应立即报告组团旅行社,并通知下一站接待旅行社。

2.旅游时间延长

游客提前抵达或推迟离开都会造成游览时间延长而需要变更游览日程。出现这种情况,地陪导游应该采取以下措施。

(1)落实有关事宜,与接待旅行社有关部门或有关人员联系,重新落实旅游团(者)的用房、用餐、用车的情况,并及时落实离开的机(车)票。

(2)迅速调整活动日程:适当地延长在主要景点的游览时间。经组团旅行社同意后,酌情增加游览景点,或晚上安排健康的文体活动,努力使活动内容充实。

(3)提醒有关接待人员通知下一站该团的日程变化。

(4)在设计变更旅游计划时,地陪导游要征求领队和全陪导游的建议和要求,共同商量,取得他们的支持和帮助。在变更的旅游计划确定之后,应与领队、全陪导游商量好如何向团内游客解释说明,取得他们的谅解与支持。

3.逗留时间不变,但被迫改变部分旅游计划

出现这种情况,肯定是外界客观原因造成,如大雪封山、维修改造、进入危险地段等。这时导游应采取如下措施。

(1)实事求是地将情况向游客讲清楚,求得谅解。

(2)提出由另一景点代替的方案,与游客协商。

(3)以精彩的导游讲解、热情的服务激起游客的游兴。

(4)按照有关规定进行相应补偿,如用餐时适当地加菜,将便餐改为风味餐,赠送小礼品等。必要时,由旅行社领导出面,诚恳地向游客表示歉意,尽量让游客满意地离开。

(三)因旅行社的原因需要调整计划日程

在旅游计划安排过程中,可能出现因旅行社的工作疏忽(如景区当天不开放等)造成旅游活动安排不周,需要临时进行调整。出现这种情况时应首先对计划进行合理调整,尽量不影响原定日程,然后将调整后的计划与领队及游客沟通,获取他们的谅解,再按照新计划安排游览。

二、漏接、错接、空接的预防与处理

(一)漏接的原因、预防及处理

1.漏接的原因

(1)导游自身原因造成的漏接。

主要原因包括:导游未按预定的时间抵达接站地点;导游工作疏忽,将接站地点弄错;班次变更导致旅游团提前到达,接待旅行社有关部门在接到上一站旅行社通知后,已在接待计划(或电话记录)上注明,但导游没有认真阅读,仍按原计划去接团;新旧时

刻表交替,导游没查对新时刻表,仍按旧时刻表时间去接团等。

（2）非导游自身原因造成的漏接。

由于交通运输部门的原因,原定班次或车次变更,旅游团提前到达,但因接待旅行社有关部门没接到上一站旅行社的通知,或接到上一站通知但没有及时转告该团导游。

2. 漏接的预防

（1）认真阅读计划。导游接到计划后,应了解旅游团抵达的日期、时间、接站地点（具体是哪个机场、车站、码头）,并亲自核对清楚。

（2）旅游团抵达的当天,导游应与旅行社有关部门联系,弄清班次或车次是否有变更,并及时与机场(车站、码头)联系,核实抵达的确切时间。

（3）提前抵达接站地点。导游应与司机商定好出发时间,保证按规定提前半小时到达接站地点。

3. 漏接的处理

（1）对导游自身原因造成的漏接,导游应实事求是地向游客说明情况,诚恳地赔礼道歉,用自己的实际行动,提供更加热情周到的服务来取得游客的谅解。另外,还可以采取若干弥补措施,高质量地完成计划内的全部活动内容。

（2）对非导游自身原因造成的漏接,导游不要认为与己无关而草率行事,应该立即与旅行社有关部门联系以查明原因,向游客进行耐心的解释,以免引起误解。此外,尽量采取弥补措施,努力完成接待计划,尽量减少游客的损失,必要时,请旅行社领导出面赔礼道歉或酌情给游客一定的物质补偿。

（二）错接的原因、预防及处理

1. 错接的原因

（1）导游未及时到站,团队被他人有意或无意先接走,造成错接。

（2）导游接团时没有认真核实所接团队的情况。

2. 错接的预防

（1）导游应提前到达接站地点迎接旅游团。

（2）接团时须认真核实。导游要认真核实旅游客源地组团旅行社的名称、旅游团号、人数、领队姓名(无领队的团要核实部分游客的姓名)、入住的酒店等。

（3）提高警惕,严防其他社会人员非法接走旅游团。

3. 错接的处理

（1）若错接发生在同一家旅行社的两个旅游团,导游应立即向领导汇报,经领导同意,地陪导游可不再交换旅游团,全陪导游应交换旅游团并向游客道歉。

(2)若错接的是另外一家旅行社的旅游团,导游应立即向旅行社领导汇报,设法尽快交换旅游团,并向游客实事求是地说明情况并诚恳道歉。

(三)空接的原因及处理

1.空接的原因

(1)由于天气、交通工具故障等原因,旅游团仍滞留在上一站或途中,上一站接待旅行社并不知道这种临时变化,而全陪导游或领队又无法及时通知地方接待旅行社。

(2)班次变更后,旅游团推迟到达,接待旅行社有关部门由于没有接到上一站接待旅行社的通知,或接到通知而有关人员忘记通知该团导游等原因,都会造成空接。

2.空接的处理

一旦出空接,导游应立即与本社有关部门联系并查明原因,如推迟时间不长,可留在接站地点继续等候,迎接旅游团的到来;如推迟的时间较长,导游要按本社有关部门的安排,重新落实接团事宜。

结合所学知识,上述案例中,小孟没有接到旅游团的主要原因可能有以下三点。

(1)由于各种原因,原航班的飞机提前起飞,旅游团抵达后自行前往酒店,属于漏接事故。由于各种原因,致使旅游团没能按时到达,属于空接事故。总之,旅游团提前或推迟抵达,而A市的接待旅行社没有将这一更改及时通知B市的接待旅行社。

(2)B市接待旅行社已经接到更改通知,但值班人员忘记通知导游,或没能找到导游。

(3)导游小孟接到了更改通知,但他粗心大意,没有将其记住;前往机场前他也没有去接待旅行社了解是否有电话记录、更改通知等。

如果旅游团提前抵达,小孟应该立即赶往酒店,向旅游团说明情况,赔礼道歉。如果是空接事故,小孟应马上与旅行社联系。得知该团将于第二天上午抵达B市,小孟或旅行社应通知接待单位退掉当天的食宿,预订第二天的食宿;重新安排在B市的活动日程;与司机商定第二天接团的时间。

三、误机(车、船)事故的预防与处理

(一)误机(车、船)事故的原因

1.客观原因

由于游客个人原因或在途中遇到交通事故、严重堵车、汽车发生故障等突发情况造成迟误,属于非责任事故。

2.主观原因

由于导游或旅行社其他人员工作上的差错造成迟误,如导游安排日程不当或过

紧,没有按规定提前到达机场(车站、码头),或导游没有认真核实交通票据,或班次已变更但旅行社有关人员没有及时通知导游等,属于责任事故。

(二)误机(车、船)事故的预防

(1)导游要提前做好旅游团离站交通票据的落实工作,并核对日期、班次、时间、目的地等,如交通票据没落实,带团期间要随时与旅行社有关部门联系,了解班次有无变化。

(2)临行前,不安排旅游团到地域范围广、地形复杂的景点参观游览;不安排旅游团到热闹的地方购物或自由活动。

(3)要安排充裕的时间去机场(车站、码头),保证旅游团按规定时间到达离站地点:①乘国际航班、出境航班,提前120分钟到达机场;②乘国内航班,提前90分钟到达机场;③乘火车或轮船,提前60分钟到达车站或码头。

(三)误机(车、船)事故的处理

(1)立即向旅行社领导及有关部门报告并请求协助。

(2)地陪导游和旅行社尽快与机场(车站、码头)联系,争取让游客乘最近班次的交通工具离开本站,或包机(车厢、船)、改乘其他交通工具前往下一站。

(3)稳定旅游团的情绪,安排好旅游团在当地滞留期间的食宿、游览等事宜。

(4)及时通知下一站接待旅行社,对日程做相应的调整。

(5)向游客赔礼道歉。

(6)写事故报告,查清事故的原因和责任,责任人应赔偿经济损失并受纪律处分。

同步案例

> KZH1015团将于10月17日17:40乘火车离A市赴E市。地陪导游小胡带领该团游览了清静寺后于16:00将该团带到市中心购物。16:40全团上车后发现少了两名游客。于是小胡让领队照顾全团游客,在原地等候,自己和全陪导游分头去找这两名游客。等找到游客,回到车上时,离火车开车时间只有二十分钟了。当大巴抵达火车站时,火车已驶离站台。
>
> 思考:
> 试分析造成这次误车事故的原因,并说明小胡应采取什么补救措施?

案例分析

1. 分析地陪导游的错误

①不应在赶火车前到市中心购物中心购物。②不应让全陪导游、领队在

> 原地等候,让地陪导游去找,而应由全陪导游带领团队赶往火车站,让地陪导游和领队去找。
>
> 2.游客因时间延误没有赶上火车,地陪导游应该采取的措施
>
> ①报告旅行社。②改车次。与交通运输部门联系,尽量安排其乘最近班次的交通工具离开,必要时包机或改乘其他工具。③稳定游客情绪,安排滞留期间食宿。④及时通知下一站接待旅行社。⑤向游客道歉。⑥写事故报告。

四、游客丢失证件、钱物、行李的预防与处理

(一)丢失物品的预防

(1)多做提醒工作。参观游览时,导游要提醒游客带好随身物品和提包;在热闹、拥挤的场所购物时,导游要提醒游客保管好自己的钱包、提包和贵重物品;离开酒店时,导游要提醒游客带好随身行李物品,并检查是否带齐了旅行证件。

(2)导游在工作中需要游客的证件时,要经由领队收取,用毕立即如数归还,不要代为保管;还要提醒游客保管好自己的证件。

(3)切实做好每次行李的清点、交接工作。

(4)每次游客下车后,导游都要提醒司机清车、关窗并锁好车门。

(二)丢失证件的处理

1.丢失外国护照和签证

(1)由旅行社出具证明。
(2)请失主准备照片。
(3)失主持证明去当地公安局(外国人出入境管理处)报失,由公安局出具证明。
(4)持公安局的证明去所属国驻华使、领馆申请补办新护照。
(5)领到新护照后,到公安局办理签证手续。

2.丢失团队签证

补办团体签证须持有签证副本和团队成员护照,并重新打印全体成员名单,填写有关申请表(可由1名游客填写,其他成员附名单),然后到公安局(外国人出入境管理处)进行补办。

3.丢失中国护照和签证

(1)华侨丢失护照和签证。
① 失主准备照片。
② 当地接待旅行社开具证明。

③ 失主持证明到公安局(厅)或授权的公安机关报失并申请办理新护照。

④ 持新护照去其侨居国驻华使、领馆办理入境签证手续。

（2）中国公民出境旅游时丢失护照、签证。

① 请导游协助在接待旅行社开具遗失证明，再持遗失证明到当地警察机构报案，取得警察机构开具的报案证明。

② 持当地警察机构的报案证明和失主照片及有关护照资料到我国驻该国使、领馆办理新护照。

③ 新护照领到后，携带必备的材料和证明到所属国移民局办理新签证。

（3）丢失港澳居民来往内地通行证。

失主须持当地接待旅行社的证明向遗失地的市县公安部门报失，经查实后由公安机关的出入境管理部门签发一次性有效的中华人民共和国出境通行证。

（4）丢失台湾同胞旅行证明。

失主向遗失地的中国旅行社、户口管理部门或侨办报失，核实后发给失主一次性有效的出入境通行证。

（5）丢失中华人民共和国居民身份证。

由当地接待旅行社核实后开具证明，失主持证明到当地公安局报失，经核实后开具身份证明，机场安检人员核准放行。

（三）丢失钱物的处理

游客丢失财物，导游要详细了解失物的形状、特征、价值，分析物品丢失的可能时间和地点，并积极帮助寻找。

（四）行李遗失的处理

（1）冷静分析情况。

（2）主动做好失主的安抚工作。

（3）查找行李下落。

（4）事后撰写书面报告。

同步案例

某旅游团从A地飞往B地，在A地机场办理登机手续时，被要求检查护照。此时全陪导游匆匆向游客收取护照，办理完登机手续后，他随手将护照递给了领队，自己向游客分发登机牌。到B地后，游客彼得告诉全陪导游他的护照不见了，还说在A地机场收护照后好像没有还给他，但领队说他肯定将护照还给了彼得。

思考：

（1）在A地机场，全陪导游的行为有哪些不妥？

（2）导游怎样处理游客丢失护照的问题？

（3）导游该如何正确对待海外游客的护照等证件？

案例分析

1. 在A地机场，全陪导游的做法确有不妥之处

（1）在需要证件时不应该由全陪导游直接向游客收取，用完后应将证件交还领队，且应当面点数。

（2）不应该是全陪导游发登机牌，而应是领队。

2. 处理游客丢失护照问题的过程

（1）问清楚情况，帮助游客回忆是真的没有收到护照，还是将护照忘在其他地方了。

（2）与领队联系确定是否已将护照还给游客，以分清责任。

（3）与领队一起协助游客寻找护照。

（4）如果确定护照丢失，地方接待旅行社要开具遗失护照证明。

（5）失主持接待旅行社证明到当地公安局报失，并开具遗失证明。

（6）失主持公安局的遗失证明到他所属国驻华使、领馆申请护照补发或临时证件。

（7）费用问题待分清责任后处理。

3. 导游对待游客证件的正确做法

（1）不保管海外游客的护照等证件。

（2）必要时由领队向海外游客收取护照，中方导游在接收证件时要点清数目，用完后立即将证件交还领队并点清数目。

（3）旅游团离开本地或离境时，导游要检查自己的行李，若有游客的证件，立即归还。

五、游客走失的处理

在参观游览或自由活动时，时常有游客走失的情况。一般来说，造成游客走失的原因有三种：一是导游没有向游客讲清停车位置或景点的游览路线；二是游客对某种现象和事物产生兴趣，或在某处拍照时间较长而脱离团队，导致走失；三是在自由活动、外出购物时，游客没有记清地址和路线。

（一）游客走失的预防

（1）做好提醒工作。提醒游客记住接待旅行社的名称、旅游车的车号和标志、下榻酒店的名称、电话号码等。导游应与游客互留手机号码。此外，游览时，地陪导游要提醒游客不要走散；自由活动时，地陪导游要提醒游客不要走得太远、不要回酒店太晚、不要去热闹、拥挤、秩序混乱的地方。

（2）做好各项活动的安排和预报。在出发前或旅游车离开酒店后，地陪导游要向游客预告一天的行程，包括游览点和餐厅的名称和地址。到游览点后，在景点示意图前，地陪导游要向游客介绍游览线路，告知旅游车的停车地点，强调集合时间和地点，再次提醒游客记住旅游车的特征和车号。

（3）时刻和游客在一起，经常清点人数。

（4）地陪导游、全陪导游和领队应密切配合。全陪导游和领队要主动负责做好旅游团的断后工作。

（5）导游要以高超的导游技巧和丰富的讲解内容吸引游客。

（二）游客走失的处理

只有当游客完全失去联系且在规定时间内没有返回，才能认定为游客走失。其处理办法如下。

1. 游客在旅游景点走失

（1）了解情况，迅速寻找。导游应立即向其他游客、景点工作人员了解情况并迅速开始寻找。地陪导游、全陪导游和领队要密切配合，一般情况下是全陪导游、领队分头去找，地陪导游带领其他游客继续游览。

（2）寻求帮助。如果经过认真寻找仍然找不到走失者，应立即向游览地的公安机关求助，特别是面积大、范围广、地段复杂、进出口多的游览点，因寻找工作难度较大，寻求当地有关部门的帮助尤为必要。

（3）与酒店联系。在寻找过程中，导游可与酒店前台、楼层服务台联系，请他们注意该游客是否已经回到酒店。

（4）向旅行社报告。如采取了以上措施仍找不到走失的游客，地陪导游应向旅行社及时报告并请求帮助，必要时请示领导，向公安机关报案。

（5）做好善后工作。找到走失的游客后，导游要做好善后工作，分析走失的原因。如属导游的责任，导游应向游客赔礼道歉；如果责任在走失者，导游也不应指责或训斥对方，而应对其进行安慰，讲清利害关系，提醒游客以后注意。

（6）写出事故报告。若发生严重的走失事故，导游要撰写书面报告，详细记述游客走失经过、寻找经过、走失原因、善后处理情况及游客的反映等。

2. 游客在自由活动时走失

(1) 立即报告接待旅行社和公安部门。导游应立即报告旅行社领导,请求指示和帮助;向公安机关报案,并向公安机关提供走失者可辨认的特征,请求帮助寻找。

(2) 做好善后工作。找到走失者,导游应表示高兴,并问清情况,安抚因走失而受惊吓的游客,必要时提出善意的批评,提醒其引以为戒,避免走失事故再次发生。

(3) 若游客走失后出现其他情况,应视具体情况,将其作为治安事故或其他事故处理。

同步案例

> 一个60人的旅游团队,在当日游完北京最后一个景点天安门广场之后,次日准备飞往桂林。也许是天安门的雄姿吸引了游客,晚上清点人数时发现有一位日本游客丢失,这可急坏了团队的全陪导游。全陪导游让团队在长城酒店入住之后,迅速通知酒店值班经理及旅行社经理,并与国际酒店团队电话联络,以期获得游客求助的消息,及时与其联系。此时游客发现自己脱离队伍也急坏了,幸好找到一家贵宾楼酒店,酒店主管经理依据经验与几家经常接待日本团队的酒店联系,几经周折,终于有了音讯。该团队在得知游客消息后,迅速前去迎接,终于接回了走失的日本游客,并向游客致歉,同时向积极提供帮助的人们致以谢意。游客归队了,一场有惊无险的事件结束了,其中的教训值得深思。
>
> 思考:
> 结合案例分析游客走失的原因,以及如何预防和处理游客走失。

案例分析

> (1) 游客在跟团旅游过程中走失的情况并不少见,如何处理好这类事件非常重要,它事关旅行社的声誉和形象,在旅行社的经营管理过程中影响较大。本案例中,旅行社完美地处理了这个事件,不但没有损害旅行社声誉,同时也给游客留下了美好的印象。
>
> (2) 在每游览完一个景点离开前,导游务必按时清点旅游团人数并及时寻找走失游客。
>
> (3) 针对本案例中的情况,导游应该做到:第一,及时弄清情况,迅速寻找走失游客。在游览中如发现某游客走失,导游须暂停导游,并立即向其他游客了解走失游客的相关情况,分析其可能在何时、何处走失,马上安排人力寻找,不可大意和拖延。如有其他导游在场,可派出一名导游和领队一起寻

找。寻找走失的游客和全团活动应并行不悖地进行,寻找工作不应影响团内其他游客的情绪。第二,导游应迅速向旅行社和有关部门报告。这一点十分必要,特别是在那些范围大、进出口多的游览点,寻找工作会有较大困难,导游须迅速向该地派出所或管理部门报告,请求他们协助寻找。同时,迅速与旅行社驻酒店的值班室、酒店前台取得联系。有时走失者找不到自己的旅游团,很可能遇到其他旅游团并随之活动,或搭乘其他团的车辆离开旅游地点,或自己乘出租车返回酒店。所以,导游应尽快向旅行社驻酒店值班室或酒店前台通报,请他们协助,注意游客是否已返回酒店。第三,走失者找到后,要查清责任,并做好善后工作。如属我方责任,须向对方赔礼道歉,并征求其补偿意见;如责任在对方,应对此表示遗憾,并友好提醒对方以后防止类似事情发生。事后,要向领导书面汇报走失事件。

(4)有经验的导游常常采取一些简便易行的预防措施,防止游客走失。如在参观景点时,指定一人殿后;抵达某游览点时,说明集合时间、地点及发生走失时如何寻找旅游团;提醒游客随身携带所住酒店名片,以备必要时使用等。

六、游客患病、死亡的处理

由于旅途劳累、气候变化、水土不服或饮食起居不习惯,游客尤其是年老体弱者难免会感到身体不适,导致患病,甚至出现病危情况。常见的旅行疾病或不适包括晕车晕船、失眠、高原反应、中暑、便秘、腹泻、呕吐等。在旅游过程中,游客还可能会突发急症,如心脏病猝发、昏厥,还会出现摔伤等事故。

这就需要导游从多方面了解游客的身体状况,照顾好他们的生活,经常关心、提醒游客注意饮食卫生,避免人为原因致使游客生病;导游应该学习预防和治疗旅行常见病的知识,掌握紧急救护的方法,以便在关键时刻为游客的救治争取时间,但是不得随意将自备药品提供给患病游客。

(一)游客患病的预防

1.游览项目选择有针对性

导游在做准备工作时,应根据旅游团的信息材料,了解旅游团成员的年龄及其他情况,做到心中有数,选择适合该年龄段游客的游览线路。

2.安排活动日程要留有余地

不要将一天的游览活动安排得太多太满;更不能将体力消耗大、游览项目多的景点集中安排,要有张有弛,使游客感到轻松愉快;晚间活动的时间不宜安排过长。

3. 提醒游客注意饮食卫生

在游客用餐时,导游要提醒游客注意饮食卫生,不要暴饮暴食,以免水土不服引起腹泻。在北方旅游时,导游应提醒游客多喝水,多吃水果,以防上火和感冒。吃海鲜后,提醒游客一小时内不要食用冷饮、西瓜等冷食,也不要马上去游泳,游泳后也不可立即食用冷饮、海鲜、西瓜等。对于晕车、晕船、晕机的游客,导游要提醒其在乘坐前不要吃得太饱,也不要吃得太油腻。

4. 及时报告天气变化

导游应提醒游客随着天气的变化及时增减衣服、带雨具等;气候干燥的季节,提醒游客多喝水、多吃水果;炎热的夏季,提醒游客注意预防中暑。

(二) 游客患一般疾病的处理

经常有游客会在旅游期间感到身体不适或患一般疾病,如感冒、发烧、晕车、失眠、便秘、腹泻等,这时导游应该注意以下几方面。

(1) 劝游客及早就医,注意休息,不要强行游览。在游览过程中,导游要观察游客的神态、气色,发现游客的病态时,应多加关心,照顾其坐在较舒服的座位上,或让其留在酒店休息,同时通知酒店给予关照,切不可劝其强行游览。游客患一般疾病时,导游应劝其及早去医院就医。

(2) 关心患病的游客。对因病没有参加游览活动、留在酒店休息的游客,导游要主动前去问候,询问其身体状况,以示关心;必要时,通知餐厅为其提供送餐服务。

(3) 必要时,导游可陪同患者前往医院就医。

(4) 严禁导游擅自给患者用药。

(三) 游客突患重病的处理

1. 在前往景点途中突然患病

游客在前往旅游景点的途中突然患病,导游应做到以下几点。

(1) 在征得患病游客或领队同意后,立即将患病游客送往就近医院治疗,或拦截其他车辆将其送往医院。必要时,暂停旅行,用旅游车将患病游客直接送往医院。

(2) 及时将情况通知接待旅行社有关人员。

(3) 一般由全陪导游、领队、患病游客亲友陪同患病游客去往医院。如无全陪导游和领队,地陪导游应立即通知接待旅行社,请求帮助。

2. 在参观游览时突然患病

(1) 不要搬动患病游客。

(2) 立即拨打120叫救护车。

(3) 向景点工作人员请求帮助。

(4) 及时向接待旅行社领导及有关人员报告。

3. 在酒店突然患病

游客在酒店突患重病,先由酒店医务人员抢救,然后送往医院,并将其情况及时向接待旅行社领导汇报。

4. 在向异地转移途中突患重病

在乘飞机、火车、轮船前往下一站的途中,游客如果突患重病:

(1) 全陪导游应请求乘务员协助,在乘客中寻找医务人员。

(2) 通知下一站的接待旅行社做好抢救的各项准备工作。

5. 处理要点

(1) 游客病危,需要送往急救中心或医院抢救时,需由患者家属、领队或患者亲友陪同前往。

(2) 如果患者是国际急救组织的投保者,导游应提醒其亲属或领队及时与该组织的代理机构联系。

(3) 在抢救过程中,需要领队或患者亲友在场,并详细记录患者患病前后的症状及治疗情况,并请接待旅行社领导到现场或与接待旅行社保持联系,随时汇报患者情况。

(4) 如果需要做手术,必须征得患者亲属的同意,如果亲属不在,需由领队同意并签字。

(5) 若患者病危,但亲属又不在身边,导游应提醒领队及时通知患者亲属。如果患者亲属系外国人士,导游要提醒领队通知所属国使、领馆。患者亲属到达后,导游要协助其解决生活方面的问题;若找不到亲属,一切按使、领馆的书面意见处理。

(6) 有关诊治的书面材料应由主治医生出具证明并签字。

(7) 地陪导游应请求接待旅行社领导派人帮助照顾患者、办理医院的相关事宜,同时安排旅游团继续按计划活动,不得将全团活动中断。

(8) 患者转危为安但仍需继续住院治疗,不能随团继续旅游或出境时,接待旅行社领导和导游(主要是地陪导游)要不时去医院探望,帮助患者办理分离签证、延期签证,以及出院、回国手续等事宜。

(9) 患者住院和医疗费用自理。如患者没钱看病,领队或组团旅行社应与境外旅行社、患者亲属或保险公司联系解决其费用问题。

(10) 患者在离团住院期间未享受的综合服务费由旅行社结算后,按协议规定处理。患者亲属在当地的一切费用自理。

(四) 游客因病死亡的处理

游客在旅游期间不论什么原因致其死亡,都是一件很不幸的事情。当出现游客死亡的情况时,导游应沉着冷静,立即向接待旅行社领导和有关人员汇报,按有关规定办理善后事宜。

(1) 如果死者的亲属不在身边,应立即通知亲属前来处理后事;若死者系外国人士,应通过领队或有关外事部门迅速与死者所属国的驻华使、领馆联系,通知其亲属来华。

(2) 由参加抢救的医生向死者的亲属、领队及好友详细报告抢救经过,并出示"死亡证明",由主治医生签字后盖章,复印后分别交给死者的亲属、领队或旅行社。

(3) 对死者一般不做尸体解剖,如果要求解剖尸体,应有死者的亲属、领队、或其所属国家使、领馆有关官员签字的书面请求,经医院和有关部门同意后方可进行。

(4) 如果死者属非正常死亡,导游应保护好现场,立即向公安局和旅行社领导汇报,协助查明死因。如需解剖尸体,要征得死者亲属、领队或所属国驻华使、领馆人员的同意,并签字认可,解剖后出具尸体解剖报告(无论属何种原因解剖尸体,都要出具尸体解剖报告)。此外,旅行社还应向司法机关办理公证书。

(5) 死亡原因确定后,在与领队、死者亲属协商一致的基础上,请领队向全团宣布死亡原因及抢救、死亡经过情况。

(6) 遗体的处理,一般以火化为宜,遗体火化前,应由死者亲属或领队,或所属国家驻华使、领馆写出"火化申请书"并签字,然后进行火化。

(7) 死者遗体由领队、死者亲属护送火化后,火葬场将死者的"火化证明书"交给领队或死者亲属;我国民政部门发给对方携带骨灰出境证明。各有关事项的办理,我方应予以协助。

(8) 死者如在生前已办理人寿保险,我方应协助死者亲属办理人寿保险索赔、医疗费报销等有关证明。

(9) 出现因病死亡事件后,除领队、死者亲属和旅行社代表负责处理外,其余团员应当由代理领队带领,仍按原计划参观游览。至于旅行社派何人处理死亡事故、何人负责团队游览活动,一律请示旅行社领导决定。

(10) 若死者亲属要求将遗体运回国,除需办理上述手续外,还应由医院对尸体进行防腐处理,并办理尸体防腐证明书、装殓证明书、外国人运送灵柩(骨灰)许可证、尸体灵柩出入境许可证等有关证件,方可将遗体运出境。灵柩要按有关规定包装运输,要用铁皮密封,外廓要包装结实。

(11) 由死者所属国驻华使、领馆办理一张经由国的通行证,此证随灵柩通行。

(12) 有关抢救死者的医疗、火化、尸体运送、交通等各项费用,一律由死者亲属或该团队交付。

(13) 死者的遗物由其亲属或领队、全陪导游、死者生前好友代表或所属国驻华使、领馆有关官员共同清点造册,清点人要在清单上一一签字,一式两份,签字人员分别保存。遗物要交死者亲属或死者所属国家驻华使、领馆有关人员。接收遗物者应在收据上签字,收据上应注明接收时间、地点、在场人员等。

项目五 游客生活服务及突发应急事故处理

 同步案例

一天,全陪导游注意到一位习惯在每日固定时间享用早餐并独居的游客未能出现于早餐时段,感到意外但未即刻深究,误以为其已早起外出活动。然而,在随后的集合登车时刻,该游客依然未归,全陪导游遂向领队询问情况,领队亦称不知情。随后,通过电话联系未果,全陪导游与游客共同前往游客房间查找。尝试敲门后未得回应,推门发现房门紧锁,询问楼层服务员得知未见游客离开房间。随后,服务员协助开启房门,发现游客已不幸在床上去世。面对此突发状况,两人惊慌地赶往前厅,向众人通报了游客去世的消息。地陪导游迅速做出反应,决定即刻取消当天的旅游行程,并紧急致电地方接待旅行社,汇报情况并请求领导到场处理。随后,地陪导游在前厅焦急徘徊,等待领导指示的到来。

思考:

(1)在上述描述中,导游在哪方面做得不对?应该怎么做?

(2)游客去世后,导游应该做些什么?

 案例分析

1.在上述描述中,导游在哪方面做得不对?应该怎么做?

1)导游行动的不妥之处

(1)发现游客死在床上,两人不应该都跑下来。

(2)不应该惊恐地当众宣布死讯。

(3)地陪导游不应该立即宣布取消当天的游览活动。

(4)地陪导游不应该只向旅行社报告游客死亡的消息。

(5)不应该在大厅焦急地等待旅行社领导而不管其他游客。

2)导游的正确做法

(1)留一人在原地与楼层服务员一起保护现场。

(2)安定游客情绪。

(3)地陪导游或由旅行社另派地陪导游带旅游团到预订游览点或组织与当时气氛相适应的活动。

(4)在通知旅行社的同时要通知酒店保卫部门。

(5)向旅行社领导做翔实报告。

(6)有关部门来调查时,导游要积极配合。

2.游客去世后,导游应该做些什么?

游客去世后,导游要在旅行社领导下,做如下工作。

(1) 提醒领队通知所属国驻华使领馆。

(2) 提醒领队设法通知死者家属,让其来华处理后事,死者家属来华后要妥善安排好他们的生活。

(3) 按家属或使领馆的意见处理遗体。

(4) 与领队等人一起清理死者遗物并登记造册,并办理公证手续;遗物清点装箱后交死者亲属或领队带回。接收遗物者要签字。

(5) 向其他游客通报死者的死亡原因。

(6) 协助领导办理有关证件。

(7) 必要时参加悼念活动。

七、游客不当言行的处理

不当行为一般是指违反社会公德或者触犯法律,但尚不足以引起法律责任的行为。外国游客在我国境内必须遵守我国的社会公德和法律,若违反社会公德情节严重,甚至违法,将受到我国法律的制裁。

(一) 预防措施

导游应积极向游客介绍我国的有关法律、宗教、习俗、景点管理的有关规定,多做提醒工作,以免个别游客无意中做出不当、犯法行为。发现可疑现象,导游要有针对性地给予必要的提醒和警告,迫使预谋越轨者知难而退;对顽固不化者,一旦发现其越轨行为应立即汇报,协助有关部门调查,分清性质。处理这类问题要严肃认真,实事求是,合情、合理、合法。

(二) 处理原则

对于游客的不当言行,导游要认真调查核实,处理时要特别注意"四个分清":分清不当行为和违法行为的界限;分清有意和无意的界限;分清无故和有因的界限;分清言论和行为的界限。

只有正确地区别上述界限,才能正确处理此类问题,才能团结朋友、增进友谊,维护国家的主权和尊严。

(三) 几种典型情况的处理办法

1. 对攻击和诬蔑言论的处理

对于海外游客来说,由于其所在的社会环境与我国的不同,政治观点也会有差异,他们中的一些人可能对我国的方针政策及国情有误解或不理解,在看待某些问题时与我们产生分歧也是正常现象,可以理解。此时,导游要积极友好地介绍我国的国情,认真地回答游客的问题,阐明我国对某些问题的立场、观点。总之,多做工作,求同存异。

对于个别游客站在敌对的立场进行恶意攻击、蓄意诬蔑挑衅,作为一名中国的导游,要严正驳斥,驳斥时要理直气壮、观点鲜明。导游应首先向其阐明自己的观点,指出问题的性质,劝其自制;若其一意孤行,影响面大,或有违法行为,导游应立即向有关部门报告。

2.对违法行为的处理

对于海外游客的违法行为,首先要分清是由于对我国的法律缺乏了解,还是明知故犯。对前者,应讲清道理,指出错误之处,并根据其违法行为的性质、危害程度,确定是否报有关部门处理。对那些明知故犯者,导游要提出警告,明确指出其行为是中国法律和法规所不允许的,并报告有关部门严肃处理。

中外游客中若有窃取国家机密和经济情报、宣传邪教、组织邪教活动、走私、贩毒、偷窃文物、倒卖金银、套购外汇、贩卖黄色书刊及录音/录像制品、嫖娼、卖淫等犯罪活动的,一旦发现应立即汇报,并配合司法部门查明罪责、严肃处理。

3.对散发宗教宣传品行为的处理

海外游客若在中国散发宗教宣传品,导游一定要予以劝阻,并向其宣传中国的宗教政策,指出不经我国宗教团体邀请和允许,不得在我国布道、主持宗教活动和在非完备活动场合散发宗教宣传品。处理这类事件要注意政策界限和方式方法,对不听劝告并有明显破坏活动者,应迅速报告给公安机关处理。

4.对违规行为的处理

(1)一般性违规的预防及处理。

在旅游接待中,导游应向游客宣传、介绍、说明旅游活动中涉及的具体规定,防止游客因不知情而误犯。例如,参观游览中哪些地方禁止摄影、禁止进入等,都要事先讲清,并随时提醒。若在导游已讲清并提醒的情况下明知故犯,当事人要按规定受到应有的处罚(由司法机关处理)。

(2)对异性越轨行为的处理。

对于游客中举止不端、行为猥亵的任何表现,都应郑重指出其行为的严重性,令其立即改正。导游遇到此类情况,出于自卫要采取果断措施;情节严重者应及时报告有关部门依法处理。

(3)对酗酒闹事者的处理。

游客酗酒,导游应先规劝并严肃指明可能造成的严重后果,尽力阻止其饮酒。不听劝告、扰乱社会秩序、侵犯他人、造成物质损失的肇事者必须承担后果。

任务三　旅游安全事故的处理

一、交通事故

交通事故中,最常见的是汽车事故。为此,在行车期间要保证司机注意力集中,不要和司机聊天;发现司机过于疲劳,应及时建议其在合适地点停车休息。交通事故不是导游所能预料、控制的。遇到交通事故发生,只要导游没负重伤,神志还清楚,应立即采取相关措施,冷静果断地处理,并做好善后工作。

1. 交通事故的预防

(1) 司机开车时,导游不要与司机聊天,以免分散其注意力。

(2) 安排游览日程时,在时间上要留有余地,避免造成司机为抢时间、赶日程而违章超速行驶;不要催促司机开快车。

(3) 如遇天气不好(下雪、下雨、有雾)、交通堵塞、路况不好,尤其是在道路狭窄、山区行车时,导游要主动提醒司机注意安全,谨慎驾驶。

(4) 如果天气恶劣,地陪导游可适当调整日程安排;如遇道路不安全的情况,可以改变行程,必须把安全放在第一位。

(5) 阻止非本车司机驾驶汽车。

(6) 提醒司机在工作期间不要饮酒。如遇司机酒后驾驶,绝不能迁就,地陪导游要立即阻止,并向领导汇报,请求改派其他车辆或更换司机。

(7) 提醒司机经常检查车辆,若发现隐患,及时提出更换车辆的建议。

2. 交通事故的处理

(1) 立即组织抢救。

导游应立即组织现场人员迅速抢救受伤的游客,特别是抢救重伤员,进行止血、包扎、上夹板等初步处理。立即打120急救电话叫救护车或拦车将重伤员送往距出事地点最近的医院抢救。

(2) 立即报案,保护好现场。

事故发生后,不要在忙乱中破坏现场,要设法保护现场,并尽快通知交管部门(交通事故报警台电话为122)。如果有两名以上导游在场,可由一个指挥抢救,一个留下保护现场;如果只有一名导游,可请司机或其他熟悉情况的人协助处理,并尽快让游客离开事故车辆,争取尽快派人来现场调查处理。

(3) 迅速向接待旅行社报告。

地陪导游应迅速向接待旅行社领导和有关人员报告,讲清交通事故的具体情况和游客伤亡情况,请求派人前来帮助和指挥事故的处理,并要求派车把未受伤和受轻伤的游客接走送至酒店或继续旅游活动。

3.善后处理

(1) 做好安抚工作。

事故发生后,交通事故的善后工作将由交通运输公司和旅行社的领导出面处理。导游在积极抢救、安置伤员的同时,做好其他游客的安抚工作,力争按计划继续组织参观游览活动。待事故原因查清后,请旅行社领导出面向全体游客说明事故原因和处理结果。

(2) 办理善后事宜。

请医院开具诊断和医疗证明书,并请公安机关开具交通事故证明书,以便向保险公司索赔。

(3) 撰写书面报告。

交通事故处理结束后,需要有关部门出具事故证明、调查结果,导游要立即撰写书面报告,其内容包括:事故的原因和经过;抢救经过和治疗情况;人员伤亡情况和诊断结果;事故责任及对责任者的处理结果;受伤者及其他游客对处理的反映等。书面报告应力求详细、准确、清楚、实事求是,最好和领队联合报告。

同步案例

某地陪导游率团从某景区返城,途间,地陪导游带领旅游团于途中某旅游商店购物,因耗时较长,地陪导游怕耽误晚间娱乐活动遂催促司机加快速度,一路上,导游与游客同司机有说有笑,很是开心。在接近城区时,前方一人骑车横穿公路,司机因躲闪不及而将骑车人撞成重伤,旅游车也连人带车滚进了路边农田里,部分游客被撞伤,车内顿时一片混乱。导游被吓得惊声尖叫、手足无措,好几分钟后,才打开车门,给旅行社打去电话,惊慌失措地在路边等待旅行社,并立即告知游客晚上娱乐活动取消。

思考:

在此次交通事故前后,导游有哪些不妥行为?旅游团不幸遇到交通事故,导游通常应如何处理?

案例分析

(1) 导游的不妥行为有:不应该在行车过程中为赶时间催促司机加快速度,在行车中不应与司机说笑,分散司机的注意力;发生事故后没有沉着冷静地采取措施解救伤员、安抚游客;没有立即报案和拨打120急救电话;不应擅自取消晚上的旅游活动,而应根据实际情况和旅游团的领队或全陪导游商量后再做决定。

（2）遇到交通事故导游应:立即组织抢救;保护现场,立即报案;迅速向旅行社汇报;做好旅游团游客的安抚工作;撰写书面报告。

二、治安事故

在旅游活动过程中,遇到坏人行凶、诈骗、偷窃、抢劫,导致游客人身及财物受到不同程度的损害的事故,统称治安事故。

导游在带团时,要注意观察周围的环境,发现异常情况时,应立即采取措施,尽快把旅游团转移到安全地带。若遇到抢劫或行凶,导游要敢于、善于应战,挺身而出保护游客生命财产安全,决不能置身事外,更不能临阵脱逃。

1. 治安事故的预防

导游在接待工作中要时刻提高警惕,采取一切有效的措施防止治安事故的发生。

（1）入住酒店时,导游应建议游客将贵重财物存入酒店的保险柜或前台,不要随身携带大量现金或将大量现金放在客房内。

（2）提醒游客不要将自己的房号随便告诉陌生人,更不要让陌生人或自称维修人员的人随便进入自己的房间;尤其是夜间绝不可贸然开门,以防发生意外;出入房间一定要锁好门。

（3）提醒游客不要与私人兑换外币,并讲清我国关于外汇管制的规定。

（4）每当离开游览车时,导游都要提醒游客不要将证件或贵重物品遗留在车内。游客下车后,导游要提醒司机关好车窗、锁好车门,尽量不要走远。

（5）在旅游景点活动中,导游要始终和游客在一起,随时注意观察周围的环境;在人多拥挤的地方,要提醒游客看管好自己的财物,例如不要在公共场合拿出钱包,最好不买流动小贩的东西(防止物品被小贩偷走)。导游还应随时清点人数。

（6）汽车行驶途中,不得停车让非本车人员上车、搭车;若遇不明身份者拦车,导游提醒司机不要停车。

2. 治安事故的处理

导游在陪同旅游团(者)参观游览的过程中,遇到此类治安事件时,必须挺身而出,全力保护游客的人身安全,决不能置身事外,更不能临阵脱逃,发现不正常情况,应立即采取行动。

（1）全力保护游客。

遇到歹徒向游客行凶、抢劫,导游应做到临危不惧,毫不犹豫地挺身而出。奋力与坏人拼搏,勇敢地保护游客。同时,立即将游客转移到安全地点,力争在群众和公安人员的帮助下缉拿罪犯,追回钱物,但也要防备犯罪分子携带凶器狗急跳墙,切不可鲁莽行事,要以游客的安全为重。

(2)迅速抢救伤员。

如果有游客受伤,应立即组织抢救,或送伤者去医院。

(3)立即报警求助。

治安事故发生后,导游应立即向公安局报警,如果罪犯已逃脱,导游要积极协助公安局破案,要把案件发生的时间、地点、经过、作案人的特征,以及受害人的姓名、性别、国籍、伤势及损失物品的名称、数量、型号、特征等,向公安机关报告清楚。

3.善后事宜

(1)及时报告。

导游在向公安部门报警的同时要向接待旅行社领导及有关人员报告;如情况严重,请求领导前来指挥处理。

(2)安抚游客。

治安事件发生后,导游要采取必要措施稳定游客情绪,尽力使旅游活动继续进行下去。并在领导的指挥下,准备好必要的证明、资料,处理好受害者的补偿、索赔等各项善后事宜。

(3)写出报告。

事后,导游按照有关要求撰写详细、准确的书面报告,包括案件整个经过以及案件的性质、采取的应急措施和受害者及其他游客的情况等。

三、火灾事故

酒店、景点、娱乐购物等场所发生火灾,会威胁到游客的生命和财产安全。导游平常就应熟悉酒店或游客常去场所的防火措施,了解安全出口、安全门、安全楼梯的位置,学习火灾避难和救护的基本常识,才可能遇事不慌、妥善处理。

1.火灾事故的预防

(1)做好提醒工作。

提醒游客不要携带易燃、易爆物品;不乱扔烟头和火种,不要躺在床上吸烟。向游客讲清:在托运行李时应遵守运输部门的有关规定,不得将不准托运的物品夹带在行李中。只有这样,才能尽可能地减少火灾。

(2)熟悉酒店的安全出口和转移线路。

导游带领游客住进酒店后,在介绍酒店内的服务设施时,必须介绍酒店楼层安全出口、安全楼梯的位置,并提醒游客进入房间后,看懂房门上贴的安全转移线路示意图,掌握一旦失火时应走的线路。

(3)牢记火警电话。

导游一定要牢记火警电话(119),并且掌握领队和全体游客的房间号码。一旦火情发生,导游要能及时通知游客。

2. 火灾事故的处理

火灾发生时,导游应首先报警,然后迅速通知领队及全团游客配合工作人员,听从统一指挥,迅速通过安全出口疏散游客。最后,根据情况引导游客自救。如果情况危急,不能马上离开火灾现场或被困,导游应采取的正确做法如下。

(1) 千万不能让游客搭乘电梯或慌乱跳楼。

(2) 应迅速戴上防烟面具,或用湿毛巾捂住口鼻,以防中毒、窒息。

(3) 必须穿过浓烟时,可用水将全身浇湿或披上用水浸湿的衣被,捂住口鼻,贴近地面蹲行或爬行。

(4) 若身上着火了,可就地打滚,将火苗压灭,或用厚重衣物压灭火苗。

(5) 大火封门无法逃脱时,可用浸湿的衣物、被褥将门缝塞严,或泼水降温,等待救援。

(6) 当见到消防队来灭火时,可以摇动色彩鲜艳的衣物,寻求救援。

3. 协助处理善后事宜

游客得救后,导游应立即组织抢救受伤者;若有重伤者应迅速送往医院;若有人死亡,按有关规定处理;采取各种措施安抚游客的情绪,解决因火灾造成的生活方面的困难,设法使旅游活动继续进行;协助领导处理好善后事宜;撰写翔实的书面报告。

四、食物中毒事故

游客因食用变质或不干净的食物常会发生食物中毒。其特点是:潜伏期短,发病快,且常常集体发病,若抢救不及时会有生命危险。

1. 食物中毒的预防

为防止食物中毒事故的发生,导游应做到以下几点。

(1) 应安排游客到卫生有保障的旅游餐厅就餐。

(2) 提醒游客不要在小摊上购买食物。

(3) 如用餐时发现食物、饮料不卫生或有变质异味,应立即要求更换,并要求餐厅负责人出面道歉,必要时向旅行社领导汇报。

2. 食物中毒的处理

一旦发现游客出现上吐下泻、腹痛等食物中毒症状,导游应立即让游客停止食用可疑食物,同时拨打120,告知医务人员中毒者食用的食物、食用时间及食用数量。在急救车到来之前,可采取以下自救措施。

(1) 催吐:对中毒不久而无明显呕吐者,可以让其饮用5000—8000毫升的温水,饮用后立即实行抠喉催吐法。催吐时要尽量避免逆行性呛咳,而且催吐时要尽量避免误吸,催吐的次数要尽量多,直至胃肠道内的呕吐物排出时呈无色无味澄清状,以减少毒素的吸收。经过大量温水催吐后,呕吐物已变为较澄清液体时,可适量饮用牛奶以保护胃黏膜。如在呕吐物中发现血性液体,则可能出现了消化道或咽部出血,应暂时停止催吐。

(2)导泻:发生中毒后,如果游客进食时间已经超过2小时,但精神状态较好,此时可以选择导泻的方法,即服用泻药,促使受污染的食物尽快地排出体外。选用泻药的种类和用量要根据患者的年龄不同而有所区别。

(3)保留食物样本:确定中毒物质对治疗来说至关重要,因此在发生食物中毒后,导游要保留导致中毒的食物样本,以提供给医院进行检测。如果身边没有食物样本,也可保留患者的呕吐物和排泄物,以方便医生确诊和救治。

最后,导游在处理事故的同时也应及时将情况报告给旅行社,并追究餐厅的责任。

五、溺水事故

溺水又称淹溺,是指人淹没于水中,由于水吸入肺内(90%为湿淹溺)或喉挛(10%为干淹溺)所致窒息。

1. 溺水事故的预防

为了防止溺水事故的发生,导游应做到以下几点。

(1)劝阻游客,请他们不要独自在河边、海边玩耍。

(2)劝阻游客,请他们不要前往非游泳区游泳。

(3)劝阻不会游泳者,请其不要前往深水区,即使戴着救生圈也不安全。

(4)提醒游客在游泳前要做适当的准备活动,以防抽筋。

2. 溺水时的自救方法

(1)不要慌张,发现周围有人时立即呼救。

(2)放松全身,让身体漂浮在水面上,将头部浮出水面,用脚踢水,防止体力丧失,等待救援。

(3)身体下沉时,可将手掌向下压。

(4)如果在水中突然抽筋,又无法靠岸时,立即求救。如果周围无人,可深吸一口气潜入水中,伸直抽筋的那条腿,用手将脚趾向上扳,以缓解抽筋。

3. 发现有人溺水时的救护方法

(1)可将救生圈、竹竿、木板等物抛给溺水者,再将其拖至岸边。

(2)若没有救护器材,可入水直接救护。接近溺水者时要转动他的髋部,使其背向自己然后拖运。拖运时通常采用侧泳或仰泳拖运法。

(3)特别需要强调的是,未成年人发现有人溺水,不能贸然下水营救,应立即大声呼救,或利用救生器材施救,救人也要在自己能力范围之内。

4.岸上急救溺水者的方法

（1）迅速清除溺水者口、鼻中的污泥、杂草及分泌物，保持呼吸道通畅，并拉出溺水者的舌头，以避免堵塞其呼吸道。

（2）将溺水者举起，使其俯卧在救护者肩上，腹部紧贴救护者肩部，头脚下垂，以使溺水者呼吸道内积水自然流出。

（3）进行口对口人工呼吸及胸外心脏按压。

（4）尽快联系急救中心或将溺水者送去医院。

游客生活服务及突发应急事故处理是导游工作中的重要部分。本项目让学生掌握导游在游客生活服务及突发应急事故中的处理原则，熟悉自然灾害避险方法，提高独立工作、组织协调、引导文明旅游、人际交往及应急处理等能力。

模拟训练：游客要求推迟用餐时间

2018年，导游张某按照旅行社的安排去机场接待了两名黎巴嫩游客，在安排好游客下榻某五星级酒店后已近中午，于是张某便让游客们稍事休息后去用午餐，而两位游客却表示，他们不愿在此时用午餐，他们习惯在下午3点吃午饭。张某便同酒店餐厅联系，告知其游客的用餐时间推迟至下午3点，可餐厅经理说，餐厅供餐时间最迟是下午2点。请你以张某的身份，处置此事。

情景模拟：

以小组为单位进行角色扮演，对话内容包括以下部分。

（1）告知游客该酒店餐厅的供餐时间，劝他们尽可能在餐厅的供餐时间内用餐。

（2）如果游客坚持下午3点才用餐，可询问餐厅是否能提供送餐服务；如可以，通知餐厅在下午3点时为两位游客提供送餐服务。

（3）最后，如果该酒店在下午3点不提供送餐服务，导游应在请示旅行社后，带领游客到酒店外的餐馆用餐。

项目六
导游工作中的心理服务

知识目标

理解导游提供心理服务的重要性。

掌握导游工作中的心理服务知识。

能力目标

能够在导游工作中为游客提供恰当的心理服务。

掌握导游工作中的补救策略及提高补救质量的方法。

素质目标

具有"游客至上"的服务意识。

知识框架

```
                    ┌─ 认知旅游服务中的心理服务
                    │
导游工作中的心理服务 ├─ 导游工作中自我心理调节与服务技巧
                    │
                    ├─ 不同类型游客的心理特点及接待技巧
                    │
                    └─ 在特殊情境中自我放松
```

尴尬的迎接

今天是林红参加工作3个月来第一次带团导游,她的心情格外激动,但又十分紧张。在火车站等候旅游团时,她不断默记早已准备好的导游词,可还是紧张得总上洗手间。当她来到游客面前时,早准备好的欢迎词不知忘到哪里去了,只用颤抖的声音连续3次说:"女士们!先生们!"引得大家不约而同地笑了起来,林红羞得脸红到了脖根。在带领大家出站的路上,她不断地鼓励自己:"林红,没关系的,你能行。"并迅速地调整心态。在前往宾馆的路上,她多了几分镇定,甜美的声音、恰当的讲解、美丽的笑容,深深吸引了全体游客的注意力,这也让她信心百倍。在以后的几天中,她端正心态,与全陪的成熟导游密切配合,同游客和谐相处,圆满完成了本次接待工作。

思考:

请分析本案例的心理调适技巧。

分析:

导游是旅游接待工作的主体,是整个旅游服务的核心。导游服务作为旅游产品的重要组成部分,其质量直接关联到游客体验,是评估旅游服务品质高低的敏感指标。

第一次带团的紧张心情给刚刚参加工作的导游带来了很大的压力,案例反映出林红在第一次带团时的种种紧张感受。压力不仅仅存在于工作初期,也会长期存在于工作的过程中,且随着社会生活的日益复杂化和丰富化,人们感受到的压力也越来越多。压力过大,容易造成精神负担,影响工作效果,进一步引发不良情绪。那么,导游如何在重重压力下,仍保持良好的自我感觉和稳定的情绪,充满信心地圆满完成工作任务呢?

从学校的学习生活到实习后走向工作岗位,从社会环境的适应到人际关系的处理,从生活变迁到自我成长,每个旅游从业人员在日常工作、学习和生活中,都不可避免地会遇到各种各样的困难和挫折,产生种种难以抵御的心理冲突和压力,从而受不良情绪的困扰,抑制了潜能和创造力的发挥,最终会严重影响工作效率与质量。因此,导游要学会认识压力、正确应对压力、协调好人际关系,才能具有健康的身心与良好的工作状态,提供让游客满意的服务。

任务一　认知旅游服务中的心理服务

一、心理服务的提出

日本学者前田勇提出了双重服务的概念:一为机能性服务,二为情绪性服务。如服务人员面带微笑为游客送上一杯饮料,"为游客送上饮料"可看作是机能性服务,而"面带微笑"可看作是情绪性服务。北欧著名的服务营销专家格鲁诺斯认为一般顾客感知的服务质量有两个基本方面:交易中顾客获取的实际技术,是评价服务质量的一部分,是技术质量;而顾客如何接受服务,如何参与生产和消费过程,也构成了综合质量的另一方面,即功能质量。在紧随国外服务研究的同时,我国专家学者也及时提出了自己的独到见解。吴正平、邹统钎把服务划分为功能服务和心理服务。功能服务就是指为游客提供方便,为游客解决各种各样的实际问题;心理服务是虽不一定能为游客解决什么"实际问题",却能让游客得到"心理上满足"的服务。他们还提出了"服务即交往,交往即服务"的观点,能让游客经历轻松愉快的人际交往就是为游客提供心理服务。在服务之前,顾客的良好的心理状态和情绪水平是其接受服务和评价服务的基础;服务过程中,顾客参与的积极性是员工提供优质服务的催化剂;在服务之后,顾客的感受往往又成为他在服务中最大的收获。

当今,旅游企业竞争日益激烈,功能服务趋同,心理服务才是真正显示服务质量差距的关键因素。

二、旅游服务中提供心理服务的必要性

心理服务并非旅游业的专利,然而心理服务似乎又专为旅游而生。在旅游服务中,心理服务有着更加重要的意义。

(一)服务在旅游业中的特殊地位

在实际的旅游商品销售过程中,旅游服务行为的服务价值是单独计算的,收费中有"服务费"一项。另外,从游客角度看,在旅游活动中游客得到的物质产品只占很小的比重,无形的服务是旅游商品中的大部分,因此,游客在购买旅游商品时,服务总是被优先考虑的,而在投诉时,游客更强调的也是一种精神损失。

(二)旅游服务质量评估的主观性

由于旅游服务的无形性和差异性等特点,人们对服务质量的评价没有客观、统一的标准,又因为顾客的满意度被当作衡量服务质量的唯一标准,依赖于顾客感知的服务和顾客期望的服务之间的差距,于是提高顾客感知的服务质量成为问题最终的关键。企业要创造性地为顾客服务,主动从顾客的心理需求出发,占得先机诱发顾客的心理需求,引导顾客满足心理需求、体验服务、享受服务。

任务二　导游工作中自我心理调节与服务技巧

一、导游初次带团的自我心理调节

（一）克服羞怯感，敢于"暴露自己"

导游在初次带团时，会产生羞怯感，导致言行拘谨，甚至言不由衷或言行不一致。这时可以直言："对不起，见到大家，我有点紧张和激动。请多包涵！"以取得游客的理解。因此，作为初次带团的导游应尽可能做到坦白自我。

（二）增强自信心，克服自卑感

初次带团的导游会对自己的服务水平不自信，工作不如成熟导游那样游刃有余，从而产生自卑心理。其实，新导游虽然在经验和技能上比不过成熟导游，但是新导游对工作有新鲜感，对游客更加积极、主动、热情。因此，新导游应该看到自己的优势，克服自卑心理，增强自信心。

（三）认真准备，虚心请教

初次带团的导游在带团前一定要认真做好准备工作，尽可能把工作做在前面。在准备过程中，碰到不懂的问题，要虚心向有经验的成熟导游请教。在导游服务过程中，也应虚心地与司机交流，与其他工作人员密切配合。

（四）运用技巧，自我调节

新导游可以运用深呼吸法和自我激励法进行自我调节。自我放松，调整紧张情绪，进行自我鼓励，形成积极暗示。

二、接团时提供良好的心理服务

（一）保持微笑服务

导游在接团时，若想向游客提供良好的心理服务，把友好的信息在第一次接触中传递给游客，保持微笑服务是非常重要的技巧。微笑能使游客消除陌生感，缩短导游与游客的距离，传达友好和尊重。对导游来说，真诚的微笑就是最好的欢迎词，是与游客情感沟通的桥梁。

（二）激发游客的兴趣

导游应善于调节游客的情绪，激发其游览的兴趣。刚到旅游地，游客往往处于既兴奋又紧张、既新奇又陌生的状态之中。紧张感和陌生感容易使游客疲劳和拘谨，影响游览兴致；而兴奋感则使他们随导游去探新猎奇，寻见美好的事物。导游此时应学会抓住游客的好奇心，激发兴趣，调动积极性，让游客有所期待。

（三）调节游客的情绪

一般来说，游客初到旅游地都会产生积极、高涨的情绪。作为导游来说，应抓住这一契机努力成为游客情绪的调动者和调节者，尽可能地满足游客的需要，使每一位游客的情绪都能一直处于积极的状态之中，从而保证旅游活动的顺利进行。

（四）做好个性化服务

个性化服务是指导游在接待旅游服务的过程中，针对不同游客的不同需求而提供的有差异的旅游讲解服务和人性化的旅行生活服务，是一种建立在理解人、体贴人的基础上的富有人情味的服务。

俗话说，"一方水土养一方人"，我国各地游客都有着各自不同的心理特征。导游在接待游客前预测其心理是非常必要的，也是做好接团服务工作的重要依据，尤其对于不同地区、不同民族、不同年龄、不同职业的游客，心理需求和行为特点都各有不同，应熟练掌握各地的礼仪规范、语言习惯、个性特点、饮食习惯等，做好接待服务工作，避免出现不必要的麻烦，争取在第一时间快速拉近与游客的距离。

三、首次沿途导游的心理分析与接待技巧

游客到达目的地，面对的是一个完全陌生的环境，所接触的人（包括导游在内）和事都是生平第一次，有举目无亲之感，不仅人地生疏、不懂风土人情，还可能有语言不通（尤其是外国游客）及气候、饮食不适等问题。这种情况一方面使游客产生好奇、惊讶、兴奋之感，另一方面其心理上又有一些不安，身体上也会产生疲倦感。这时，游客的行为是复杂多样的。但有一点是共同的，即他们会不约而同地把目光和希望寄托在导游身上，希望导游能了解他们的心情，能帮助他们认识这个陌生的环境，给他们热情周到的服务，使他们有一个愉快、顺利和安全的旅程。

从机场到入住酒店的行车途中，是展现导游知识、技能、工作能力的大好机会。精彩成功的首次沿途导游会使游客对导游产生信任感、安全感，让游客感到踏实和安心，从而使导游在游客的心中树立起良好的第一印象。

首次沿途导游要做到以下几个方面。

（1）导游站在车的前部和司机的右后侧，面带微笑，表情自然，态度亲切，多使用柔声语言。

（2）正确使用话筒,注意音量不要太大,过大的声音会增加游客的疲劳感,使其心情烦躁、情绪不安。

（3）在介绍沿途风光时,讲解内容要简明扼要、有选择性,不可过于繁杂;语言节奏要明快、清晰;景物取舍得当,见人说人,见物说物,与观赏同步;反应要敏捷,时机要恰当,贵在灵活。

（4）在介绍车外景观的同时,应见缝插针地介绍本地的风情,不要过多过繁,防止游客产生突兀和疲倦之感;尽量结合沿途风光,有感而发,内容过渡要自然,收放自如,切忌将风光和风情割裂开来。

任务三　不同类型游客的心理特点及接待技巧

我国境外主要客源地(国)游客心理分析及接待技巧

由于不同国家、不同地区、不同年龄、不同职业的游客具有很多不同特征,导游要认真分析游客的共性和个性特征,在接待准备阶段充分掌握不同游客的心理特点,了解不同游客的心理预期,从而做好个性化接待服务,达到最佳的服务效果。

一、我国不同地区游客的个性心理分析及接待技巧

（一）东北地区(黑龙江、吉林、辽宁)

东北人以豪爽、重感情、好交往、讲义气著称,他们的言语、行动都比较实在、坦诚、耿直,多幽默、不拘小节。

针对东北地区游客的个性特点,导游在接待时要善于"感情投资",也要"够哥们、够朋友"。有经验的旅游服务人员正是抓住了东北人豪爽耿直的特点,和东北人相处得宛如一家人,这样就自然使接待工作得心应手;要热情大方,充分听取其意见;欢迎词多使用幽默风趣的语言;要态度诚恳,坦诚相待。

（二）以北京为代表的华北地区

华北地区以北京、天津为中心,包括河北、山西等周边地区。该地区历史文化悠久,具有独特的燕赵文化韵味,有着粗犷、豪放、激越、慷慨的雄风侠骨。在个性方面,华北地区的民众待人真诚、人情味浓,开朗幽默、能言善侃,文化素养较高。

针对这一地区游客的个性特点,导游应多谈些人文地理历史文化,且留有余地让他们发挥,满足他们爱"侃"的需求;购物最好到产品品质较高,或是具有浓郁地方特色的场所。

（三）以上海为代表的华东地区

华东地区主要包括上海、江苏、浙江等地。长江流域历史悠久，是中华文化的发祥地之一，江浙一带自古为繁华之地，上海是全国极为重要的工商业中心。经济繁荣促进文化艺术的发展，在优越的自然环境和独特的历史发展过程中，华东一带逐步形成了以灵毓秀雅、尚文崇慧为特色的吴越文化，因此也凸显出当地的个性特点。该地区民众开放前卫、精明细心，文化底蕴深厚，知识较为广博。

在接待该地区游客时，导游应考虑到游客对历史人文话题的浓厚兴趣，因此可适度增加相关内容的介绍，以提升游客的自豪感。同时，对于游览行程中新增的项目及其对应费用，导游需逐项明确告知游客，并在讲解时保持耐心，确保每位游客的疑问都能得到细致解答。在饮食方面，导游应了解到游客偏好口味清淡的食物，并在此基础上适度融入当地特色菜肴，以满足游客的饮食偏好与体验需求。此外，提供高质量的导游服务还需注重情感投入与导游艺术的展现，即结合规范化服务、情感交流及艺术化讲解，全方位满足游客的期望与要求。

（四）以广东为代表的华南地区

华南地区，涵盖广东、福建、海南等省份，是岭南文化的发源地，这一文化区域充满了浓郁的异域风情。自20世纪70年代末中国实施改革开放政策以来，广东地区经济蓬勃发展，商贸活动频繁，展现出传统与现代交织的独特风貌。该地区的居民性格鲜明，时间观念与价值观念强烈，商品经济意识深厚，具备高度的开拓精神和环境适应能力，自我表现欲强，重视面子。同时，他们常从面相、风水、命运等传统文化中寻找精神寄托，并将6、8视为吉祥数字。

针对华南地区，特别是广东游客的上述个性特点，旅游接待时应采取以下策略：沟通时注意避免敏感话题，多使用6、8等吉祥数字，营造吉利的氛围；在接待过程中，充分尊重游客的需求，确保用车、餐饮、住宿等服务的档次与规格符合其期待；鉴于广东人对美食的热爱，应精心安排餐饮体验，包括晚餐后的宵夜时段，让游客有机会品尝地道的当地菜肴；此外，交流时可围绕商业经验分享与饮食文化探讨等话题，以增进互动，产生共鸣。

（五）西北地区

西北地区主要指内蒙古、宁夏、甘肃、新疆、陕西等地。我国西北地区地广人稀，有众多民族聚居于此。广阔的荒漠与草原、交相辉映的雪峰与绿洲、充满传奇色彩的丝绸之路、独特的民族风情与游牧文化，赋予了这片土地独特的魅力。自古以来，西北地区都是我国游牧民族的主要聚居地与北方少数民族繁衍生息的重要摇篮。随着历史的演进，近50个少数民族在西北地区居住，这里人口在百万以上的民族有维吾尔族、蒙古族、回族和哈萨克族等，由此也形成了该地区以传统游牧文化和伊斯兰文化为主要特色的多元民族文化,其核心特征为传统游牧文化与伊斯兰文化的深度交融,表现为性格上的粗犷豪放与待人接物的热情好客。在宗教信仰方面,绝大多数居民信奉藏传佛教或伊斯兰教。尤其是信仰伊斯兰教的群体,他们自称为穆斯林,这一宗教信仰构成了当地文化不可或缺的一部分。

针对该地区游客的个性特点,旅游接待时应采取以下策略:尊重他们的民族习惯和宗教信仰,掌握各民族的饮食禁忌、生活习俗和礼仪习惯,在餐饮安排方面要严格注意饮食选择。

(六)西南地区

西南地区主要指广西、云南、贵州、四川、重庆等地。西南地区自古以来是多民族聚居地,民俗风情各异,地域文化独特。由于地理和历史上的原因,这一地区的经济较中原地区和沿海一带相对落后。在民众个性方面,该地区展现出淳朴厚道、热情好客、注重礼节以及多才多艺(能歌善舞)的鲜明特点;同时,他们普遍秉持勤俭节约与吃苦耐劳的优良品质。在旅游偏好上,他们更倾向于自然风光类旅游产品,特别是对浩瀚的海景与无垠的草原风情抱有浓厚兴趣。

针对该地区游客的个性特点,旅游接待时应采取以下策略:对待游客要热情友好,若能够学些少数民族歌舞,能显著提升亲和力;不要安排太多的购物活动,他们崇尚勤俭,购买欲望不是很强烈。

(七)以湖北、湖南等地为代表的华中地区

秀丽的江南江北风光和传统的荆楚文化塑造出该地民众独特的个性特征。他们性格倔强、不服输;重视友情,乐于助人;同时,在社会交往中十分注重情面。

针对该地区游客的个性特点,旅游接待时应采取以下策略:与华中地区的民众打交道时,务必避免任何可能损害其面子的言行,尊重并维护其尊严;深入理解并适应他们的交流习惯,对于可能因地域文化差异而误解的言语,保持开放与理解的态度,避免误判为冒犯;尽量展现真诚、热情、友好的态度,即使在短暂的旅游接待过程中,也要做他们的真心朋友。

(八)港澳台地区

港澳居民的祖籍大多为广东,其生活习惯和风俗与广东相似。这一地区不仅有着深厚的中国传统文化根基,同时又受异域文化的影响,体现在民众的文化特征与生活习俗上,呈现出中西文化交融的特点。从民族构成来看,主要包括汉族及高山族等;语言方面,普通话、闽南话、粤语占据主要地位;宗教信仰有佛教、道教、天主教、新教、伊斯兰教等。

关于该地区居民的心理特点,有以下几点典型表现:台湾地区游客普遍有浓重的宗亲情结,其民俗习惯与大陆大体相同,衣食住行、节日庆典、婚丧喜庆、赠礼禁忌方

面,一般仍保持着闽、粤等地的特征;崇拜神灵的习俗在港澳台地区比较盛行;香港地区游客好购物、消费高、喜欢吉祥号码、忌讳多,讲究吃的文化,喜欢新鲜食品。

针对该地区游客的个性特点,旅游接待时应采取以下策略:港澳台同胞对祖国的人文历史和改革开放以后祖国的巨大发展和变化非常感兴趣,应该对他们多宣讲这方面的情况;要多了解他们的忌讳,以免产生不必要的误解;他们的经济条件一般都较好,可以考虑多安排一些文娱活动,使他们玩得开心、尽兴。

二、不同年龄阶段旅游团队的特点与相应的服务技巧

(一)老年团队

一般来说,老年游客自尊心较强,常常展现出长者心态,希望得到他人的重视,喜欢别人恭顺服从。由于老年人多年来形成了比较固定的思维方式,不愿改变过去的老习惯,环境的改变往往会使老年人不适应。老年人注重舒适和愉快,对交通工具和游览活动的安排有一定的要求,比较节俭。同时,老年人爱忘事,心理承受能力也在下降,例如遇事容易激动,容易发脾气等。

相应的服务技巧:针对老年人的这些心理特征,接待老年旅游团队时,导游穿着应朴素大方,不要穿过于时尚的衣服;讲解介绍时语速要慢,声音要响亮,服务态度要亲切、热情、周到、耐心;处处注意尊重老人,称呼要恰当,言行有礼,举止文雅,学会耐心倾听老人的诉求,万不可表现出厌烦情绪,对其建议和唠叨应予以谅解;加强沟通与交流,采用富有情感色彩的欢迎词,以激发老年游客的游兴;在讲解时,多运用幽默含蓄的讲解方法,如穿插故事和虚实结合等,旨在为老年人创造一段愉快而难忘的旅行体验。

(二)中年团队

中年游客思维敏捷、情绪稳定,能独立地进行观察和思考,并能组织和安排好自己的生活;自我意识明确,对事物能做出理智的判断,具有独立解决问题的能力;经验丰富,富有创造力,注意力集中,记忆力较强,能把握和控制情绪,能较好地适应环境;中年人的工作压力大,家庭负担重,身心较疲惫,所以喜欢放松和舒适的旅行;同时,他们经过多年的打拼,工作稳定,收入较高,追求档次,对服务的质量要求较高。

相应的服务技巧:接待中年旅游团队时,导游的服饰要简单大方,要注意衣服的品质,淡妆以表示对游客的尊重。导游应语速适中,讲解应有一定内涵,谈古论今,适合用简洁的语言表达出基本要素的欢迎词风格,表现出导游稳重的特质。

(三)青年团队

青年游客的主要特征体现在他们倾向于积极活动与广泛探索,对旅游抱有极大的热情与偏爱,旅途中常展现出激动与好奇的情绪。他们具有幽默感,乐于提问,对各类

问题与需求充满兴趣。在审美上,他们追求个性表达;在时尚方面,则紧跟潮流,偏爱新颖元素。青年游客通常精力充沛,内心世界丰富,性格热情奔放,充满幻想,勇于尝试新事物,不畏冒险。

相应的服务技巧:在接待青年旅游团时,导游首先要充满朝气和活力,衣着要符合年轻人的特点,时尚得体;在服务过程中,应根据年轻人的特点,设计独特且吸引人的导游服务。其次,青年游客到达景区后,往往表现出对未知风景的强烈渴望和向往,希望获得更多自由活动时间以充分观赏与拍照。导游在讲解时应注重突出重点,同时尊重游客的心理需求,提供热情周到的服务。此外,采用调侃式欢迎词也是一种有效的服务策略,即结合游客特点或接团情境,以轻松活泼的语调,巧妙借题发挥,迅速拉近与游客的心理距离,激发他们的兴奋情绪。

(四)儿童团队

儿童游客最大的特点是好奇多动,他们喜欢新鲜的事物,注意力和稳定性较差;在旅行过程中,儿童往往对安全问题不够重视,且相较于成年游客,他们可能不太愿意长时间聆听导游的讲解。因此,在带领儿童旅游团时,要根据儿童的心理特点,采取有针对性和选择性的讲解方式。

相应的服务技巧:接待儿童旅游团时,导游要保持一颗童心,穿着上选择简单可爱的服饰,尤其是带有卡通图案的衣物,更能吸引儿童的注意;在讲解欢迎词时,语言应生动形象,充满激情且准确无误,语速需亲切而缓慢,以便儿童更好地理解和接受;采用提问式、启发式等互动方式引入欢迎词,能够激发儿童对讲解内容的浓厚兴趣;导游可自备一些小礼物作为奖励,以吸引和保持儿童的注意力;同时,在讲解过程中,应适时融入历史知识、文化内涵的教育,以及美学、道德和社会实践等方面的引导,促进儿童的全面发展。

三、不同职业的旅游团队特点与相应的服务技巧

(一)老师团队

由老师组成的旅游团队的综合素质较高,知识面宽,态度严谨,且能以身作则;遇事冷静,善于思考,不易容忍不合理的事物,对导游服务的要求较高。

相应的服务技巧:针对老师职业的这种特殊性,导游要认真做好准备工作。接待时,导游服饰应讲究正统,但不要呆板,要体现出现代感、时尚感,佩饰不烦琐,简单大方。导游语言的逻辑性要强,有一定的知识含量,语速适中,语气亲切;要根据旅游团队的气氛选择合适的欢迎词,但一定要注意语言的用词规范。

（二）公务员团队

公务员游客平日工作繁忙,工作压力较大;抗压能力强,整体素质高;社会责任意识强,政治敏感度较高;习惯于安排、处理各种工作,对遇到的事情往往持有自己的观点。

相应的服务技巧:接待这种较严肃、正规的团队,导游服饰应品质良好,款式简单大方;导游应当化淡妆,表示对团队的重视和对游客的尊重;与游客交谈时,导游应注意倾听,对他们的观点表示理解,如果出现与其观点不一致的情况,切忌与游客发生争执;导游要运用语言风格简练的欢迎词,树立稳重的良好形象。

（三）商务团队

商务团队以中青年为主,多具有高学历、高消费能力、高决策力,以管理人员居多;具备一定的话语权,思维活跃,乐于接受新鲜事物,具备一定的社会责任感;时间观念强,对商务配套设施需求大;品牌意识强,消费需求相对旺盛,但能理性消费;生活节奏快,日程安排紧凑,强调效率,追求高生活质量;重访率高,停留的时间较长。

相应的服务技巧:接待商务游客时,要注意接待规格,做好准备,根据服务对象的身份、年龄、喜好、知识背景等,设计个性化服务,让商务团队的游客享受到高质量服务。同时,要注意着装、称呼、礼貌用语、文明表达等。

（四）农民团队

农民游客特征是衣着比较朴素,勤俭节约,待人热情,坚韧性比较强,身体素质较好;行为、性格相对保守、传统,多使用方言。

相应的服务技巧:接待农民旅游团时,导游穿着应朴素大方,少佩戴或不佩戴首饰;适宜用聊天式的欢迎词,即以自然、平和、亲切的语调表达欢迎,语言应通俗易懂、趣味性强。

综上所述,导游应充分了解不同游客的特征,做好相应的接团工作,给游客留下良好的第一印象。

任务四　在特殊情境中自我放松

旅游从业人员在遇到特殊情境时难免紧张、焦虑、不知所措,甚至生理与心理活动失去平衡,很难从烦恼、愤恨、紧张、惊慌等不良情绪中解脱出来。通过下面的几种方法可实现内心的平静。

一、深度呼吸训练

全身放松,闭上眼睛,注意体会自己的肺部在一张一合地呼吸,边呼吸边在心里计数。深深地吸气,屏住呼吸,再深深地呼气。吸气时,想象从身体的毛孔中吸进新鲜的空气,呼出污浊的气体,渐渐地你会感觉到身体各个部位都很放松、很通畅,仿佛整个身体融入了大自然中。

二、静坐与冥思

有时候,你可能觉得自己的思维很混乱,不能专心地做自己想做的事情。此时你应该收心摄念、闭上眼睛,先静下心来,反视一下自己现在在想什么。一个想法出现了,不要去理它。这时你会发现,你不理它时,它自己就悄悄地溜掉了。这样随想一段时间,慢慢地睁开眼睛,会感觉到眼睛比先前明亮多了,思路也清晰了,思维也更敏捷了。

三、自我暗示

自我暗示是运用内心语言或书面语言的形式来自我调节情绪的方法。如心里默念"放松""清静""别发火""我能行"等,每次重复3—5遍。这种方法既可用来放松过分紧张的心情,使心里平静,也可用来调节身体局部或全身各部位的紧张状态。此外,这个方法还可用来激励自己的斗志。

四、意象训练

意象训练的基本原理就是通过想象轻松、愉快的情境(如大海、山水、瀑布、蓝天、白云等),达到身心放松、情绪舒畅的目的。意象训练的效果取决于想象的生动性和逼真性,意象越清晰生动,放松的效果就越明显。这种方法不仅能消除疲劳、恢复精力,长时间坚持训练还可以起到开发智力的作用。

项目小结

旅游业的发展当前面临着对旅游人才的迫切需求,这些人才需具备提供超前的个性化服务的能力,还要能够分析游客的心理需求,精准把握游客的不同需求。本项目针对学生讨论和模拟导游活动情况,进行总结,指导学生将心理学的原理和方法运用到导游服务过程中。

模拟训练一
化解团队矛盾

北京导游刘先生在机场接待了一个11人的日本旅游团,该团的全陪导游奈美女士因在前一地受到地陪导游的冷落,憋了一肚子气,两天来一直绷着脸,还处处不配合。游客也满腹牢骚。请同学们分成小组,一名同学扮演刘先生,一名同学扮演奈美女士,其他同学扮演游客,体会他们当时的心情,并运用技巧调节不良情绪,迎接各种挑战,圆满完成工作任务。

刘先生:(迎上去)大家好!大家辛苦了。我是地陪导游小刘。

游客:是够辛苦的。

刘先生:(迎向全陪导游)您好!您是全陪导游奈美女士吗?

奈美女士:(紧绷着脸)你就是地陪?我这人脾气不好,别惹我生气(命令的口吻),我们直接去参观天坛、景山、王府井。

刘先生:(面带微笑,没有计较)我会尽力的,还希望您多指导和配合。

下午,大家玩得很高兴,游客的情绪有所缓和。

第二天,刘先生带团到长城和定陵参观。一路上,他的讲解很精彩,还不时地讲几个笑话,游客们也给予积极的回应。一边的全陪导游仍然面无表情,一言不发。

刘先生:我们的全陪导游中文很好!请大家欢迎她教大家几句中文,好吗?

大家热情地鼓起掌来。

全陪导游得意地接过话筒侃侃而谈。

下午,全陪导游又突然提出增加参观十三陵的神路、动物园和农贸市场等活动项目。

刘先生:现在已经三点多了,增加的项目恐怕在晚饭前无法完成,大家再商量一下,选择一条更合理的线路,我会尽量满足大家的要求。

奈美女士:那不行,这是全团游客的要求。

刘先生:(没有争执)如果我们去这些地方,恐怕晚饭就会错过预订的时间,而且,游玩后时间已经很晚了。

最后大家商定放弃去动物园。

友谊商店门口,游客进店购物,刘先生在车上小憩。

奈美女士:(满脸堆笑)您和司机今天辛苦了。

刘先生和全陪导游聊起天来,并了解了前一地的遭遇。

刘先生:我们都是为游客服务的,本不该有利害冲突。您作为游客的代表可以随时把他们的要求告诉我,我们一定会尽力去满足的。不要因为少数导游的不良表现,就把不良情绪带到工作中。导游每天都是超负荷工作,如果把我们作为发泄对象,那我们又怎能心情愉快地为游客服务呢?

奈美女士:是我错怪你了,我为这几天的不佳情绪深表歉意,以后工作中我一定注意调整自己的情绪,一定好好配合工作。

模拟训练二

大型西北中年妇女团队的心理需求分析及导游接团服务技巧

(1)学生分角色,一名学生扮演导游,其余学生扮演游客。

(2)各位游客充分表现中年妇女的特征并出难题,导游随机应变,做好接团服务工作。

(3)学生评析。

(4)老师点评总结。

模拟训练三

中国台湾旅游团队的心理需求分析及导游接团服务技巧

(1)学生分角色,一名学生扮演导游,其余学生扮演游客。

(2)各位"台湾游客"充分表现其特点,导游做好相应的接团服务工作。

(3)学生评析。

(4)老师点评总结。

问题:
讨论游客在不同阶段的心理需求和导游服务技巧。

本课程推荐阅读

1. 宋梅、白丽香《高等职业学校旅游管理专业教材 导游礼仪》,中国轻工业出版社,2022年9月出版

本书以职业素养培养为核心,培养学生在导游工作中做到塑造良好的个人职业形象,恰当地运用礼貌礼节知识,提高与人交往的正确意识,掌握职业岗位礼仪规范与要求,为形成旅游职业的综合能力奠定坚实的基础。

2. 田莉、田莹、马立《导游礼仪实务(第二版)》,中国铁道出版社,2022年7月出版

本书共设计了八个项目,以认知礼仪为切入点,系统阐述了认知礼仪、服务人员仪容仪表礼仪、服务人员仪姿仪态礼仪、服务人员交往礼仪、大学生校园礼仪、导游服务礼仪、酒店服务礼仪、涉外服务礼仪规范。本书适合高职高专导游、酒店、旅行社管理、旅游管理、商务管理、营销等专业的学生使用。

3. 熊剑平、卢丽蓉、蒋永业《金牌导游的成功之道》,中国旅游出版社,2021年6月出版

本书通过总结我国导游教学和培训的先进经验,吸收导游学研究的最新成果,全方位探索金牌导游的成功之道。在分析导游行业现状和明确金牌导游定位的基础上,系统阐述金牌导游成功的素质体系、核心知识和实践修为,既注重金牌导游成长的理论性架构,又强调金牌导游成功的实践性指导。本书既可作为高等院校旅游管理专业本(专)科生的教学用书,也可作为导游从业人员晋级考试的指导用书,还可作为旅游行政管理人员的参考书籍。

4. 戴有山、朱晓珍《金牌导游是如何炼成的》,中国旅游版社,2021年4月出版

本书通过与金牌导游进行对话,用朴素的语言把他们的成长之路真实地记录下来,让更多的导游和准导游从中去体验、去理解、去实践。

5. 全国旅游职业教育教学指导委员会《匠心铸就梦想,技能成就人生》,中国旅游出版社,2022年1月出版

本书是教育部2021年全国职业院校技能大赛高职组导游服务赛项成果展示。

6. 方海川《导游词创作集锦》,西南财经大学出版社,2017年12月出版

本书包括了乐山师范学院旅游学院学生历次参加的乐山市旅游协会、四川省旅游协会、全国旅游院校服务技能(导游服务)大赛中精选的21篇参赛导游词创作精选、9篇历届学生导游词毕业创作精选两部分。

主要参考文献

[1] 全国导游资格考试教材编写组.导游业务[M].北京：旅游教育出版社，2021.

[2] 岳冬菊.导游创新创意实训教程[M].西安：西安交通大学出版社，2021.

[3] 赵利民.模拟导游[M].大连：东北财经大学出版社，2019.

[4] 易伟新.导游实务[M].北京：清华大学出版社，2021.

[5] 田莉，田莹，马立.旅游礼仪实务[M].北京：中国铁道出版社，2022.

教学支持说明

为了改善教学效果,提高教材的使用效率,满足高校授课教师的教学需求,本套教材备有与纸质教材配套的教学课件和拓展资源。

我们将向使用本套教材的高校授课教师免费赠送教学课件或者相关教学资料,烦请授课教师通过电话、邮件或加入旅游专家俱乐部QQ群等方式与我们联系,获取"电子资源申请表"文档并认真准确填写后发给我们,我们的联系方式如下:

地址:湖北省武汉市东湖新技术开发区华工科技园华工园六路

邮编:430223

电话:027-81321911

旅游专家俱乐部QQ群号:758712998

旅游专家俱乐部QQ群二维码:

群名称:旅游专家俱乐部5群
群号:758712998

扫码关注
柚书公众号

电子资源申请表

填表时间：_____年___月___日

1. 以下内容请教师按实际情况写，★为必填项。
2. 根据个人情况如实填写，相关内容可以酌情调整提交。

★姓名		★性别	□男 □女	出生年月		★职务	
						★职称	□教授 □副教授 □讲师 □助教

★学校		★院/系	
★教研室		★专业	
★办公电话		家庭电话		★移动电话	
★E-mail（请填写清晰）		★QQ号/微信号	
★联系地址		★邮编	

★现在主授课程情况	学生人数	教材所属出版社	教材满意度
课程一			□满意 □一般 □不满意
课程二			□满意 □一般 □不满意
课程三			□满意 □一般 □不满意
其 他			□满意 □一般 □不满意

教 材 出 版 信 息			
方向一	□准备写 □写作中 □已成稿	□已出版待修订	□有讲义
方向二	□准备写 □写作中 □已成稿	□已出版待修订	□有讲义
方向三	□准备写 □写作中 □已成稿	□已出版待修订	□有讲义

请教师认真填写表格下列内容，提供索取课件配套教材的相关信息，我社根据每位教师填表信息的完整性、授课情况与索取课件的相关性，以及教材使用的情况赠送教材的配套课件及相关教学资源。

ISBN（书号）	书名	作者	索取课件简要说明	学生人数（如选作教材）
			□教学 □参考	
			□教学 □参考	

★您对与课件配套的纸质教材的意见和建议，希望提供哪些配套教学资源：